KB261098

냉정한 엄마가 아이를 당당하게 키운다

냉정한 엄마가 아이를 당당하게 키운다

이정숙 지음

21세기북스

엄마가 먼저 꿈을 먼저 포기하지 않아야
아이들이 당당하고 똑똑하게 자란다!

아이를 위해 엄마의 인생을 포기하지 마라

"정말 요즘 애들 기막혀요. 어제는 사무실에서 막내인 신입 사원에게 책상 하나 옮기라고 시켰는데 달랑 책상만 옮기고 의자는 놔둔 채 제자리에 가 앉아 있는 거예요. 어이가 없어서 의자도 같이 옮겨야지 책상만 옮기면 어떻게 하냐고 야단을 쳤지요. 그러나 전혀 아무렇지도 않게 의자 옮기라는 말은 안 하셨지 않냐며 오히려 입을 내밀며 삐죽거리더라고요."

회사 팀장의 하소연이 가슴에 박혔다.

최근 몇 년간 다른 애들보다 좋은 앞길 열어주겠다는 일념으로 자식 스펙 올리기에 전념해 온 엄마들이 많아졌다. 그 결과 스펙은 높고 생활 센스는 제로인 청년들이 늘었다. 지금은 글로벌 무한 경쟁 시대다. 기술 발달로 품질 좋은 상품 출시가 어렵지 않다. 스펙 높은 사람들도 차고 넘친다. 그런 이유로 잘 나가는 기업일수록 스펙 못지않게 창의적이고 생활 센스 높은 인재를 선호한다.

이런 사회적 변화는 대입 제도까지 바뀌게 하고 있다. 학력고사 1점으로 입학 대학 레벨이 달라지는 예전의 입시 방법이 서서히 퇴출당하는 추세다. 겉보기에는 여전히 내신과 수능을 중심으로 평가하는 정시 모집에 잘 나가는 인재들이 몰려 눈치작전이 치열한 것으로 보인다. 하지만 이미 정시 비중이 전체 입시에서 많이 낮아지고 있다. 아마도 지금 유치원부터 초등 고학년까지의 자녀를 둔 학부모들이 자식을 대학 보낼 때쯤에는 지금처럼 학과 공부 위주로 대입 준비를 시킨다면 땅을 치며 후회할 전혀 다른 새로운 입시제도가 적용될 것이다.

예전에는 대학 보내는 방법이 한 가지로 제한되어 있어서 좋은 대학 보내기가 비교적 단순했다. 아이에게 열심히 공부하라고 닦달해 내신 높이고 시험 성적만 높이도록 하면 어느 정도의 목적 달성이 가능했다. 그러나 지금은 좋은 대학에 보내 놓아도 원하는 일자리를 얻을 수 있을지가 미지수이다. 기업들이 스펙에 큰 가치를 두지 않아 엄마 힘으로 취업까지 뒷바라지하기는 여간 어렵지 않다. 기업이 원하는 인재상이 바뀌자 입시의 주체가 정부 부처인 교육부에서 대학이나 특목고 등의 고등학교로 넘어가고 있다. 대학 안에서도 단과대학별로 주체가 나뉜다. 각기 다른 선호도에 따라 다양한 입시 제도가 도입될 수밖에 없다.

이제는 정말로 아이 뒷바라지를 어떻게 해야 잘하는지 혼란스러울 것이다. 그러나 확실한 것은 주변 분위기에 휩쓸려 스펙 위주로 아이를 기르면 열심히 뒷바라지해 놓고 아이 앞길을 돈 들여 막는 나쁜 엄마로 전락하기 쉽다는 것이다. 이미 초등학교는 물론 고등학교의 교과서도 암기 위주의 내용은 사라지는 추세다. 과학은 실험 중심, 수학은 단순한 문제풀이보다 원리 이해를 측정하는 쪽으로 옮겨가고 있다. 담당 교사가 할 수 있는 노트 필기, 숙제, 리포트, 토론 등의 평가가 학과 성적의 50퍼센트 대까지 확대되고 있다. 독서나 체험 등도 성적으로 환산된다.

글로벌 시대인 지금은 주변 국가 인재들의 움직임도 주의 깊게 고려해야 한다. 중국은 매년 600만 명이, 인도는 매년 200만 명이 우수한 대학을 졸업하고 사회에 나온다. 중국 화폐 가치가 낮아 월 10~20만 원으로도 고급 엔지니어 변호사 같은 고급 인력들이 기꺼이 일한다.

그래서 미국 등 선진국은 중국 인재들을 저 임금으로 고용하고 화상으로 업무 지시를 내리며 수많은 일을 처리하고 있다. 현지 공장을 중국이나 인도로 옮기는 것에 그치지 않고 고급 전문직마저 화상을 통해 고용하는 추세이다. 그러다 보니 대졸자의 일자리가 차츰 그들에게 빠르게 넘어간다. 우리나라는 미국이나 서유럽 청소년들마저 일자리를 찾아 넘어오고 있다. 그들 나라보다 청년 실업 문제가 더욱 심각해질 것으로 보인다.

인도 명문 공대 인도 공과 대학(IIT)은 입학시험에 낙방한 학생이 미국 MIT에 장학생으로 들어갈 만큼 실력을 인정받고 있다. 그런 명문 대학들이 제법 많은 인도와 중국에서 대학 르네상스 프로젝트를 발표했다.

10년 이내에 인도 중국이 대학 교육 방법을 개선해 차세대 교육을 위한 글로벌 경쟁에 가세해 미국 대학을 넘어설 것이라고 말한다. 보스턴컨설팅그룹은 국가 교육 경쟁력을 알아보기 위한 새로운 순위 방법을 개발했다. 이에 따르면 미국과 영국이 각각 1위와 2위를 차지했지만 입학생 수가 많은 중국과 인도가 각각 3위와 4위에 올랐다.

2009년 중국은 중국판 아이비리그인 C9리그를 만들겠다고 선포했고 베이징대도 거액의 기금을 마련해 최고의 학생과 최고의 강사진을 불러 모으겠다는 교육 개혁 목표를 발표했다. 다른 중국의 명문 대학들은 교육 르네상스를 주도하려고 최고 15만 달러 보너스를 주고 해외에서 박사학위를 받은 중국인을 의미하는 '바다거북'을 불러들이고 있다. 또 다음 급인 주요 대학 100곳을 선정해 총 28억 달러를 투자했고 앞으로는 더욱 투자를 늘릴 예정이라고 발표했다.

사립학교 비중이 높은 인도는 세계은행과 민간 투자자들은 인도 교육에 수십억 달러를 투자하고 있으며 인도 정부도 명문대와 전문대 발전 계획을 내놓고 있다.

따라서 더는 엄마의 피나는 노력만으로 자식의 취업이나 진로를 책임지기 어렵다. 점차 억지로 적성에 상관없이 한 공부로는 경쟁력을 갖추기 어렵기 때문이다. 타고난 재능을 길러 새로운 분야에서 재능을 발휘하도록 길러야 한다. 따라서 엄마는 오히려 마음만 비우면 편하게 자식을 잘 기를 수 있다. 내가 그렇게 말할 수 있는 이유는 경험으로 터득해서이다. 나는 아이들을 위해서가 아니라 내 공부하려고 두 아들을 중1, 중2 때 미국으로 데리고 나간 적이 있다.

내 공부에 매진하고 스스로 공부하도록 자유를 주자 두 아들 모두 오히려 자기가 가장 잘할 수 있는 분야를 찾아 알아서 공부해 세계가 모셔가는 인재로 성장했다. 두 아들은 중학교 때 공부하러 가는 나를 따라 미국으로 나갔다. 작은아들은 아주 어릴 때부터 돈 많이 벌기와 예술적으로 사고하기를 좋아했다. 미국에서 중고등학교를 거친 후 대학은 월가에서 큰돈 버는 방법을 가르치는 뉴욕대 경영대에 들어갔다. 예술적 호기심도 포기하지 않아 야간에 줄리아드음대에도 다녔다.

대학을 마치자 잘 나가는 월가의 유명 금융사에서 스카우트 제의가 쏟아져 들어왔다. 모두 뿌리치고 파리로 건너가 미술사를 공부하겠다고 했다. 주변 사람들은 모두 수억대의 연봉과 세계적인 엘리트 대접을 거절하다니 정신 나갔다고 비난했다. 빠르게 변하는 사회 환경을 눈치챈 나만 괜찮다고 했다. 나는 해외에서 청춘을 보내 이 나라 저 나라의 여자 친구를 사귈 때도 될 수 있는 대로 개입하지 않았다. 그 결과 연애 중인 여자에게 잘 보이려고 그리스어와 라틴어 포함해서 6~7개 국어를 익혔다.

작은아들은 약 15년 만에 귀국해 군 복무를 마쳤다. 멀티 언어 능력과 예술과 경영학 전공 등의 이력으로 군 제대 무렵 수억 원의 높은 연봉으로 모셔 가겠다는 유명 다국적 기업들의 제안이 쏟아졌다. 그러나 모두 거절했다. 이유는 유럽 나가 여자 친구와 농사를 짓고 싶다는 것이었다. 나는 이때도 말리지 않았다.

중2 때 미국으로 건너간 큰아들은 미시간대 건축과 대학과 대학원을 수석으로 졸업하고 뉴욕의 한 건축사 사무실에서 건축가로 일한다. 어릴 때부터 레고 쌓기 놀이를 시작하면 밥을 거를 정도로 몰두했다. 우리 아이 대학 갈 때만 해도 주변에서 건축과 졸업하면 돈을 못 번다며 그 성적이라면 공대로 보내야 한다는 충고가 많았다. 그러나 나는 큰아들이 좋아하는 일을 하는 것에 아무런 반대도 하지 않았다.

나는 미국에 가서 지금 우리나라에 도입되는 학생 평가와 대학 입시 제도에 익숙한 현지 엄마들로부터 아이들의 결정에 간섭하지 않고 스스로 해나가도록 하고 엄마 인생을 챙기는 것의 중요성을 직접 배웠다. 그 결과 두 아들 모두 취업난 시대에도 모셔가고 싶은 인재로 기를 수 있었다.

나는 우리나라에 도입되는 새로운 입시 제도에서 자식을 성공하게 하려면 점수 높이기에 초점을 맞추지 말고 아이에게 자율권을 많이 주어 스스로 자기 앞가림을 하도록 길러야 한다고 확신한다.

나는 자식 뒷바라지에 엄마의 인생을 거는 예전 방식이 아니라 새로운 입시 제도에 맞추어 새롭게 요구되는 인재로 자라도록 자율권을 주고 그 시간에 엄마 인생을 챙기는 비결을 널리 전하기 위해 이 책을 쓴다.

나는 미래형 좋은 엄마의 길로 안내하려고 내 모든 경험을 빼거나 보태지 않고 모두 소개할 생각이다. 여러분 모두의 행운을 빈다.

Contents

1장
아이 걱정에서
언제쯤 벗어날 수 있을까?

2장
희생하는 엄마보다
이기적인 엄마가 낫다

3장
유능한 엄마가
아이를 성공시킨다

4장
당당하고 똑똑한 아이로 키우는 엄마 습관

엄마의 가장 큰 행복은 자식의 마음에서 우러나오는 존경과 사랑을 받는 것이다.
10계명의 실천이 자식의 사랑과 존경을 만드는 원천이 될 것이다.

당찬 엄마의 자녀 훈육 10계명

1. 희생하지 말고 동행하라.

2. 품 안에서 꺼내 너른 들판에 풀어주어라.

3. 부모 말 안 듣는 자식을 축복으로 여겨라.

4. 실패에서 배우게 하라.

5. 다양한 문화 체험의 기회를 주어라.

6. 비판하는 대신 위로해주어라.

7. 자식을 자기 방식대로 바꾸려 하지 말고 있는 그대로 사랑하라.

8. 자식을 손님처럼 대하라.

9. 두려워하는 부모가 아닌 존경받는 부모가 되어라.

10. 철저히 사랑을 절제하라.

"왜 그렇게 말을 안 들어. 내가 널 어떻게 키웠는데, 어떻게 네가 나한테 이럴 수 있어?"

이처럼 자식이 부모의 요구대로 행동하지 않으면 화부터 내는 엄마들이 많다. 많은 엄마는 바라는 게 있어서 자식 뒷바라지를 열심히 한 것은 아니라고 말한다. 그러나 실제로는 자식에게 희생의 대가를 바라는 경우가 많다. 보상심리 때문이다.

그런데 보답이 기대치에 못 미치면 마치 손해를 본 듯한 기분에 사로잡힌다. 그래서 상대방이 자식이든 배우자이든 연인이든 일방적으로 자신이 손해를 보는 듯한 기분이 지속되면 분노한다. 부모의 무조건적인 희생의 함정이 거기에 있다. 대부분의 부모가 자식을 뒷바라지하는 대가는 부모 말에 무조건 순종하는 것이라고 믿는다. 요구하는 사람은 그것이 별것 아닌 것처럼 느끼지만 자식에게는 부담스러울 정도의 큰 요구로 느껴진다.

한국전쟁 후에는 자식을 지독한 가난과 무지에서 벗어나게 해주려는 생계형 희생이 많았다. 그러나 지금은 엄마의 생계형 희생보다 엄마 자신의 꿈을 자식을 통해 대리 달성하려는 목적 강한 자발적 희생이 더 많다. 물론 이것도 희생은 희생이기 때문에 기대한 만큼의 대가가 돌아오지 않으면 억울하고 화가 난다. 문제는 자식의 입장이다. 자식은 부모가 자신이 필요로 하지 않은 희생을 하며 대가를 바라는 것 같아 매우 부담되고 불편하다. 정말 자식을 잘 기르고 싶다면 일단 부모 자식 간의 관계가 편안해야 한다.

엄마가 자발적 희생을 멈추고 자기 관리에 힘쓰면 오히려 자식과의 관계가 편안해진다. 자식이 학원에 다니기 싫다고 하면 학원 수를 줄이고 그 돈을 엄마의 자기계발비로 쓰면 관계 개선이 빨리 이루어진다. 초등 3~4학년 정도 되면 엄마가 일일이 챙겨주지 않아도 혼자서 밥을 차려 먹고 방 청소도 할 수 있게 된다.

그러니 아이들 학원비에 쓰일 돈과 돌보는 시간 일부를 엄마 자신을 위한 투자로 돌리자. 그러면 글로벌 시대에 자식에게 반드시 필요한 자립심과 자신감을 길러주어 자식을 취업난 속에서도 모셔가는 인재로 만들 수 있다.

2계명 품 안에서 꺼내 들판에 풀어주어라

자식이 아장아장 걷는 나이에는 어디로 튈지 모르는 럭비공과 같다. 호기심 어린 눈으로 사방을 걸어 다니면서 눈 깜빡할 사이에 여기저기 부딪히고 다치기도 한다. 아기는 아직 다치거나 죽는 것의 두려움을 모르기 때문에 신기한 것을 보면 무조건 재빨리 달려가 엄마를 진땀나게 한다. 엄마가 열심히 꽁무니를 쫓아다니며 "안 돼, 위험해"를 외치며 번쩍 안아서 옮겨주어야 겨우 위험을 모면하는 일이 온종일 반복된다. 엄마는 이때의 충격을 머릿속에 깊이 새긴다. 그래서 자식이 충분히 자기 앞가림을 할 수 있는 나이가 되어도 내버려두면 사고를 칠 것만 같아 마음이 불안하다. 그러한 관성 때문에 자식이 충분히 자란 후에도 꽁무니를 쫓아다니며 "안 돼"를 외치곤 한다.

큰 충격으로 뇌에 새긴 기억은 머리에서 지워내기 쉽지 않다. 때문에 엄마가 자식의 꽁무니를 쫓아다니는 태도를 독하게 포기하지 않으면 점차 더 많은 것을 감시하고 챙겨야 마음이 놓이는 상태가 된다. 그래서 자식의 학업 성적, 진로 문제, 심지어 이성 교제까지 일일이 간섭하고 싶어하는 부모가 많은 것이다.

자식을 자립적이고 당당한 인재로 키우고 싶다면 과감히 풀어주어야 한다. 아이의 신변을 보호해주었던 기억들을 빨리 떨쳐버리고 의도적으로 방치하는 통 큰 자세가 자식을 더 단단하게 만드는 힘이 된다.

스스로 움직이지 못하는 어린 아기도 직접 깨지고 부딪쳐보면 곧바로 위험을 피할 방법을 찾아낼 만큼 영민하다. 그런데 이러한 영민함을 갈고닦지 않으면 더욱 의존적으로 변화하게 된다. 엄마가 자식을 위험에서 구하려고 쫓아다니며 "안 돼, 위험해."를 외치는 기간이 길수록 자식은 스스로 위험에 대처하는 능력을 키우지 못하고 동물 수준에 머물게 되는 것이다.

자식을 치열한 경쟁 시대에도 모셔 가는 인재로 기르려면 자식의 태도가 다소 위험해 보이고 미덥지 않아도 가급적 스스로 깨지고 다쳐보도록 멀리서 지켜보다가 결정적 순간에만 방어해주는 의도적 방치가 좋다.

『로마인 이야기』를 쓴 시오노 나나미는 자녀 양육에 성공한 대선배 엄마답게 한국 언론과의 인터뷰에서 엄마와 아들의 관계는 연인 관계와 다르다고 말했다. 연인은 자꾸만 곁에 두고 싶어하는 것이 맞지만 엄마는 독립시켜 내보려고 해야 한다는 것이다. 덧붙여 자식은 엄마가 하루라도 빨리 품 안에서 풀어줄수록 더 단단해져 지구촌 어디를 가든 대접받는 인재로 만들 수 있다고 강조했다.

3계명 부모 말 안 듣는 자식을 축복으로 여겨라

"애가 너무 말을 안 들어요. 자식이 아니라 원수예요, 원수. 애 때문에 정말로 속상해 죽겠어요."

푸념하지 말자. 자식이 엄마의 말을 잘 안 들으면 남들보다 똑똑한 자식을 두었다며 기뻐해야 한다. 예로부터 부모보다 똑똑한 자식들은 부모의 말을 지독히도 안 들었다. 자식의 능력은 아메리카노 커피 잔보다 크다. 근데 에스프레소 잔만 한 부모의 세계관에 담으려고 하니까 자식의 능력이 차고 넘쳐 부모의 말을 듣지 않는 것이다. 인류의 역사를 보면, 세상은 부모보다 능력이 월등한 천재들이 부모에게 무섭게 저항해서 새로운 삶의 방법을 고집하며 진화시켜왔다. 우리에게 잘 알려진 근대사의 인물들만 보아도 그것을 쉽게 알 수 있다. 모차르트, 에디슨, 아인슈타인 등은 부모의 말을 잘 듣는 고분고분한 자식들이 아니었다. 빌 게이츠와 스티브 잡스 역시 부모의 의견에 순종하며 자라지 않았다. 부모에게 순종하는 자식의 경우, 기르기는 쉬울지 모른다. 그러나 부모를 능가하는 인재로 키우기는 어렵다. 부모가 사전에 쳐둔 생각의 그물에 갇히면 그 이상으로 뻗어나갈 수 없기 때문이다.

대부분의 부모는 자식이 말을 배우기 시작하는 영아기 때 어른들이 미처 생각지 못한 기발한 말을 쏟아내면 커다란 감동을 받는다.

"우리 애가 천재인가 봐요." 실제로 흥분하여 외치는 것을 주변에서도 많이 보았을 것이다. 하지만 막상 자식의 능력이 무섭게 성장해서 엄마를 능가하게 돼 반론을 펴거나 자기주장을 고집하면 엄마는 화를 낸다.

자식이 엄마의 지혜를 능가하면 자연히 엄마의 마음에 들지 않는 말을 할 수도 있다. 그런데 엄마는 그것을 인정하지 못하는 것이다. 그래서 자식이 반기를 들면 무조건 자식의 의견을 꺾어야 한다는 생각에 사로잡혀 엄마가 원하는 것을 자식에게 주입시키려고 무리수를 두는 경우도 많다. 그러고는 자식을 엄마의 리모트 컨트롤 인형으로 전락시키려 든다. 자식의 의견에는 관심이 없고 오로지 엄마가 시키는 대로 행동하기만을 원하게 되는 것이다.

타고난 기질이 센 자식은 자기 관점과 확연히 다른 엄마의 말을 강하게 거부하며 저항하는 방식으로 반기를 든다. 그럴 때 엄마가 이성을 잃으면 자식이 자기 말을 안 듣는다며 실망하고 분노해서 자식을 더욱 억압하다가 갈등을 일으키기 쉽다. 그런 일이 반복되면 부모와 자식 간의 관계가 나빠지고 자식은 저항의식을 더욱 키워 불만 가득한 성인으로 자랄 가능성이 크다.

반면 타고난 기질이 약한 자식은 부모와 다투는 것을 세상에서 제일 무서워한다. 그래서 부모와 이견이 생겨 다툴 일이 생기면 스스로 자기주장을 철회한다. 그런데 이 과정에서 아이의 내면에는 불만과 분노가 쌓이게 된다. 그렇게 쌓인 불만과 분노는 스스로 재능의 싹을 잘라버리게 만든다. 점차 꿈도 희망도 잃어 무능하고 수동적인 인물로 전락하기 쉽다.

성공한 인물 중에는 어려서부터 부모의 뜻을 거스르는 기가 센 사람들이 많다는 것을 기억하고 그런 자식을 축복으로 여겨야 한다. 당장은 기분이 상하더라도 자식의 저항을 받아주자.

창의성, 사회성, 친화력, 언어력과 같은 재능은 싹이 쉽게 사라지는 기제들이다. 그러니 이같은 재능의 싹을 발견해서 잘 보호하고 키우면 무섭게 자란다. 이것들을 키우기 위해 부단한 노력을 해야 한다.

지금 우리가 살고 있는 사회는 이러한 재능들을 학업 성적보다 더 중시한다. 그러니 자식이 부모에게 대든다고 화만 내지 말고 오히려 감사히 여기자. 그런 자식에게는 부모에게 대들 수 있는 자유를 주고 스스로 선택하는 기회를 주기만 하면 어디서든 모셔 가는 인재로 성장시킬 수 있다.

4계명 실패에서 배우게 하라

우리나라 엄마들은 자식을 실수 없는 인간이 되길 원하는 것 같다. 대부분의 엄마가 그 나이의 아이라면 충분히 저지를 수 있는 사소한 실수도 용서를 못하고 호되게 꾸짖는 것을 보면 말이다.

그러나 어른들도 실수 없이 사는 사람은 없다. 깜빡하고 전화 약속을 잊거나 바빠서 빨간불에 건널목을 건너는 등의 사소한 실수부터 보고서의 계산 수치에 오자를 내는 아찔한 실수까지 반복하며 산다. 인간은 완벽한 존재가 아니다. 인간의 신체는 몰두하는 일 이외에는 기억이 가물가물해 여러 종류의 실수를 저지르도록 설계되어 있다.

어린아이들은 제멋대로 까불다가 길거리에서 넘어져 무릎이 깨져봐야 걷다가 넘어지지 않는 방법을 터득할 수 있다. 남들이 두렵다며 회피하는 일에 뛰어들었다가 혼쭐이 나봐야 해도 되는 일과 해서는 안 되는 일을 명확하게 구분하는 안목이 생긴다. 그러나 부모가 사소한 실수조차 용서해주지 않으면 실수 공포증이 생겨 작은 모험도 기피하게 된다. 어린 나이에는 갖가지 모험을 통해 차별화된 능력을 만들어낼 수 있는데 부모가 어린 자식에게 실수할 기회를 주지 않으면 실패가 두려워 현재에 안주하는 소심한 인간으로 변한다.

성공한 사람들의 특징은 실패를 두려워하지 않는다는 것이다. 미국 전기·방송회사인 RCA는 20세기 초 세계 최고의 방송 장비 공급사였다. 그 무렵 우리나라에 최초로 설립된 방송사들도 모든 기기를 이 회사에서 수입했다. 1920년대 RCA의 사업국장이던 데이비드 사노프는 막 등장한 라디오에 대규모 투자를 할 계획이었다. 그러나 부하 직원들은 적극 반대했다.

"불특정 다수에게 보내는 메시지에 돈을 쓸 사람이 과연 있겠는가?"

사노프는 그 모든 반대를 무릅쓰고 라디오에 통 크게 투자해 큰 성공을 거뒀고 그 공으로 1930년에는 RCA 사장이 되었다.

경쟁이 치열한 글로벌 시대에 자식을 모셔 가는 인재로 키우려면 실수를 무릅쓰고 다양한 국가를 넘나들 수 있는 용기가 있어야 한다. 어디를 가든 부딪치고 깨지더라도 살아남을 수 있다는 확신을 가져야 한다. 그런 확신은 새로운 시장과 새로운 경제 시스템을 찾아내고 만들어낼 수 있는 원동력이 된다.

부모는 자식에게 크고 작은 실패에서 배울 기회를 만들어주어야 한다.

5계명 다양한 문화 체험의 기회를 주어라

아이에게 어릴 때부터 해외 문화를 체험할 수 있는 기회를 갖게 해주면 아이의 안목이 커지고 국내의 좁은 취업 시장만 바라보며 한숨짓지 않게 도와줄 수 있다. 지금은 자신의 능력을 필요로 하는 나라로 선뜻 건너가 얼마든지 대접받으며 살 수 있는 세상이 되었다. 자식을 그런 글로벌 시대의 경제 주역으로 기르려면 어릴 때부터 해외 문화 체험의 시간과 기회를 주어야 한다.

가정 형편이 넉넉한 부모라면 어린 자식에게 방학 때마다 해외여행을 통해 다양한 문화 체험을 시켜줄 수도 있겠지만 기회를 줄 엄두를 내지 못할 수도 있다.

그러나 지금은 굳이 해외를 넘나들지 않고도 부지런히 정보를 수집하고 열심히 발로 뛰면 국내에서도 얼마든지 아이에게 다양한 해외 문화를 체험시켜줄 수 있다. 지역마다 다문화 가정을 돕는 일손 부족으로 고생한다. 자녀에게 그들을 돕는 자원봉사를 해보도록 하는 것도 좋고 문화 행사에 참여해보도록 하는 것으로도 다양한 해외 문화 체험의 기회를 만들어줄 수 있다.

인터넷의 해외 영상이나 케이블 방송의 해외 소개 프로그램을 시청하게 하면 다양한 해외 문화를 간접적으로 경험하게 할 수 있다. 요즘에는 다른 나라 문화를 다룬 책들도 많아 책으로도 많은 해외 문화를 접하게 해줄 수 있다.

부모가 자식의 학교 성적에만 연연하지 않고 다양한 해외 문화 체험을 해볼 수 있는 시간을 주면 국내에서도 얼마든지 다양한 해외 문화를 체험해볼 수 있다.

지금은 기업은 물론 시장도 글로벌 단위로 움직인다. 국내 기업이나 시장만 바라보면 좋은 직장을 구하기가 바늘구멍을 찾는 것보다 어려울 수 있다. 예를 들어 IT 기술을 익혔다면 IT 기술자가 넘쳐나는 국내 체류만을 고수할 것이 아니라 IT 기술자가 모자라는 다른 나라에 진출하는 식으로 시야를 넓혀야 직업을 찾기도 쉽고 모셔 가는 인재 대접을 받을 수 있다.

유럽, 미주, 일본 등 주요 선진국들은 이미 19세기 이전부터 자녀들에게 의도적으로 다양한 해외 문화 체험을 시키고 있다. 그들이 글로벌 시대를 선도했으며 지금도 여전히 그 분야에서 앞서고 있다. 유럽에 가보면 일반 가정집에 개인이 수집한 일본 에노와 그 이전 시대의 그림, 책, 무기, 식기 등이 전시되어 일반인에게 공개하는 곳이 제법 많다. 대부분의 집주인은 그 시대의 일본 귀족과 주고받은 일본어 편지까지 공개해 깊이 있는 해외 체험이 이미 오래 전부터 이루어졌음을 보여준다.

우리는 해외 문화 체험에서 상대적으로 후발 주자에 속한다. 하지만 부지런히 자식들에게 해외 문화 경험의 기회를 만들어주어 주요 선진국의 자녀들과 어깨를 나란히 하도록 해준다면 선진국 수준의 경쟁력을 갖출 수 있게 될 것이다.

엄마의 위로는 힘이 세다. 그런 엄마가 위로 대신 폭언을 퍼붓는다면 어떨까? 아마도 자식의 미래는 어두운 곳으로 밀려갈 것이다. 시험을 망친 아이를 두고 엄마가 위로는커녕 자식의 불안을 가중시키는 말을 해서 마음을 들쑤시면 자식은 공부에 대한 열의를 잃게 된다. 다음 시험 점수를 높일 의욕조차 저하된다. 물론 부모가 자식의 형편없는 시험 점수에 "괜찮아"라고만 말하면 자식은 앞으로도 계속 시험을 잘 못 보아도 괜찮다는 말로 해석하고 방심할 수도 있다. 이럴 때는 반드시 "다음에 잘 보면 돼"라고 말해 경각심을 남기면서 위로하는 것이 요령이다.

"네가 최선을 다했으니 됐어. 상이 중요한 게 아니야. 너무 걱정하지 마라. 다음에 잘하면 돼." 엄마의 위로는 상을 타지 못해 불편해진 자식의 마음을 따뜻하게 녹여준다. 다음에는 더 좋은 상을 타고 싶다는 각오를 다지게 만든다. 그러나 엄마가 "그러면 그렇지. 네가 무슨 ……." 하며 비난하게 되면 나름대로 최선을 다한 자식은 대회에 나가는 것마저 부담으로 여기게 된다. 심하면 엄마에게 자랑스러운 자식이 되고자 하는 마음도 포기하게 된다.

엄마가 위로 대신 폭언을 하면 자식은 엄마 대신 또래 친구를 찾게 된다. 이때 또래 친구의 조언이 엄마의 조언보다 현명하다면 좋겠지만 그렇지 않을 경우 문제가 생긴다. 아이들은 어른보다 충동적이다. 따라서 경솔한 방법을 충동적으로 선택해 인생을 어두운 곳으로 몰고 갈 위험성이 많다는 것을 알아야 한다.

엄마의 위로는 다 큰 어른에게도 큰 힘이 된다. 「스타워즈」 「인디아나 존스」 시리즈 등으로 평생 돈 걱정할 필요 없는 부를 만들고 사회적 명성도 얻은 조지 루카스의 어머니는 취업도 하지 않고 7년을 빈둥거리던 아들에게 단 한 번도 취업을 강요하지 않은 것으로 유명하다.

"괜찮아, 너무 조급해하지 않아도 돼."

제때 취업을 못해 낙심하고 있는 자녀에게 한 따뜻한 위로는 조금 더 여유를 가지고 원하는 직장을 얻을 수 있게 하는 힘이 된다. 그러나 "언제 취직할 거냐?"라고 다그치며 화를 내면 엄마를 대면하기조차 두려워할 것이다.

시험을 망쳤을 때, 애매한 일로 선생님에게 꾸중을 들었을 때, 아끼는 물건을 잃어버리거나 망가뜨렸을 때, 왕따를 당했을 때, 오해받고 궁지에 몰렸을 때, 경제적 궁핍으로 여러 가지 문제에 부딪혔을 때, 사람 사이의 갈등으로 절망의 깊은 구렁텅이로 떨어졌을 때, 그때마다 자식은 애타게 엄마의 위로를 기다린다. 그런 때 엄마의 위로를 받는 사람은 위기를 기회로 삼는 능력을 갖추게 된다. 그러한 능력은 인생에서 만나는 수많은 위기와 좌절 앞에서도 스스로 떨치고 일어날 힘이 되어준다.

세상은 글로벌 단위로 움직인다. 삶의 반경이 동해에서 대서양과 태평양을 합한 크기로 변한 것이다. 파도는 더욱 거칠어지고 나타날 수 있는 변수는 더욱 다양하고 위험해졌다. 그 어느 때보다 엄마의 위로가 자식의 경쟁력과 직결되는 시대가 된 셈이다. 글로벌 단위로 움직이는 세상은 웬만한 풍랑에도 끄떡없이 자기 주도적으로 살 수 있는 당찬 사람에게만 주역의 자리를 내준다.

자식이 이해하기 어려운 큰 실수를 저지르거나 바보 같은 짓을 해서 고립되더라도 엄마만은 자식을 비난하지 말고 따뜻하게 위로해주어야 자식을 훌륭한 인재로 길러낼 수 있다.

7계명 자식을 자기 방식으로 바꾸려 하지 말고 있는 그대로 사랑하라

"우리 애는 공부를 못하거나 숙제를 빠트리지는 않아요. 그런데 학교에서 돌아오면 순서대로 착착 그날 해야 할 일을 끝내지 않고 일단 빈둥거려요. 그러고는 언제 해치웠는지 모르게 후다닥 끝내버려요. 그리고 저는 애가 빈둥대는 꼴을 보는 순간 속이 부글거려서 화를 내곤 해요."

자녀와의 대화법을 공부하러 온 엄마들이 이런 말을 참 많이 한다. 그럴 때마다 내가 그냥 놔두라고 말하면 애가 빈둥거리는 모습을 보면 화가 난다면서 자신의 강요적 태도를 정당화하는 경우가 많다. 나는 그런 말을 들을 때마다 이런 생각을 한다.

'왜 사람들은 엄마가 되면 자식이 모든 것을 자기 방식대로 답습해주기를 원하는지 모르겠다. 자기 방식이 다 옳을 수는 없는데…….'

사람마다 일을 처리하는 방식이 다르다. 어떤 사람은 스케줄대로 처리해야만 마음이 놓인다. 어떤 사람은 쉬엄쉬엄 처리해야 지치지 않고 일을 잘한다. 같은 일도 토막토막 처리해야 잘하는 사람이 있고 죽 이어서 끝내야 마음 편한 사람이 있다. 이미 길들여진 습관의 결과일 수도 있고 타고난 기질 차이일 수도 있다.

자식이 엄마와 일 처리 방식이 다를 때 엄마가 자기 방식대로 고치려고 무리수를 두면 관계가 깨지고 자식의 미래 또한 어둡게 만들 수 있다. 잘 생각해보시라. 결혼하고 나서 시어머니와 갈등을 겪었던 주요 원인이 서로의 일 처리 방식을 강요하려는 기 싸움이 아니었는지를 말이다.

삶의 방식은 한 개인의 자존감과 깊은 관계가 있다. 당연히 자신의 일 처리 방식을 바꾸려는 사람에게는 적대감이 생긴다. 이는 상대방이 부모라고 해도 다르지 않다.

자식이라고 해서 모두 엄마와 기질이 같은 것은 아니다. 어떤 자식은 엄마와 기질이 정반대일 수 있다. 그것을 인정하지 않고 엄마가 자식 삶의 방식을 엄마의 것과 일치시키려고 하면 자식은 엄마가 주는 중압감 때문에 학업 성적을 올리거나 성공에 필요한 자립심, 창의성, 사회성 등의 발전에 쓸 에너지를 엄마를 향한 저항감에 소진시켜버리게 된다.

아무리 극심한 취업 경쟁 속에서도 모셔 가는 인재는 있는 법이다. 그들은 대개 틀에 박힌 삶의 방식을 거부하고 자기만의 방법으로 새로운 질서를 만들어낼 줄 아는 사람들이다. 그만큼 자식의 생활 태도를 엄마의 입맛에 맞출 것이 아니라 엄마가 자식의 입맛을 인정하고 그 틀을 크게 훼손하지 않는 범위 안에서 지도해야 한다. 무엇보다 자식의 삶의 방식을 엄마의 방식대로 고치려는 생각을 아예 머릿속에서 지워야 한다.

8계명 자식을 손님처럼 예의로 대하라

지금 우리 사회는 최고급 스펙 보유자의 급증으로 능력 있는 인재들로 가득하다. 대부분의 인재가 스펙 쌓기에 치중하다 보니 대인 관계를 좌우하는 언어적 매너는 제대로 익히지 못한 것 같다. 그런데 사회생활은 거의 대부분 협업으로 이루어진다.

실생활에서는 스펙보다 대인 관계를 좋게 하는 언어 스킬이 더 유용하다. 그래서 최근에 기업들은 인재 선발에서 언어적 매너 점수를 높게 책정한다. 비의도적으로 타인의 가슴에 상처를 내는 말의 남발, 빗나간 추측성 답변, 무례하고 부정적인 표현 습관 등은 완벽한 스펙과 발군의 실력조차 빛을 바래게 한다.

　　최근 여러 TV 방송의 서바이벌 프로그램 속 심사 내용을 살펴보면 기업들의 인재를 발탁하는 기준을 쉽게 찾아볼 수 있다. 대개 서바이벌 프로그램에서 결승전까지 진출한 사람들은 실력들이 고만고만해서 우열을 가리기가 힘들다. 그래서 심사위원들은 참가자의 자기 퍼포먼스 설명을 중요시한다. 비슷한 실력자의 우열이 언어 사용 방법으로 결정되는 셈이다.

　　언어 사용 습관은 하루아침에 바뀌지 않는다. 뇌에 반복적으로 새겨져 피부처럼 몸에 붙어야 바뀐다. 그런 속성 때문에 인간의 기본 언어 사용법은 대부분 부모에게 물려받는다.

　　부모가 상스럽게 말하는 것을 듣고 자라는 자녀가 학교 교육만으로 언어 매너를 익히기는 어렵다. 말버릇은 순전히 가정 교육의 몫이다. 부모가 자녀에게 그런 말버릇을 물려주면 학교 성적이 뛰어나고 고도의 스펙을 갖추도록 열심히 뒷바라지해주고도 대인 관계에 실패한다. 연애나 사회적 성공과 멀어질 수 있다.

　　만약 당신이 자식에게 "그게 무슨 말버릇이야?" "엄마가 우습니?" 등의 말을 자주 입에 올린다면 엄마 자신의 언어 습관부터 점검해볼 일이다. "도대체 생각이 있는 애니?" "너 것 때문에 내 인생이 이 모양이 되었어." "넌 누굴 닮아서 그 모양이야?" 등의 모욕적인 말로 자식의 인격을 지속적으로 깎아내리지는 않았는지 말이다. 만약 그랬다면 당신이 못마땅해하는 자식의 말버릇은 고스란히 당신이 물려준 셈이다.

부모에게 언어적 인격 모독을 당하며 자란 아이들은 타인의 인격을 깎아내리는 말을 서슴지 않고 사용한다. 자신의 어떤 말이 타인을 불쾌하게 만드는지조차 알지 못해 함부로 말하고 미안해하지도 않는다. 후천적 교육으로 자신의 언어 사용법이 잘못되었음을 깨닫게 되더라도 쉽게 고쳐지지는 않는다. 따라서 가급적 아이들이 어릴 때부터 바른 언어 습관을 길러주는 것이 좋고 조금 때가 늦었더라도 고치려는 각오를 갖고 하나씩 서서히 고쳐주어야 사회적 성공에 가까워질 수 있다.

자녀를 인재로 키우려면 평소 자식을 손님에게 하듯 매너 있는 말로 대해야 한다. 부모가 자식에게 함부로 말하면 자식도 부모는 물론 모든 대인 관계에서 함부로 말하게 돼 아무리 스펙이 훌륭해도 인간관계에서 고립되기 쉽다. 부모가 손님에게 하듯 자식에게 매너를 갖춰 말하면 자식은 특별히 노력하지 않고도 상황에 맞는 언어 매너를 지킬 수 있어 스펙이 좀 부족해도 모셔 가는 인재가 될 수 있다.

9계명 자식이 두려워하는 부모가 아닌 존경하는 부모가 되어라

"들키면 엄마한테 혼나."

그 말을 입에 달고 사는 아이는 당당해지기 어렵다. 엄마 몰래 하는 일은 설령 정당한 일이라도 떳떳하게 느껴지지 않아서이다. 그래서 엄마가 금지하는 일이 많으면 자식에게 엄마는 두려운 존재가 된다. 자식은 엄마가 두려우면 정당한 일을 하면서도 자기 일을 존중하거나 사랑하지 못한다. 자기 일을 즐기는 것은 아예 상상도 하지 못한다. 그런 태도가 습관화되면 제아무리 뛰어난 성적을 거두어도 성공하기는 어렵다. 성공은 당당한 사람을 선호하기 때문이다. 엄마가 자식에게 존경받는 존재가 되어야만 자식이 당당해져 학업 성적이 다소 저조해도 모셔 가는 인재로 성장할 수 있다.

자식이 부모를 친구처럼 막 대하도록 행동하면 부모를 우습게 여기기 쉽다. 그럴 경우 훈계를 할 때에도 부모의 가르침이 잘 통하지 않는다. 부모는 자식이 타인과 더불어 사는 사회생활에 적합하지 않은 행동을 하면 바로 따끔하게 꾸짖어 수정하도록 해주어야 한다. 그렇다고 해서 엄마가 두려울 정도로 엄격하게 꾸짖는 것은 위험하다. 간단히 말해 스스로 깨닫도록 타일러야 한다. 자식은 부모가 두려우면 회피하고 또래들과 어울리다가 엉뚱한 일을 벌여 일탈할 수 있다. 또는 무기력증이 생길 수도 있다. 그런 태도로는 높은 스펙을 쌓더라도 성공하기 어렵다.

"똑똑한 사람은 열심히 하는 사람을 이길 수 없고 열심히 하는 사람은 즐기는 사람을 이길 수 없다."

최근 공자의 말이 자주 회자되고 있다. 엄마가 자식에게 두려운 존재가 되면 아이로 하여금 학교 성적을 높이려는 의지는 강화시킬 수 있다. 그러나 결코 세상을 즐기는 사람의 경지로까지는 이끌 수 없다.

취업 걱정으로 가득한 세상에 모셔 가는 인재들은 무리하여 열심히 일하지 않는다. 그들은 자신에게 흥미롭고 재미있어야 일을 한다. 아무리 열심히 일하는 사람이라도 즐기며 일하는 사람을 이길 수는 없다. 자식을 그런 인재로 성장시키려면 자식에게 호락호락하거나 두려운 부모가 되어서는 안 된다.

많은 엄마가 자식이 가진 능력의 한계를 밀어붙여야 큰 인물로 성장할 것으로 믿는다. 그런 엄마들은 자식이 엄마를 기쁘게 하려고 열심히 공부해서 약간의 성적을 올리는 것으로는 만족하지 못한다. "그까짓 점수로는 어림도 없어. 아직 멀었어."

그러나 자식은 부모가 자신의 한계치를 너무 많이 올리고 더 강하게 밀어붙이면 금세 좌절한다. 한계 초월에 대한 공포심마저 갖게 된다. 그렇게 되면 결국 매사를 자포자기하게 된다. 그리고 자식은 그런 부모가 두려워 피하게 된다.

자식에게 공과 사를 분명히 가르치되 자식의 한계를 무조건 밀어붙이지 말고 격려와 위로로 스스로 한계를 조금씩 뛰어넘도록 도와 자식 스스로 부모를 존경하는 마음이 우러나도록 지도해야만 한다.

10계명 **사랑을 절제하라**

몇십 년 전만 해도 우리 사회는 부모가 자식에 대한 사랑을 마음 놓고 표현할 여유가 없었다. 먹고 사는 문제에만 매달려도 하루 24시간이 모자랐다. 그런 부모 세대의 노력으로 우리나라 경제는 꽤 좋아졌다. 그러나 형편상 부모의 사랑을 제대로 못 받고 자란 세대가 부모로 성장하자 마치 한풀이를 하듯 자식에 대한 사랑을 쏟아내고 있다.

자식을 향한 부모의 사랑은 타고난 본능이다. 경제적·환경적 장해 요인만 없다면 무한대로 퍼 올릴 수 있다. 모든 사랑이 그렇지만 특히 부모의 사랑은 기묘하다. 자식은 부모의 사랑이 조금만 부족해도 금세 허기를 느끼지만 조금만 넘쳐도 무기력에 빠지거나 열정과 잠재력이 소멸돼 식물성 인간으로 변하기 때문이다.

지금 우리 사회는 부모의 넘치는 사랑과 보살핌으로 높은 스펙을 갖춘 인재들이 쏟아져 나오고 있다. 한편 세상은 글로벌 단위의 경제 규모로 움직이며 더 많은 용기, 모험심, 남다른 경험을 갖춘 사람을 선호한다. 그러나 부모의 넘치는 사랑은 자식의 경쟁력을 잃게 만들어 자식들을 위기에 빠뜨려버렸다.

부모의 과잉 사랑은 자식을 들볶는 잔소리로 표현되기도 한다. 오랫동안 알고 지내던 한 20대 직장 여성의 이야기를 소개하겠다.

그녀는 어느 날 나에게 엄마와 싸우기 싫어 독립 자금을 모으고 있다는 고백을 했다. 그녀의 엄마는 매번 출근 시간에 늦는데도 억지로 붙들어 앉혀놓고는 이렇게 말했다고 한다.

"상사에게는 이렇게 말해라, 이렇게 분위기를 띄워라."

그녀는 스타킹에서부터 입을 옷이나 착용할 장신구 하나까지도 엄마의 조언대로 골라야 했다. 만약 거부하면 막무가내로 화를 냈다고 한다.

"너 때문에 속 터져 못 살겠다." "부모가 자식 위해 잔소리하는 것은 너무나 당연하다. 잔소리 안 하는 부모는 자식을 사랑하지 않는 거다."

어쩌다 귀가가 늦는 날이면 친구를 만나는 중이라고 말해도 만나는 친구가 누구인지 왜 만나는지를 꼬치꼬치 묻는단다.

그뿐만이 아니다. 직장인이 된 후에도 시도 때도 없이 직장으로 전화를 걸어 난처할 때가 많단다. 중요한 미팅 중이어서 전화를 받지 못하면 "왜 엄마 전화를 재깍재깍 받지 않지?"라며 화를 내 당혹스러울 때가 많다고 했다.

그녀가 엄마의 지나친 사랑에 숨이 막혀 제발 관심 좀 꺼달라고 솔직하게 말했다가 엄마가 울며불며 앞으로는 아예 관심 안 가질 테니 다 알아서 하라는 폭언을 퍼부어 며칠간 고통 속에서 지낸 적도 있다고 했다. 그녀는 긴 한숨을 내쉬며 "태어나서 30년 동안 하루도 거르지 않고 엄마에게 스토킹당하는 기분이라면 이해되세요?"라며 눈물을 글썽였다.

극단적인 사례로 보이지만 넘치는 사랑을 퍼부으며 자식의 숨통을 조이는 엄마는 정말로 많다. 국경, 나이, 성별, 인종 구분 없이 무한 경쟁이 벌어지는 글로벌 시대를 살아야 하는 자식 세대는 학업 성적뿐만 아니라 어디에 내놓아도 당당하게 자기 몫을 다하는 똘똘한 사람만이 모셔 가는 인재가 될 수 있다. 자식을 그런 인재로 기르기 위해서는 부모 스스로 시도 때도 없이 솟구치는 사랑을 적당한 선에서 절제해야 한다.

본능이 시키는 대로 마음껏 사랑을 쏟으면 자식을 무능하게 만들어 취업조차 제대로 할 수 없는 신세로 전락시킬지도 모른다. 부모가 자식에 대한 사랑을 조금만 절제해도 자식은 스스로 해낼 수 있는 일이 많아질 것이다. 갖고 싶은 것, 해보고 싶은 것을 금세 다 해결해주지 않고 약간의 결핍을 느끼게 함으로써 자립적 사고를 길러줄 수도 있다.

부모로서 자식에 대한 사랑을 마구 퍼주는 것은 누구나 할 수 있다. 그러나 적당한 선에서 절제하고 의도적 방치를 하는 것은 부모 노릇을 제대로 하려는 노력이 뒤따라야 할 수 있다는 것을 기억하자.

1장

아이 걱정에서 언제쯤 벗어날 수 있을까?

이 땅의 수많은 엄마들이 자기희생을 무릅쓰고 아이에게 잘해주었다. 엄마의 인생을 포기해가며 죽자고 노력해 아이의 스펙을 최고로 높여놓았다. 그런데 이제 와서 그런 엄마의 희생이 아이의 앞날을 가로막는다고 아우성이다. 도대체 어떤 엄마가 되어야 아이를 잘 기를 수 있는 걸까? 유능한 엄마가 아니라 좋은 엄마가 되어야 한다. 어차피 세상은 빠르게 변하고 엄마 힘으로 변화를 따라잡기에는 역부족이나.

더는 유능한 엄마가 되겠다는 욕심을 내려놓고 좋은 엄마가 되려고 생각을 리셋하면 힘들이지 않고도 시대 변화에 발맞추어 아이를 잘 기르는 좋은 엄마가 될 수 있다. 지금부터 미래형 좋은 엄마가 되기 위한 생각 리셋 방법을 알아보자.

01

완벽한 엄마에 대한
환상을 버려라

"정말 눈물이 핑 돌더군요. 그날은 정말 많이 아팠거든요. 태어나서 그렇게 아파보기는 처음이었어요. 손가락 하나 까딱하기도 힘들더라고요. 초등학교 4학년 된 딸이 오므라이스를 먹겠다는데 냉장고를 열어보니 그날따라 오므라이스에 들어갈 재료가 거의 없는 거예요. 그 상태로 밖으로 나갔다가는 길바닥에 쓰러질 것 같아서 사러 갈 수가 없었어요. 지금까지 한 번도 그런 일이 없었는데 처음으로 어쩔 수 없이 딸이 평소 즐겨 먹는 김치 볶음밥을 해주었지요.

그런데 힘들여 만든 김치 볶음밥을 딸아이가 못마땅한 눈빛으로 한번 힐끗 쳐다보더니 '내가 언제 이딴 것 해달래? 오므라이스 먹겠다고 했잖아' 하며 소리를 지르더라고요. 저도 너무 화가 나서 '엄마가 아프다니까'라고 했지요. 그러자 성질을 부리며 손바닥으로 마구 식탁을 내려치는 거예요. 그 바람에 제가 애써 만든 김치 볶음밥에 손이 닿아 바닥으로 굴러 떨어지는 거예요. 그걸 보는 순간 너무 화가 나서 딸아이의 따귀를 때렸어요.

그때는 정말 제정신이 아니었어요. 정신이 들고 나니 너무 마음이 아파서 딸에게 미안하다고 여러 번 사과를 했어요. 그랬더니 딸아이가 며칠 동안 저랑 눈도 안 마주치는 거예요. 제가 그렇게 많이 잘못한 건가요?”

강의를 마친 후 한 엄마에게서 들은 말이다. 이야기를 듣고 있는 나도 화가 날 정도였다. 평소 딸이 자기 엄마를 얼마나 우습게 알면 아픈 엄마가 최선을 다해 만든 김치 볶음밥을 뿌리치겠는가? 눈앞에 그때의 광경이 그려지면서 그 엄마의 감정이 나에게 이입되었다. 그러나 다시 냉정하게 생각해보니 엄마가 만든 일이라는 생각이 들었다. 지독하게 아플 때에도 딸의 요구를 무엇이든 들어주고 마치 충실한 종 같은 이미지를 심어준 결과라는 생각이 든 것이다. 하지만 딸 입장에서는 엄마가 자기의 요구를 일방적으로 거부하고 엄마 멋대로 자신의 요구 상황을 바꾼 것을 처음 경험한 셈이었으니 화를 낼 법도 하다 싶었다.

자세한 사연을 들으니 딸이 그런 행동을 보인 것이 더 이해가 되었다. 그 엄마는 결혼 후 2년간 피임을 하다가 막상 아이를 가지려니 여러 방법을 동원해도 애가 생기지 않았다고 한다. 그래서 결혼 5년 만에 딸아이가 생겼고 더는 아이가 안 생겼다고 한다. 그런 사정은 이해하지만 지금이라도 냉정하게 이성을 찾고 딸의 종노릇을 그만두어야 좋은 관계가 오래 유지될 것이라고 충고했다. 갑자기 냉정하게 태도를 바꾸는 것이 지금으로서는 팔 하나를 잘라내는 것처럼 아프겠지만 결국은 그것이 딸을 위하는 길이라고 강조했다. 그러나 그 엄마는 내 충고를 귓등으로 듣는 눈치였다.

"애가 너무 예민하고 몸도 약해요."

딸에 대한 변명을 구구히 늘어놓았다. 나는 그 엄마가 앞으로도 딸의 요구를 거절하지 못할 거라는 생각에 오랫동안 마음이 무거웠다. 나는 엄마가 자녀에게 만만하게 보이면 평생 자식의 종노릇을 면할 수 없다는 것을 확고히 믿는다.

나는 매우 엄격한 부모 밑에서 자랐다. 그 시대 아버지들이 대부분 그렇기는 하지만 우리 아버지의 엄격함은 하늘을 찌를 정도였다. 아버지는 자신이 세운 '사자 새끼 이론(밀림의 왕인 사자는 새끼를 낳으면 절벽으로 떨어뜨려 살아남는 놈만 키우는 것을 말한다)'을 내세우시며 우리 형제들이 규율을 어기거나 기준에 못 미치는 행동을 하면 밥을 굶기거나 매서운 회초리로 때리셨다. 밥때를 넘겨 들어오면 당연히 스스로 챙겨 먹어야 했고 학용품을 하나라도 잃어버리면 친구에게 빌리거나 없는 채로 버텨야 했다.

그래서 어릴 때는 모든 것을 용서하고 부드럽게 대해주는 부모를 둔 아이들이 그렇게 부러울 수가 없었다. 물론 가끔씩은 안아주거나 사랑의 제스처를 보내기는 하셨지만 항상 엄격했다. 그래서 우리 부모님에게는 자식 사랑이 아예 없는 것처럼 느껴졌다. 그러나 성인이 된 후에는 그런 엄격한 훈육에 진심으로 감사드리게 되었다. 인생은 누구나 생각하듯 그리 만만한 것이 아니라는 것을 알게 되면서부터였다.

살아보면 아무도 나 대신 내 문제를 해결해주지 못한다는 것을 금세 깨닫게 된다. 어떠한 고난도 스스로 헤쳐나갈 수 있는 힘을 길러야 극복이 가능하다는 점에서 우리 부모님은 자식들에게 그런 힘을 길러주신 것이다. 얼핏 보면 따뜻하고 포근하지 않아서 정이 부족한 듯 보이기도 하지만 어려서부터 자기 관리하는 습관을 길러주신 것이 살면서 무엇보다 큰 힘이 된다는 것을 다 큰 후에야 깨달을 수 있었다.

자식은 부모의 거울이라는 말처럼 우리 형제들은 자기 자식들도 아버지처럼 냉정하고 엄격하게 길렀다. 그래서 우리 형제들의 2세들이 한곳에 모두 모이면 항상 사자 새끼 이야기로 대화를 시작하곤 한다.

나 역시 아버지의 엄한 훈육에 따라 두 아들에게 엄마의 포근한 서비스를 제공해준 적이 거의 없다. 남들 눈에는 계모로 보일 정도로 냉정했다. 내 경우 우리 부모님과 비교했을 때 잘한 일에는 충분히 기뻐해주고 상심한 일에는 충분히 위로해주는 정도의 진전을 보여주었을 뿐이다. 그러나 나 역시 아이들을 냉정하게 대하는 동안 주변 엄마들의 "애들을 그렇게 방치하다가는 후회할 거예요."라는 충고에 마음이 흔들린 적이 많다.

하지만 아이들이 다 자란 지금에 와서는 내 생각이 틀리지 않았다는 것을 확신한다. 우리 부모님의 냉정한 교육이 우리 형제들을 반듯하게 길렀듯 우리 아이들 역시 세계 어디에 나가도 금세 적응하는 놀라운 적응력을 보여주었기 때문이다.

우리 형제들은 2남 2녀로 이른 나이에 엄마를 잃었지만 남동생 둘은 변호사, 여동생은 교수, 그리고 나는 작가 겸 강연가가 되었다. 원래 남동생이 하나 더 있었는데 일찍 저세상 사람이 되었다. 막내는 여섯 살에 어머니를 잃었다. 그런데도 대학원 재학 중에 사법고시에 붙었다. 막내 동생이 사법연수원에 다니던 시절, 연수원에 자기처럼 일찍 어머니를 여읜 사람은 없더라는 말에 마음이 짠하기도 했다. 하지만 나는 내 동생들을 통해 자기 관리 습관을 여섯 살이전에 길러두고 그 후로는 의도적으로 방치를 해야 어떤 위기도 스스로 뚫고 나아갈 수 있는 자력을 갖추게 된다는 학자들의 주장에 전적으로 동의한다.

나는 결혼 전부터 어린 아이들을 그다지 좋아하지 않았고 체력까지 약했다. 나를 잘 아는 사람들은 '이 아이가 결혼해서 엄마 노릇을 제대로 할 수 있을까?'를 심각하게 걱정할 정도였다. 그리고 너무나 엄격한 가정 교육을 받은 탓에 성격이 차갑기까지 했다. 우리 아이들로서는 완벽한 뒷바라지를 해주는 주변 친구들과 비교해서 최악의 조건을 가진 엄마를 만난 셈이었다. 그러나 아이들이 다 자란 지금은 누구보다 엄마와 친하게 지낸다.

우리 아이들은 내가 강원도 원주에서 근무할 때 태어났다. 그 당시의 부모들에게도 아이들의 교육 문제는 최고의 관심사였다. 서울에 사는 내 친구들은 시골에서 애를 낳아 기르는 나를 위해 유용한 교육 정보들을 열심히 알려주었다. 그중 가장 마음에 와 닿았던 것은 아이들의 기초 체력을 길러주려면 유치원 때부터 수영과 스케이트 같은 것을 가르쳐 꼿꼿한 자세를 갖게 해주어야 한다는 충고였다. 당시 강원도 원주에는 아이들을 위한 체육 시설이 전혀 없었다. 그러나 '구하라, 그러면 얻을 것이다'라는 진리처럼 다양한 곳에 수소문해보니 방송 게스트로 나왔던 한 분이 원주 시내의 유일한 수영장이 원주 중학교 안에 있었다. 주말이면 외부 학생들에게도 개방한다는 사실을 알려주었다. 나는 곧바로 두 아들뿐 아니라 유치원 친구 몇 명도 함께 등록시키고 수영장에 보냈다. 어렵사리 수영장에 보내기는 했지만 수영 코치가 있는 것은 아니었다. 단지 아이들이 수영장에서 물장구를 치며 물과 친해질 수 있는 정도였다. 하지만 그것만으로도 고마운 마음이 들었다.

나는 직업상 주말에도 근무하는 날이 많았다. 남편은 타지에서 일했고 주말 근무가 많았다. 당연히 주말에 아이들을 수영장에 데려다주는 일은 내 차지였다. 버스 정류장이 집에서 먼 데다 두 번이나 갈아타야 했다. 유치원생 아이들이 노선버스를 이용하기는 어려웠다. 그래서 주말 근무 중에 다른 당직 근무자의 양해를 얻어 차를 끌고 급히 집에 가서 아이들을 차에 태우고 원주 중학교까지 날랐다. 근무 시간이었기 때문에 아이들을 수영장 입구에 내려주고 서둘러 되돌아와야 했다.

그런데 아이들이 수영장에 나간 지 두 번째 되는 날 한 어머니가 나를 붙들더니 높은 목소리로 말했다.

"계모 아니세요? 작은아이가 수영 팬티를 갈아입을 힘이 없어 엉덩이에 걸친 팬티를 올리느라고 얼굴이 빨개져서 10분이 넘게 실랑이하던데……. 직장도 좋지만 어쩜 그리 냉정하게 그 어린 아이들을 문 앞에 던져두고 가세요? 아이들 옷 입히는 데 5분이면 될 텐데……. 애가 너무 안쓰러워서 내가 대신 올려줬어요. 그리고 댁의 작은아들은 물에만 들어가면 추워서 덜덜 떨던데 병 안 났어요?"

나는 아이의 체력 관리를 위해 수영장을 찾는 것은 엄마 몫이지만 수영장에 적응하는 것은 아이 몫이라고 생각했다. 그 엄마의 말에는 "도와주셔서 감사합니다."라고 정중하게 감사를 표했지만 그 엄마의 충고에 따라 수영장 안까지 따라 들어가 아이의 수영복을 갈아입혀 줄 생각은 조금도 없었다. 대신 집에서 수영 팬티를 올리고 내리는 연습을 시켜서 전처럼 수영장 입구에 내려주었다. 작은아들이 추위를 못 견디는 문제는 "너무 추우면 안 가도 돼."라고 말했는데 큰아들이 "제가 돌보면 돼요."라고 말해서 보온병에 따뜻한 우유를 담아 보내는 것으로 해결했다. 당시에 나는 그런 식의 의도적 방치가 자식의 미래를 더욱 빛나게 만드는 참다운 부모의 사랑이라고 믿었다.

작은아들의 수영 팬티를 올려주었던 그 엄마는 그 후로도 나를 매정한 엄마라며 더욱 욕했을 것이다. 어쩌다 나를 만나면 노골적으로 외면했으니 말이다. 그 엄마의 충고는 고마웠지만 고마움은 가슴에 새기고 나는 내 의지대로 아이를 키우는 것이 중요하다고 생각했다.

그런 신념을 지키는 데에는 우리 친정아버지의 사자 새끼 이론이 큰 힘이 되어주었다. 물론 가끔은 '내가 정말 지독한 엄마인가?' 싶은 생각에 그 엄마의 충고에 마음이 크게 흔들렸던 것은 사실이다. 그러나 아이들이 모두 성장한 지금 돌이켜보면 그때 그 엄마의 말에 흔들리지 않았던 것이 잘한 일이라 생각한다.

사람은 한없이 의존적일 수 있는 동물이다. 누군가가 원하는 것을 알아서 챙겨주고 해결해주면 스스로 하고자 하는 의욕이 자연히 사라지게 된다. 심지어 평소에는 잘 챙겨주다가 안 해주면 부당하게 느끼기까지 한다.

부모가 자식을 따뜻한 애정으로 감싸 키우는 것은 좋지만 애정이 지나쳐 완벽한 뒷바라지를 하면 자식은 자기의 할 일을 남에게 미루는 무능함을 키우고 엄마는 자식의 뒤치다꺼리를 해주며 평생 자식의 종이 되어야 할지도 모른다.

02
착한 엄마 콤플렉스에서
벗어나라

몇 년 전 초등학교 5학년 된 딸을 둔 직장 후배의 집을 방문했다. 그녀는 오랜 시간 맞벌이를 했는데 딸 하나만 있다. 그 무렵 그녀는 딸아이의 뒷바라지에 전념하지 못하여 아이의 학교 성적이 중간 정도에서 맴도는 것을 매우 창피해했다. 그 때문인지 종종 푸념을 늘어놓곤 했다.

"글쎄 약삭빠르게 미리 강남으로 이사 간 동창생들은 자식 교육에 승승장구하는 것 같은데 우리는 여전히 강북 변두리에 살면서 아이 공부 걱정이나 하고 있으니…… 제가 참 한심해요."

그녀의 남편은 유복한 가정에서 곱게 자랐다고 한다. 그런데 스펙은 좋았지만 지구력이 없었다. 직장을 자주 옮기는 바람에 수입이 늘 불안정했다. 다행히 시댁의 도움으로 직장생활 10년 만에 강북

변두리에 소박한 아파트를 한 채 마련했다. 내가 그녀의 집을 방문하기 직전까지 그녀의 또래 엄마들은 자식의 학군 이동을 위해 무리하게 대출받아서 대거 강남으로 이사했다고 한다. 강남의 아파트 값은 하루가 멀다 하고 무섭게 치솟았다. 그녀는 오를 대로 오른 강남 아파트 가격에 강남으로의 이주는 꿈도 꿀 수 없게 되었다. 그녀는 배울 만큼 배운 엄마로 나름의 뚜렷한 교육적 주관을 가지고 있었다. 그래서 무리하여 강남으로 이사하는 대신 강북에 남는다고 말하곤 했다.

그러나 아이가 초등 고학년이 되자 동창생들의 자식들과 비교하며 금세 신념이 무너졌다. 그리고는 신세를 한탄했다.

"무리를 해서라도 강남으로 이사한 동창들은 이미 집값이 두 배로 뛰어 재테크도 많이 하고 애들 교육에도 성공했는데 나 혼자 루저가 된 것 같아요."

그녀의 푸념을 종합해보면 "나는 다른 엄마들처럼 좋은 부모가 못 되네요"라는 하소연이었다. 나는 그녀가 주변 눈치 안 보고 나름 꿋꿋하게 자기 방식의 자녀 교육에 힘써온 괜찮은 부모임을 알기에 뒤늦은 흔들림이 마음 아팠다.

그런 그녀가 차선책으로 찾은 것이 딸아이를 당시 막 설립된 국제 중학교에 입학시키는 것이었다.

"합격만 하면 학군 영향도 안 받고 어릴 때부터 글로벌 인재로 성장할 수 있는 자질을 키울 수 있으니 딸아이가 국제 중학교만 들어가주면 아이의 앞날이 환히 열릴 거예요. 솔직히 저 또한 동창들에게 체면치레도 할 수 있고요."

그녀의 희망 섞인 목소리가 이상하게도 내 마음을 아프게 건드렸다.

과연 그 후배의 생각처럼 자식을 좋은 학군에 보내고 좋은 대학 가는 보증수표로 보이는 국제 중학교 같은 곳에 입학시키는 것이 좋은 부모의 조건일까? 나는 후배의 굳은 신념을 들으며 국제 중학교 입학시험을 마칠 때까지 어린 딸을 매일 다그치고 야단치고 한눈팔지 못하게 할 것이 예상돼 마음이 몹시 불편했다. 어린 딸에게도 성장 과정의 순간순간이 소중할 텐데 자신의 선택이 아닌 부모의 요구에 따라 당장의 자유와 행복을 유보하고 입시 공부에 매진하는 것이 과연 좋은 성과를 거둘지도 걱정이었다.

아닌 게 아니라 얼마 지나지 않아 후배의 딸이 국제 중학교 입학에 실패했다는 소식이 들려왔다. 인생의 첫 시험에서 실패의 아픔을 맛보게 된 그녀의 딸과 좋은 부모가 되기 위한 차선책을 찾았다며 기뻐하던 후배의 좌절된 표정이 머릿속에 오버랩 되면서 마음이 많이 언짢았다.

그 일로 나는 과연 이 시대의 좋은 부모는 어떤 부모일까 깊이 생각해보게 되었다. 자식의 밝은 미래를 위해 부모 자신을 희생하는 것이 과연 옳은 일일까? 분명한 사실은 부모의 희생이 아이를 부모의 방식대로 몰아세우는 족쇄가 될 수 있다는 것이다. 무조건적인 희생은 더 이상 좋은 부모의 조건이 되지 못한다.

자식이 사회적 지위, 재산, 혈연관계에 의해서가 아닌 오롯한 인간으로서 존경할 수 있는 사람이 좋은 부모이지 않을까. 또한 부모 역시 자식의 타고난 역량을 최대한 발휘할 수 있는 기회를 주고, 자식이 부모의 마음에 들지 않는 태도를 보이더라도 그것이 타인에게 해를 끼치지만 않으면 눈감아줄 줄 아는 부모가 좋은 부모일 것이다. 자식의 출세가 아닌 행복을 더 중요시하는 부모가 진정 좋은 부모이지 않을까? 자식이 타인과 더불어 사는 데 모자람이 없는 매너를 가르친 부모, 글로벌 경쟁 시대의 추이에 발맞추어 스펙이 아닌 남다른 재능을 키워 주류 사회로 진입할 능력을 길러주는 부모라면 좋은 부모일 것이다. 무엇보다 자식이 작은 현상에도 감동할 수 있는 섬세한 감성과 호기심을 잃지 않게 해주는 부모가 진짜로 좋은 부모일 것이다.

정말로 현명하고 좋은 부모는 자식 앞에서 부모가 몸소 독서를 생활화하고 사물 하나를 보아도 책에서 본 것과 연결지어 사고할 수 있는 자세를 보여주며 자식이 공부를 부담이 아닌 기쁨으로 여기도록 해주는 사람이어야 한다고 믿는다. 그렇게 공부해야만 치열한 글로벌 사회에서도 흔들리지 않고 스스로 앞가림을 잘하고 행복하게 살 수 있는 아이로 성장할 수 있기 때문이다. 조기 재능 발굴로 어른 못지않은 성공을 이루게 해주는 도구들이 지천으로 깔려 있다. 그런 도구를 이용해서 조기 성공을 이룬 아이들 뒤에는 이 시대의 좋은 부모의 표본이 숨어 있다.

어느 날 TV 화면에 캐나다 출신의 미국 아이돌 가수 저스틴 비버의 뮤직비디오가 방송되었다. 저스틴 비버는 2009년, 한국 나이로 중3에 속하는 열여섯 살에 번듯한 소속사 없이 유튜브 사이트를 통해 데뷔했다. 이 아이는 평범한 또래들처럼 어릴 적부터 각종 스포츠는 물론 혼자서 악기를 익히고 노래하기를 좋아했다. 열두 살에는 지역 노래자랑 대회에 참가해 2등상을 받기도 했다. 싱글맘인 그의 어머니는 그 순간의 기록을 가족이나 지인들과 함께 나누고 싶어 아들의 노래하는 모습을 동영상으로 찍어 유튜브에 업로드했다.

그런데 뜻밖에도 반응이 좋자 엄마는 신이 나서 아들이 노래 부르는 동영상을 유튜브에 계속해서 올렸다. 그러다가 우연히 그 동영상을 음반사 매니지먼트 담당자였던 스쿠터 브라운이 보았다. 그는 곧장 저스틴 비버가 사는 곳으로 달려가 그의 어머니에게 고향 마을 스타디움 공연 계약을 제안했다. 그런데 그의 어머니는 아들이 평범한 학창시절을 포기하고 실패와 상처가 많은 비즈니스 세계에 내놓기 싫다며 극구 반대했다. 하지만 전문가들의 끈질긴 설득과 저스틴 비버 자신의 선택으로 가족들은 미국으로 이주했다. 저스틴 비버는 미국으로 이주한 후 세계적인 톱 가수이자 싱어송라이터 어셔와 손을 잡는다. 그렇게 해서 그는 데뷔 2년 만인 열여덟 살에 세계적인 아이돌 가수는 물론 수백 명의 직원을 거느린 연매출 5,000억 달러의 대기업 사장이 되었다.

그의 어머니는 싱글맘으로 어렵게 살았지만 아들의 재능을 발견하고 인터넷 매체를 활용해 보다 많은 사람들이 아들의 재능을 알아볼 수 있도록 도와주었다. 그렇지만 막상 어린 아들이 가수로 출세할 수 있는 기회가 생기자 아들의 행복을 해칠까 봐 거부했다. 아들이 그 길을 원하자 고집을 꺾으려 애쓰기도 하였다. 그녀는 엄마가 자식의 재능을 발견하고 키우되 그 재능을 출세의 목적으로 사용하지 않는 것이 좋은 부모의 모습임을 행동으로 보여주었다.

나는 작은아들과 함께 저스틴 비버의 뮤직비디오를 보며 "왜 우리나라에서는 저런 인재가 안 나올까?"라고 중얼거렸다. 그러자 아들이 기다렸다는 듯 볼멘소리로 말했다.

"당연하죠. 우리나라 부모님들은 애들을 가만 놔두질 않잖아요. 부모님이 원하는 입시 공부나 하라고 하시니 어떻게 저런 애들이 나오겠어요?"

또 다른 좋은 부모의 모습에 대해 살펴보자.

나는 2011년 BBC방송 채널을 통해 피카소 소녀로 불리는 미국의 천재 화가 알렉산드라 네치타를 발견했다. 그녀는 겨우 열여덟 살이다. 2004년까지만 결산한 총자산이 2,430만 달러(한화 약 270억 원)가 넘는 거부였다.

그녀의 피카소풍 그림은 일곱 살 때 그린 첫 작품이 100달러에 팔렸고 지금까지 200여 점이 팔렸다. 한 점에 5만 달러에서 20만 달러이고 비싼 것은 100만 달러(약 11억 원)를 호가한다고 한다.

　처음 네치타의 아버지는 일곱 살 된 딸아이의 그림을 팔 생각이 전혀 없었다. 딸이 집에서 수없이 많은 그림을 그려댔지만 한점 한점 소중하게 보관해 훗날 딸에게 추억으로 남겨줄 생각뿐이었다. 그러나 어머니에게 선물로 사드리고 싶다는 한 사람의 간곡한 요청에 어쩔 수 없이 팔게 되었다. 네치타의 부모는 아직 어린 딸의 재능을 돈으로 바꾸는 것을 탐탁하게 여기지 않았다. 다만 딸이 그림 그리기를 좋아하니 마음껏 그리게 해주고 싶었을 뿐이었다. 그 결과 지금은 네치타의 작업과 전시회를 위해 고용된 사람들이 40여 명이나 된다. 그림은 전 세계 300개가 넘는 갤러리 전시회를 통해 고가에 팔리고 있다.

　네치타는 두 살 때부터 그림책에 색칠하는 것을 좋아했다. 가정 형편이 어려워 미술 지도를 받지는 못했지만 네치타의 부모는 딸이 마음껏 그림을 그릴 수 있도록 공간을 마련해주고 그림 도구들을 사주었다. 그녀의 어머니는 말했다.

　"저희가 볼 때 딸의 그리기 실력은 타고난 재능은 아닌 것 같아요. 정말로 열심히 그림을 하루도 쉬지 않고 많이 그리거든요. 담임 선생님은 항상 딸아이가 그림을 잘 그린다고 칭찬하시면서 집에서도 혹시 그림을 그리느냐고 물으시더군요. 선생님을 집으로 초대해서 아이가 그동안 그렸던 많은 그림을 보여드린 적이 있어요. 그랬더니 선생님이 너무나 놀랍다며 다른 미술가들에게 추천을 해주셨죠. 그 덕분에 전시회를 열게 됐고 이렇게 유명해졌답니다."

네치타는 주변에 보이는 모든 것, 친구들이나 개인적인 경험, 명화, 여행, 음악, 가족 등이 그림의 영감으로 작용한다고 말했다. 영감이 떠오를 때마다 작품을 그리는 통에 한 달에 5점 또는 10점을 그릴 정도로 많이 그린다고 한다. 이런 네치타의 그림은 할리우드 스타 우피 골드버그, 데이비드 포스터, 테니스 선수 안드레 애거시, 전 미국 대통령 빌 클린턴도 소장하고 있을 정도로 유명하다. 그녀는 가난하지만 딸의 재능과 열정을 믿고 지켜주는 좋은 부모 덕분에 오늘날의 자신이 된 것을 몹시 자랑스러워했다.

앞서 소개한 두 아이가 타고난 천재이기 때문에 부모의 역할이 크게 중요하지 않았을 것이라고 반박할지도 모르겠다. 그러나 만약 저스틴 비버나 알렉산드라 네치타가 우리나라의 부모 밑에서 태어났다면 아마 쓸데없는 짓은 당장 집어치우고 학교 공부나 하라고 했을 것이다. 또 학원에 가서 입시에 필요한 음악이나 그림 공부를 하라며 성화를 부렸을 것이다. 그렇다면 노래나 그림을 일찍 포기하고 공부도 내키지 않아 성적도 어중간한 평범한 소년소녀로 성장하지 않았을까? 만약 극성스러운 부모의 성화가 없었다면 우리 땅에도 얼마나 많은 저스틴 비버와 알렉산드라 네치타가 탄생했을지 생각해볼 일이다.

어쩌면 나의 이런 이야기를 들으며 다음과 같이 생각하는 부모도 있을 것이다.

"우리 아이는 그냥 적당히 좋은 대학에 무난히 들어가서 좋은 직장에 취업이나 잘하면 좋겠어요."

그 꿈이 안정적인 바람인 것은 틀림없다. 그러나 정작 자식이 그런 것을 원하지 않는데도 그렇게 하라고 강요한다면 결코 좋은 부모라고 말할 수 없다. 지금 우리나라에는 자식을 성공시키는 좋은 부모 되기 경쟁으로 자식의 자유와 행복을 화려한 스펙과 좋은 대학 졸업장과 바꾸고도 그것들이 성공에 전혀 도움이 안 돼 실망하는 사람들이 참 많다.

이 시대가 원하는 인재는 더 이상 화려한 스펙을 가진 사람이 아니다. 더구나 하루가 다르게 기업이 원하는 인재상이 변하고 있다. 자녀의 성공을 바라는 부모라면 이제 어떠한 부모가 좋은 부모인가를 곰곰이 되짚어봐야 할 것이다.

엄마의 욕심이
무능력한 아이를 만든다

나는 미국에서 약 4년간의 공부를 마치고 두 아들을 미국에 남겨두고 혼자 귀국했다. 당시 고등학교에 다니던 두 아들을 타국에 남겨두고 왔기 때문에 불안하고 걱정되는 것이 많았다.

'아들들이 사고를 치지는 않을까? 밥은 잘 챙겨 먹을까? 좋은 친구들만 골라 사귀었을까? 선생님들과는 잘 지낼까? 집에 친구들을 데려와 너무 떠들다가 이웃과 분쟁을 일으키지는 않을까?'

당시에는 나도 아이들을 잘 챙기고 감시하는 것이 부모의 가장 중요한 의무라 잠시 착각했던 듯하다. 그러나 아이들이 나와 함께 귀국하지 않겠다고 선언한 후로 두 아들의 미국 대학 입학이 기정사실화되었다. 그래서 혼자 한국으로 돌아와 두 아들의 학자금 준비를 해야 했는데 책을 쓰고 수많은 강의를 하느라 정신없이 바쁜 나날이

이어졌다. 가끔 시간이 날 때면 아이들 걱정이 들기도 했지만 그저 마음뿐, 애들에게 전화해서 징징거릴 겨를조차 없었다. 그러다 보니 자연스레 아이들에 대한 걱정은 희미해져갔다.

그렇게 두 아들을 미국에 남겨두고 온 지 한참이 지난 후 국내 학부모들의 요청으로 여름 방학을 이용해 한시적으로 청소년 스피치 교실을 열었다. 부모 없이 살고 있을 두 아들 생각에 수강생 청소년 들에게 많은 애정이 갔다. 나는 수강 학생들에게 평소 입 밖에 꺼내기 어려운 말을 하게 하여 대화가 편해지게 만드는 고단위의 수업 방식을 적용해보기로 했다.

참석자들은 학년별 10명 이내에 세 그룹으로 나뉘었다. 대상이 초중고 학생들이어서 처음에는 자기 속마음을 꺼내 보이려 하지 않았다. 그러나 한 아이가 솔직하게 자기 속마음을 이야기하자 나머지 아이들도 놀라울 정도로 진솔하게 부모와의 관계를 털어놓았다.

나는 아이들의 이야기 속에서 우리나라 부모님들의 자식에 대한 끝없는 욕심을 엿보았다. 아이들에게 미래에 필요할 것으로 보이는 스피치 훈련을 요청할 정도의 학부모라면 자녀 교육에 여간 앞서가는 분들이 아닐 터였다. 그런데도 아이들은 부모의 그런 배려를 전혀 고마워하지 않았다. 오히려 자신을 고달프고 힘들게 하는 부담스러운 존재로 여기고 있었다. 나는 수강 학생들의 이야기를 들으며 두 아들을 미국에 떼어두고 온 것이 오히려 잘한 일인지도 모른다는 생각이 들었다.

그날 학생들이 털어놓았던 부모에 대한 몇 가지 이야기를 소개해 보겠다.

고1 남학생인 지민이는 얼굴만 보아도 착하다는 느낌이 드는 고운 아이였다. 그 아이가 그룹 내에서 가장 먼저 아버지에 대한 솔직한 느낌을 털어놓았다.

"저는 아버지의 사업 부진으로 집안 형편이 어려워졌지만 열심히 공부했습니다. 제 뒷바라지 때문에 고생이 많으신 엄마를 생각해서였지요. 덕분에 학교 성적이 상위권을 벗어난 적은 없습니다. 그런데 아버지에게는 단 한 번도 칭찬을 받아보지 못했습니다. 저는 아버지에게 칭찬을 받아보려고 정말로 최선을 다해서 성적을 높였지만 아버지는 '그 정도로는 어림없다'라고 소리치시며 번번이 성적표를 바닥에 내동댕이치시곤 합니다. '전교 일등 한 번 못하는 주제에'라고 비웃기까지 하십니다.

제 성적이 상위권이기는 하지만 전교 일등은 여러 가지 여건상 어렵습니다. 그런데도 아버지는 그런 사정을 전혀 이해해주지 않으십니다. 저는 그런 아버지 앞에 서면 세상이 온통 지옥같이 느껴집니다. 며칠 전에는 이번 모의고사가 너무 힘들어서 시험을 마치고 잠시 머리 좀 식히려고 컴퓨터 게임을 하려다가 아버지에게 걸렸습니다. 아버지는 '공부는 안 하고 게임이나 하다니. 도대체 정신이 있는 놈이냐?'라며 제 멱살을 잡고 흔드셨습니다. 제가 뭐라고 설명할 틈도 주지 않으시고 '한 번만 더 컴퓨터 게임하는 것이 눈에 띄면 인터넷 선을 잘라버리겠다'고 협박하시더군요. 세 살 위인 형이 고등학교 때 컴퓨터 게임에 빠져 아버지가 원하는 대학에 못 들어간 것 때문에 아버지는 애꿎은 저에게 컴퓨터 곁에도 못 가게 하시는 것 같습니다.

저는 컴퓨터를 주로 공부에 사용하는데도 아버지는 저에게 상습적으로 게임만 한다며 컴퓨터 만지는 것마저 싫어하십니다. 저희 아버지는 저에게 뭐든지 일방적으로 이래라 저래라 하시지만 한 번도 저에게 원하는 게 뭔지를 물어보신 적이 없습니다. 제가 무슨 기계도 아니고 아버지 아바타도 아닌데 너무하시는 것 같아 아버지가 정말로 싫습니다."

지민이는 아버지에 대한 불만을 이야기하며 가슴이 복받치는지 눈물까지 보였다.

중3 혜리는 똑떨어진 성격에 공부 욕심이 많은 소녀로 보였다. 묻지도 않았는데 스피치 훈련도 본인이 원해서 왔다고 말했다. 혜리는 중학교 입학 후 곧 과학고 입학을 목표로 열심히 선행 학습을 시작했다고 한다. 그런데 겨울 방학 때 잠시 긴장이 풀려 성적이 내려가 외고 입학으로 목표를 바꾸고 시험 준비에 돌입했다. 그런데 중2를 마칠 무렵부터 부모님이 우습게 보이고 가정 형편이 초라하게만 느껴져 공부 의욕이 사라졌다고 한다. 혜리는 차분히 자기 이야기를 시작했다.

"며칠 전 저희 학교 전교 일등이 음악, 미술 선생님께 샤넬 포장지로 싼 물건을 건네는 것을 목격했습니다. 저는 초등학교 때는 반장 아니면 반에서 일등을 놓치지 않아 나름 엘리트 의식을 가지고 살았습니다. 하지만 초등 6학년 2학기에 강북에서 강남으로 이사를 와 강남의 중학교에 들어간 후로 저는 평범하고 존재감 없는 아이로 전락하고 말았습니다. 저희 집은 중산층인데 부모님이 제 학군 때문에 무리해서 강남으로 이사하셨습니다. 학교 배정이 압구정동 쪽으로 되었는데 학교에 가보니 아이들이 대부분 가방부터 연필과 지우개까지 해외 유명 브랜드 명품들을 사용했습니다.

우리 어머니도 그런 이야기를 듣고는 무리를 해서 비슷한 브랜드로 사주셨습니다. 그러나 가끔 사복을 입고 친구들을 만날 때가 있는데 친구들이 입는 비싼 옷을 사주실 형편은 못 되셨습니다. 저는 제가 입은 중저가 브랜드의 옷이 너무 초라해서 애들이 나를 무시한다는 생각이 들기 시작했습니다. 제가 그렇게 생각해서인지 진구들이 값비싸 보이는 선물을 자주 선생님에게 내미는 것이 눈에 잘 들어옵니다.

저는 부모님이 저를 위해 학군 좋은 강남으로 이사하셨다고 믿었습니다. 그러나 공부도 중요하지만 다른 애들과 비교되고 소외감을 느끼는 제 입장은 전혀 고려하지 않으신 것 같아 부모님의 저의가 의심스럽습니다. 부모님이 괜히 체면을 세우려고 강남으로 이사한 것은 아닌가 싶기 때문입니다. 그래서 지금은 공부도 싫고 애들하고 말 섞는 것도 귀찮을 때가 많습니다.”

중2 지연이는 이런 말을 했다.

"아침부터 저녁 늦게까지 공부만 하는 것이 너무 힘들어요. 친구들과 운동도 하고 게임도 하고 피아노도 치고 싶은데 그럴 시간이 전혀 없어요. 신문도 읽고 책도 읽어야 하는데 엄마가 공부, 공부만 강조하세요. 가끔 나중에 필요하다며 스피치 훈련 같은 것을 느닷없이 시키는 일도 많아요. 여기도 엄마가 저에게 묻지도 않고 신청했다고 하셔서 오게 되었어요. 그런 식으로 매일 학교에서 집에 돌아오면 잠시도 쉴 시간 없이 다시 학원에서 학원으로 돌아야 해요.

정말로 허리도 많이 아프고 몸도 너무 고달파요. 귀찮아서 꼼짝도 하기 싫을 때가 많아요. 엄마는 이렇게 몸이 고달프도록 열심히 공부를 해야 꿈도 이루고 성공도 할 수 있다는데 저는 지금 아무것도 하고 싶은 것이 없어요. 꿈이 없는데 이룰 것이 뭐가 있을지 잘 모르겠어요."

초등 6학년 학재의 이야기다.

"부모님이 국내에서는 공부가 힘드니 미국 친척집에 가서 공부하라고 하세요. 제가 공부를 잘하지는 못하지만 미국 간다고 해서 갑자기 공부를 더 잘하게 될 것 같지도 않은데 걱정이에요. 저는 특히 영어를 못하거든요. 또 여기 친구들하고 너무 잘 지내고 있고요.

그런데 부모님은 제가 가겠다고 하지도 않았는데 이미 미국 학교도 다 알아보시고 갈 준비를 꽤 많이 해놓으신 것 같아요. 저는 미국에 가기가 너무 싫은데 엄마가 미국 학교에서 꼭 필요하다며 여기에서 스피치 공부를 하라고 해서 왔어요. 여기서 말하기를 배우면 부모님에게 제가 하고 싶은 말을 할 수 있을까요?"

또 다른 초등 5학년 민선이의 이야기다.

"학년이 올라갈수록 다녀야 할 학원이 늘어나요. 지금 벌써 10개도 넘는 학원에 다니는 중이에요. 그러다 보니 집에도 늦게 들어가게 되고 집에 들어가면 너무 힘이 들어서 신경질만 나요. 엄마가 골라주신 한 학원은 선생님이 학생들에게 욕하고 막 대해서 마음에 안들어요. 엄마한테 사실을 말하고 그 학원이라도 끊게 해달라고 말씀드렸어요. 다음 날 엄마가 학원에 갔다 오시더니 선생님이 뭐라고 말씀을 하셨는지 그냥 다니래요. 더 이상 학원을 다니기가 싫고 엄마는 한번 등록한 학원은 절대 그만두지 말고 모두 다니라고만 하시고 진짜 죽고 싶을 만큼 짜증이 나요."

중2 정현이의 말이다.

"저는 제빵사가 되고 싶어요. 어릴 때부터 음식 만들기를 하면 시간 가는 줄 모를 정도로 즐거웠어요. 파티시에라는 직업이 정말로 멋있어 보여요. 그런데 부모님이 제빵 학원을 못 다니게 하세요. 한눈팔지 말고 공부나 열심히 해서 선생님, 공무원 같은 안정적인 직업을 가져야 한대요.

엄마가 '내 딸 믿는다. 자신 있으면 잘 해봐라'라는 말씀은 자주 하시는데 제빵 학원에 다니는 것은 절대 안 된다며 화를 내세요. 제가 제빵 배우고 싶다고 조르려고만 하면 공부할 시간도 부족하다면서 제 입을 막으세요. 제가 정말 이렇게 간절히 원하는데 엄마는 왜 엄마가 원하는 선생님이나 공무원만 되라고 하시는지 정말로 모르겠어요.”

나는 아이들의 이야기를 들으며 우리의 부모들이 아이들을 위한다고 하면서 사실은 자기 욕심을 채우려고 아이들을 희생시키는 경우가 정말로 많다는 생각을 하게 되었다. 우리 두 아들이 가끔 농담을 한다.

“우리는 부모님과 일찍부터 떨어져 살아서인지 사이가 좋은 것 같아요. 내내 같이 살았다면 다른 청소년들하고 똑같은 고민을 하며 살았을 거예요.”

정말 두 아들 말이 맞을지도 모른다는 진지한 생각이 들었다. 아이들의 부모에 대한 느낌을 들어보면 부모가 자식을 위해 그렇게 한다고 믿는 행동들이 대부분 자식의 미래가 아닌 부모 자신의 이기심에서 비롯된 것이 많은 것 같다. 뒷바라지를 최소화하려고 자식의 모험을 막고 남들에게 자식 잘 키운 것을 자랑하려고 학교 성적에 민감해진다. 친구와 동창생들에게 체면을 살리려고 학군을 조정하고 자식을 눈앞에 두어야 마음이 편안하니까 자식의 자유를 억압하는 것은 아닌지 냉정하게 판단해볼 일이다.

부모의 그러한 욕심이 결과적으로는 높은 스펙을 만들 수 있었지만 너도나도 스펙 쌓기에 집중했기 때문에 정작 취업문에 이르러서는 별다른 메리트로 부각되지 않고 번번이 취업에서 좌절한다. 그런 청춘들이 늘어나는 상황에 대해 다시 한 번 생각해볼 일이다.

뛰어난 재능을 타고난 아이도 스스로 그 재능을 키우고 싶어하지 않으면 빛을 볼 수 없다. 사람은 누구나 남이 억지로 시키면 재미있던 일도 하기 싫어지는 법이다. 그것이 부모일지라도 예외는 아니다. 그리고 지금은 학과 성적을 매기는 방식이 단지 시험 성적에 국한되지 않는 추세다. 입시 방식도 해마다 달라지고 있다.

어느 분야이건 한 분야에서는 탁월한 능력을 발휘해야 한다. 그 탁월함은 스스로 하고 싶은 분야에서만 가능하다. 정말로 자식이 잘되기를 바란다면 자신의 뒷바라지가 정말로 자식을 위한 것인지 아니면 부모 자신의 편의를 위한 것인지 곰곰이 생각해보자.

04

사랑과 간섭의
차이를 구별하라

"그 와인 이 종이 백에 넣지 그래. 와인용 종이 백이잖아. 그림도 세련됐고."

"엄마 제가 알아서 할게요. 와인은 그냥 병째 들고 다니는 거예요."

"가다가 깰까 봐……."

"엄마 제가 프랑스에서 살았던 사람인데 와인 병 한두 번 들고 다녔겠어요?"

"알았어. 미안해."

"뭐 미안하실 것까지야."

아들이 약 16년간의 해외 생활을 접고 귀국하자 이런 대화가 잦아졌다.

나도 어쩔 수 없는 한국 엄마였다. 성인이 된 아들도 가까이에 있으니 시시콜콜한 "추운데 머플러 두르고 나가라." "그 바지보다 이 바지가 더 어울린다." "그런 것은 깨질 수 있으니 종이 백에 넣고 다녀라." 간섭을 하게 된다.

중학교 때부터 해외에서 살다가 성인이 되어 귀국한 아이에게는 그런 엄마의 간섭이 매우 낯선 모양이다. 가끔 "엄마, 저 그런 간섭 받을 어린애 아니에요."라며 은근히 엄마를 놀린다. 그때마다 매번 부끄러움을 느끼지만 돌아서면 또다시 잊고 다시 비슷한 간섭을 한다. 어떤 때는 그런 간섭을 중단하면 아들을 덜 사랑하는 것처럼 느껴지기도 하는데 아들은 그런 엄마의 간섭을 많이 불편해한다. 아들이 부담스러워하니 간섭을 그만두어야 한다고 머리로는 생각하지만 실천은 잘 안 되고 있다. 그나마 우리 집은 아들과 엄마가 서로 솔직한 생각을 주고받을 수 있어서 자식이 엄마의 간섭에 불평하면 곧바로 반성하고 고칠 생각을 하게 된다. 그러나 부모에게 자신의 솔직한 생각을 말할 수 없는 아이들은 부모의 시시콜콜한 간섭이 불편해도 그냥 참아야 한다.

엄마는 사랑이라고 생각하고 아이들은 간섭이라고 생각한다면 그것은 간섭이 확실하다. 엄마의 간섭이 아이의 마음을 불편하게 만들면 아이의 머리는 온통 엄마에 대항하는 모드로 변한다. 공부와 판단력 등에 사용되어야 할 소중한 에너지가 엄마에게 대항하는 데 집중적으로 소모되는 것이다. 엄마는 자식을 올바르게 이끌려고 한 간섭이 자식을 망치는 원인이 되기 쉽다는 것을 기억해야 한다.

지금은 글로벌 시대다. 엄마들이 바라는 수준의 직장은 툭하면 직원을 세계 방방곡곡으로 발령 낼 정도로 국제화되고 있는 것이 추세다. 그런 환경 변화의 영향으로 학교도 학생의 자립심을 길러주는 다양한 경험과 활동을 성적에 반영하고 있다. 자녀를 단지 좋은 대학에 입학시킬 목적이라면 몰라도 자녀를 잘나가는 직업인으로 만들고 싶다면 사랑이라는 이름으로 포장한 간섭을 과감히 포기해야 한다.

요즘에는 고학력을 갖춘 엄마들이 많다. 하지만 일단 주부가 되면 자기 성취의 기회가 적어진다. 그래서인지 주변에는 자식을 통해 자기 성취를 이루려는 엄마들이 많이 보인다. 자식에 대한 간섭을 사랑으로 포장해 자기 성취의 명분을 만드는 것이다.

요즘 기업체 강의에 나가면 자주 듣는 이야기가 있다. 바로 신입사원 엄마들의 극성 전화 이야기다. 자식이 학교 다닐 때 선생님을 찾아가 부탁하던 버릇을 버리지 못한 엄마들이 직장까지 전화해서 자식을 부탁하는 일이 꽤나 많다고 한다. 자식의 부서 배치, 업무 배정 방식, 상사의 태도 등을 간섭하는 엄마도 있다고 한다.

대학도 예외는 아니다. 학과 사무실로 엄마들의 간섭 전화가 자주 걸려오는 통에 관계자들의 불평이 많다고 한다. 주로 자식의 수업 시간표, 시험 범위, 리포트 제출 기한 등을 전화로 질문하여 지금은 아예 학교 홈페이지에 강의 시간표, 리포트 제출 기한, 시험 날짜와

학점까지 올려놓고 직접 확인하도록 하는 경우가 늘고 있다고 한다. 몇몇 엄마들은 담당 교수님에게 전화해서 자식의 학점에 대한 항의까지 해서 불편을 초래하기도 한단다.

엄마들의 이러한 행동은 발 빠른 정보가 자식을 이롭게 할 거라는 잘못된 믿음에서 비롯된 것이다. 간섭을 사랑으로 착각하는 명분에 도취되어서일 것이다. 그러나 엄마의 지나친 간섭은 자식의 체면을 구기는 것은 물론 자생력을 잃게 하는 독이 될 뿐이다.

인간은 나이가 어리건 많건 독립된 한 인간이 누릴 수 있는 좌절과 희망, 실패와 성공의 순간을 직접 느끼고 싶은 본능을 가지고 있다. 또 그런 것을 겪어보는 것이 인간이 살아가는 이유이기도 하다. 아무리 부모일지라도 자식이 당연히 겪어야 할 사는 이유를 없애려 든다면 분노가 치밀 것이다. 그런 이유로 자식은 부모의 지나친 간섭을 절대로 사랑으로 여길 수 없음을 기억해야 한다.

앞에서도 이야기했지만 나는 중학생인 두 아들을 미국으로 데리고 나가 약 4년 정도 같이 살다가 혼자 귀국했다. 미국에 사는 동안에는 자연스레 미국 학부모들이 어떻게 자식들의 자립을 훈련시키는지 관찰할 기회가 많았다. 그중 대학에서 만난 페기의 이야기를 소개하겠다.

그녀는 오랫동안 남편과 부동산업을 해서 큰돈을 벌었다고 한다. 당시 내가 다니던 대학 정문에서 도보로 5분 거리에 있는 방이 11개나 있는 저택에서 살았다. 아들이 대학에 입학하자 곧 학교 기숙사로 보내 독립시켰다. 그녀는 자식이 집을 나가자 마음 편히 공부할 수 있게 되었다며 우리 대학에 등록했다고 한다. 언젠가 나는 "집이 엎어지면 코 닿을 곳에 있고 두 부부만 살기에는 너무 큰 집에 사는데 어째서 애를 기숙사로 내보냈어요?"라고 물었다.

그러자 그녀는 빙그레 웃으며 온화하지만 단호히 말했다.

"미국 부모들은 애들이 18세만 넘으면 집에서 내보내요. 대학에 들어가건 안 들어가건 상관없이요. 그 나이부터는 부모로부터 경제적으로 완전히 독립하게 되는데 아이들도 그 정도 자라면 한 사람의 성인으로서 자기 앞가림을 할 생각을 하죠. 아이들이 꼭 필요로 하면 학비 정도는 빌려줄 수 있지만 반드시 갚도록 해요."

나는 놀란 목소리로 말했다.

"그럼 이 넓은 집에서 남편하고 둘이서만 살 거예요?"

마치 내가 그 집에서 내쫓긴 아들이라도 된 듯 나도 모르게 목소리가 높아졌다. 그녀는 아랑곳하지 않고 말했다.

"이제는 동네 지인들을 불러 파티도 자주 열고 멀리 떨어져 사는 친구나 인척들을 자주 초대하려면 이 정도 공간은 있어야 해요. 아들도 주말이나 방학 때는 집에 와서 머물 거고요."

그리고 새삼 아들 자랑을 했다.

"우리 아이는 고등학교 내내 아이비리그에 들어갈 성적을 유지했지만 장학금을 받아 스스로 학비를 해결하려고 집 근처에 있는 대학에 입학했어요. 용돈은 새벽에 하는 레스토랑의 웨이터 일을 구했으니 알아서 해결할 거고요."

나는 그녀의 긴 설명을 들으며 뒤통수를 한 대 세게 얻어맞은 느낌을 받았다.

물론 나 역시도 미국 부모들이 자식을 냉정하게 대하는 태도를 무조건 좋게 보지는 않는다. 어떤 애들은 정말로 공부를 더 많이 하고 싶지만 부모가 냉정하게 자립시켜 스스로 생활비를 버느라고 공부를 제대로 못하기도 하니 말이다. 나는 그럴 경우만이라도 부모가 조금 더 도와주는 것이 옳다고 믿는다. 그렇다고 해서 부모가 다 큰 자식을 품에 끼고 살며 사사건건 간섭해서 무기력을 학습시키는 것은 자식을 위해 반드시 그만두어야 한다고 생각한다.

부모가 아이에게 무기력을 학습시키면 자식은 탁월한 재능을 타고났더라도 스스로 일하지 않고 적당히 안주하려는 무능한 사람으로 성장하게 된다. 평생 어린이로 살아도 되는 피터 팬이라면 몰라도 언젠가는 반드시 독립을 해야 한다. 그런데 그런 식의 의존적인 태도가 굳어지면 먼 훗날 간섭하고 보호해줄 부모가 죽은 이후의 인생이 너무 가엾지 않을까?

자식도 어릴 때는 부모의 보호를 벗어나 홀로 서는 것에 대한 공포가 매우 크다. 그래서 부모에게 가급적 많이 의존하려고 한다. 그런데 의존적 입장에 놓인 약자는 상대방의 작은 눈짓 하나에도 큰 의미를 부여하게 된다. 약자의 처지인 자식은 강자인 부모의 눈짓 하나에도 부모가 생각하는 것 이상의 큰 의미를 부여하게 된다. 그래서 부모가 사랑이라는 이름으로 너무 많은 것을 간섭하면 자녀는 대놓고 저항하지는 못하고 내면에 분노가 쌓이게 된다.

모든 약자는 강자의 억압이 너무 심하면 생존을 위해 목숨을 걸고 저항하려 한다. 자식도 강자인 부모의 억압이 너무 강하면 폭언, 침묵, 자기 파괴 등의 여러 방법으로 반항한다. 그런 지경에 이르면 부모는 부모대로 자식을 위해 희생하며 쏟은 사랑이 배신으로 돌아왔다며 분노한다. 그런 악순환이 반복되면 부모는 사랑과 간섭을 더욱 혼동해서 더 많은 간섭으로 아이를 단단히 억압하게 되고 자식은 더 크게 저항하게 된다. 이러한 관계가 계속 이어지면 절대로 아이가 반듯한 성인으로 성장할 수 없다.

그런 불행한 결과를 막으려면 아이가 학교에 들어가는 때부터 간섭의 정도를 대폭 줄여야 한다. "빨리 일어나라. 지금이 몇 시인 줄 아니?"에서부터 "세수해라!" "이 깨끗이 닦아라. 아까 보니까 네 이가 너무 누렇더라. 뒷집 인호는 예의도 바르고 이도 잘 닦는지 이가 보석처럼 뽀얗더라." "손부터 먼저 씻고 들어가라." "네 방 꼬락서니가 그게 뭐냐? 당장 치워라." "그만 꾸물거리고 학원에 가라. 지각할라." "컴퓨터 좀 작작해라." "불 좀 잘 *끄고 자라*." 등의 간섭도 대폭 줄여야 한다. 아이는 점차 스스로 일찍 일어나고 이 닦고 집에 오면 손부터 씻는 습관을 갖게 될 것이다.

아이의 자아가 생기기 전에 엄마가 그런 습관을 길러주지 못했다면 부모가 "다 너 좋으라고 하는 소리야."라며 간섭해도 아이들은 곧이듣지 않는다. "우리 아이는 간섭하지 않으면 아무것도 못해요." 라거나 "우리 아이는 그런 말을 간섭이 아니라 관심이라고 생각합니다."라고 말하는 것도 간섭을 정당화하는 것에 불과하다.

아이들은 부모가 자식이 잘되라는 취지로 한 간섭에도 자신을 믿어주지 않는다고 해석할 뿐이다. 잘못된 길로 나가는 것을 예방하려는 좋은 의도로 아이의 일기장을 훔쳐보거나 아이가 소중하게 여기는 물건을 쓰레기통에 버리라며 간섭해도 아이는 부모님이 자신의 사생활을 절대 인정해주지 않는다며 엄마를 불신한다. 엄마가 아이의 학교 성적 1~2점에 왈가왈부하거나 상급학교 진학 문제에 일일이 개입하면 아이는 자기가 알아서 할 일도 부모가 다그쳐서 하기 싫다는 생각을 갖게 된다. 또 엄마가 무서워서 보는 데서만 공부하는 척할 뿐 머릿속에는 온갖 잡생각으로 채워 아까운 시간을 낭비하게 된다.

부모가 자식의 미숙함을 견디지 못하고 완벽하게 행동하기를 강요하면 아이는 부모가 자신을 하찮게 여긴다는 생각으로 열등감만 커진다. 또 부모가 컴퓨터나 스마트폰에 대해 잘 알지도 못하면서 무조건 사용을 금지시키며 간섭하면 세상은 너무 빨리 변하고 부모는 너무 느리게 따라간다며 부모를 마음속으로 무시하게 될 뿐 다 자란 후에도 그것이 부모의 사랑이었다고 생각하지는 않는다.

부모가 아이의 능력을 고려하지 않고 공부를 더 하라고 다그치면 부모가 자신이 잘되라고 그런다고 해석하기는커녕 부모가 자신에게 오를 수 없는 나무에 올라가라며 겁준다"고 해석해 아예 부모가 제시한 목표 자체를 회피하려고 한다. 간섭은 자녀의 미래를 어둡게 하는 해로운 요소일 뿐 절대 잘되게 만드는 사랑이 아니다. 아이가 반듯하게 성장하기를 바란다면 일일이 간섭하지 말고 부모가 먼저 솔선수범해서 보고 배우도록 이끌어야 한다.

05

스스로 하지 않는 공부는
쓸모없다

작은아들이 쓴 『공부 기술』이 베스트셀러가 된 후로 많은 엄마가 내게 아이들을 어떻게 길렀기에 아는 것도 많고 공부를 잘하는지 궁금해했다. 무엇보다 엄마와도 잘 지내는시에 내한 비결을 궁금해했다.

나는 공부 문제로 아이들과 다툰 적이 별로 없어서 처음에는 제대로 답변을 못했다. 그러나 같은 질문을 자주 받게 되자 답변을 찾을 수 있었다. 엄마가 아닌 자기 자신을 위해 공부하도록 하는 것이 그 답이다. 나는 두 아들이 공부하는 것을 싫어하는 기색을 보이면 망설임 없이 공부하지 않아도 된다고 말했다. 이때 내가 말하던 공부는 물론 학교 공부였다. 우리 두 아들은 학교 공부에서 자유로워지자 자기가 좋아하는 일을 찾았고 그 안에서 자기들의 공부할 목적을 찾았다.

원래 공부는 인간이 동물처럼 살던 원시시대에 다른 동물들에 비해 여러 가지로 취약한 상태에 놓여 있던 인간의 핸디캡을 극복하기 위해 시작되었다. 원시시대의 인간은 맹수에 쫓기다가 걸핏하면 잡아먹히는 연약한 동물 계층에 속해 있었다.

다른 짐승들에 비해 날카로운 발톱이나 이빨 같은 무기도 없고 일기 변화 등을 직관적으로 알아내는 자연 감지 능력도 없었다. 생존을 위해 집단으로 몰려다니며 사냥으로 연명했지만 다른 짐승들처럼 직관적으로 일식이나 월식 등 자연 현상의 이치조차 눈치 챌 수 없어 동물 간의 서열에서 하위를 면하기 어려웠다. 잦은 기상 이변에도 신이 노했다며 신의 선처만을 비는 처지였다. 그런 처절한 생존의 과정을 겪으며 인간은 신이 다른 동물들에게 준 날카로운 무기 대신 '생각하는 능력'을 주었음을 깨달았다. 그것을 최대한 활용하자 잦은 기상 이변의 원인을 찾아 사전에 대비하고 안전을 도모할 수 있게 되었다.

이것이 공부의 시작이었다. 지금의 우리는 기상 이변 정도를 공포로 여기던 원시인들을 미개하다고 말할 수 있지만 공부할 줄 모르던 그 시대 사람들에게는 기상 이변이 정말로 두려웠을 것이다.

21세기에 접어든 지금도 자연재해는 인간을 공포로 몰아넣는 요소로 남아 있지 않은가. 2011년 일본 후쿠시마에 몰려온 쓰나미가 전 세계를 공포로 몰아넣었을 때 우리는 우리나라의 안전을 걱정했다. 매년 동남아와 태평양 이곳저곳을 초토화시키는 쓰나미와 토네이도 등의 원인 규명은 현대인이 공부로 해결해야 할 과제 중 하나이다. 천재지변의 공포에서 벗어날 목표로 공부를 시작하자 점차 더 많은 공부가 가능해져 기상 조건을 예측하는 방법까지 찾을 수 있었다. 그 결과 농사를 지을 수 있게 되었고 더는 맹수들에게 쫓기며 살지 않아도 되었다. 공부가 인류를 다른 동물들과 다른 고귀한 삶을 살 수 있게 만들어준 것은 그리 오래전의 일이 아니다.

불과 500여 년 전 우리나라로는 조선 11대 중종 임금 시대, 영국의 헨리 8세 시대의 왕실 이야기를 다룬 미국 TV 시리즈 「튜터스」를 보면 왕이 창검 시합에서 부상을 입어 다리에 염증이 생기자 치료 방법이 딱히 없어 고생하는 장면이 자주 나온다. 그때까지만 해도 모든 병자에게 나쁜 피를 뽑아 치료한다며 아까운 피만 뽑아대는 원시적인 의료 행위가 있었을 뿐이다. 그래서 당대의 절대 권력자인 헨리 8세 임금마저 애꿎은 피만 뽑아 조금도 호전되지 않는 다리 염증을 평생 껴안고 살아야 했다. 이제는 상처 부위의 염증쯤은 대수롭지 않게 치료할 수 있게 된 것도 인류가 수만 년에 걸쳐 공부하고 공부해서 최근에 알아낸 결과이다.

사실 1800년대 중반에 활동한 프랑스의 과학자 파스퇴르가 예방 주사를 발명하기 전까지만 해도 인류는 웬만한 질병에 걸려도 죽음을 기다릴 수밖에 없었다. 중세까지는 병든 사람을 보호해주기는커녕 신의 저주로 병이 났다며 동네 밖으로 쫓아내 집단으로 구타해서

죽이기까지 했다. 바로 그 이전 시대인 1400년대만 해도 신이 내려준 신체가 불편하다고 해서 보조 기구를 사용해 개선하는 것이 불경죄에 해당했다. 시력이 나쁜 사람이 안경을 끼면 처벌을 받았다. 그래서 안경을 발명한 사람은 숨어 다녔고 신과 가까이 하는 성직자만 안경 사용을 허락받았다. 이처럼 공부는 미약한 짐승 수준에 머물러 있던 인간에게 인간다운 고귀함을 얻게 해준 것이다. 그러니 인간이 만약 공부를 놓으면 다시 짐승으로 전락하게 될지도 모른다. 그래서 인간은 전 인류의 발전에 공헌할 정도로 공부를 많이 한 사람들에게 명예와 존경과 부를 안겨주었다.

지금은 자동차, 비행기, 엘리베이터, 고층 빌딩, 대형 다리 등이 대수로운 것들이다. 하지만 그런 것들을 만들기까지 그 방법을 알아내는 공부에 일생을 바친 사람들이 무수히 많다. 당연히 그런 사람들은 타인의 존경을 받고 부자가 되었으며 역사에까지 길이 남았다. 진공청소기나 포스트잇 같은 최근의 발명품도 그것을 발명한 사람에게는 어마어마한 부와 명예가 따랐다. 아이들 스스로 이런 공부의 위력과 매력을 알게 하면 부모가 굳이 자녀의 공부 문제를 고민할 필요가 없다. 문제는 부모가 자녀에게 학교 공부만 강조하며 거기에만 매달리게 함으로써 공부에 대한 부정적 인식을 심어주는 것이다.

춤추기를 좋아하는 아이는 춤을 공부하게 하고 노래 부르기를 좋아하는 아이는 노래 부르기를 공부하도록 하면 아이들이 즐기며 공부할 텐데 부모가 획일적으로 안정적인 직업을 얻거나 레벨이 높은 상급학교 진학이라는 단기 목표에 맞춰 공부하라고 닦달하여 아이들을 공부로부터 멀어지게 만드는 경우가 정말로 많다. 사실 춤, 노래, 운동도 전문가의 경지까지 오르려면 엄청난 공부를 해야 한다. 그리고 지금은 엔터테인먼트 산업으로 돈이 몰리는 시대이다. 기성세대들이 생각하는 안정적인 직업군은 점차 새로운 직업군에게 자리를 내주는 상황이다.

중요한 것은 아이들은 자신이 선택한 분야의 공부는 부모가 말려도 열심히 한다는 것이다. 친정아버지는 우리 형제들에게 언제든지 공부하기 싫으면 학교를 그만두어도 된다고 하셨다.

"사람이 짐승과 다른 점은 짐승보다 지혜롭기 때문인데 공부는 그런 지혜를 키워주는 것이다. 짐승처럼 살아도 괜찮다고 생각되면 언제든지 공부를 그만두어도 된다."

아버지께서 아이들에게 그런 재량권을 주었는데도 우리 형제들 중 누구도 중간에 공부를 포기하지 않았다. 오히려 누군가가 공부를 그만두라고 할까 봐 쉬지 않고 공부해 남들이 부러워하는 명문대학의 우수 졸업생들이 되었다.

나는 이때의 교훈으로 우리 아이들에게도 공부하기 싫으면 언제든지 그만두어도 된다고 말할 수 있었다. 친정아버지의 가르침을 떠올리며 두 아들이 학교 공부를 소홀히 하고 컴퓨터 게임이나 놀이에 빠져도 그것을 그만두고 공부하라고 강요하지 않았다. 오히려 이렇게 말했다.

"학교 다니기 싫으면 언제든지 그만둬도 돼. 공부 안 해서 취직 못 하면 나중에도 엄마가 밥은 먹여줄게. 엄마는 공부 열심히 해서 돈 잘 벌고 유명한 사람이 되었으니 너희한테 밥은 먹여줄 수 있어. 어차피 엄마 일을 도울 사람들을 고용해야 하는데 남들 대신 아들들을 고용하면 되잖아."

두 아들은 엄마가 눈 하나 깜짝하지 않고 태연스레 말하자 정말로 엄마 밑에서 평생 노예로 살까 봐 겁이 났다고 한다. 평생 성격 고약한 엄마 밑에서 간신히 용돈이나 타 쓰며 살 생각을 하니 눈앞이 캄캄해졌다고 했다. 그렇게 해서 아이들은 성질 고약한 엄마로부터 조기 독립할 목적을 갖게 됐고, 무섭게 공부에 몰입하기 시작했다. 그런데 처음에는 무작정 공부를 하다가 점차 다른 공부의 목적이 생겼다.

큰아들은 어른이 되면 자기가 너무나 좋아하는 레고 놀이로는 지을 수 없는 큰 국제공항을 짓고 싶다며 수학과 관련된 공부에 푹 빠졌고 작은아들은 007 시리즈의 주인공처럼 되어 예쁜 여자에게 매력적인 남자가 되겠다는 목적이 생겨 음악, 미술, 패션, 기호품 등의 공부까지 했다. 작은아들은 007 시리즈에 매료되어 고급 자동차 5대가 차고에 세워진 사진에 '더 높은 공부의 목표Justification for higher education'라고 적힌 커다란 액자를 구입해 책상 위에 매달아 놓고 공부했다. 그 목표가 다소 우스워 보이기도 했지만 아이들 스스로 자신이 살고 싶은 인생 비전에 맞춰 공부할 수 있게 되자 학교 성적까지 치솟았다. 점차 미국에 사는 외국인 티가 안 날 정도로 학교 공부에서 상위권을 유지했고 좋은 대학에 들어가고도 우수한 성적으로 졸업했다.

단순히 학교 공부만 잘한 것이 아니라 자신들이 되고자 하는 사람이 갖추어야 할 예술적 상식과 안목도 갖추게 되었다. 그리고 삶의 질을 높여줄 높은 취향의 생활방식까지 공부할 수 있었다. 상위권 학생일지라도 공부하는 목적이 단지 '좋은 대학에 가는 것'에 불과하다면 대학 졸업 후 평생 가져야 하는 직업 얻기에 실패하기 쉽다. 그런 것을 막으려면 부모가 더 이상 아이를 좋은 대학 입학을 목표로 학원과 과외로 몰아넣기 전에 아이 스스로 공부하는 목적을 찾도록 유도하는 것이 현명하다.

사실 조선 시대만 해도 공부는 특권층만 할 수 있는 것이었다. 유럽에서도 귀족들이 귀족답게 살도록 음악, 미술, 교양, 시 작법 등을 가르치는 학교만 있었다. 산업혁명 이후 값싼 노동자를 단기 배출하기 위해 교육이 일반화되었다.

그러나 근대 사회가 되면서 신분제도가 무너지자 양반을 능가하는 수준 높은 공부를 한 사람들이 기득권층을 형성했다. 지금은 누구나 기본 이상의 공부를 하기 때문에 단지 공부만으로는 계층 이동이 어렵다. 그러나 여전히 공부를 많이 한 사람들과 어깨를 나란히 하고 살려면 그들과 대화가 통할 만큼은 공부를 해두어야 한다.

엄마들은 자녀에게 이러한 현실을 알려주고 계층 이동 수단으로서의 공부를 강요해서는 안 된다. 그래야 공부에 대한 부정적 인식을 버리고 알아서 공부하는 습관을 갖게 해줄 수 있다. 엄마가 코앞에 닥친 시험 점수 높이기나 좋은 대학에 입학하는 것을 목표로 공부를 강요하면 아이들은 절대 자기를 위한 공부 목적을 찾지 못한다. 그렇게 되면 대학에 가더라도 적성보다는 학교 레벨이나 커트라인에 따라 전공을 선택하게 되고 결국 열심히 한 공부가 삶의 질이나 직업 선택에 아무런 도움이 되지 못하게 된다.

세상은 저만큼 달라졌는데 여전히 많은 엄마들이 아이들이 공부하는 목적을 정해진 코스대로 지식을 머리에 채워 각종 시험에 통과하는 것에 둔다. 이 때문에 아이들에게 공부란 그저 지식을 억지로 머리에 쑤셔 넣는 부담스러운 일로 여겨진다. 하기 싫지만 엄마를 위해 공부한다는 식이 되는 것이다.

사회는 이미 고학력자들로 넘쳐 정해진 코스대로 공부한 고학력자를 우대할 수 없는 환경이 되었다. 기업은 스스로 문제해결 능력을 갖춘 인재를 필요로 한다. 그래서 학교는 공부가 사고력의 기반이 되고 새로운 것을 창조해내는 능력의 기반이 되는 방향으로 흘러가도록 제도를 손질하고 있다. 그런 공부에 빨리 적응시키려면 아이 스스로 '왜 공부를 해야 하는지'를 찾아내도록 유도해야 한다.

과도한 집착이
아이를 삐뚤어지게 한다

어느 날 라디오 방송에서 자녀 교육 상담에 대한 이야기를 들었다. MC가 멘트를 날렸다.

"사춘기 괴물 자녀들과 잘 지내는 법에 대해 말해보겠습니다".

부모들은 흔히 아이가 10대가 되더니 하지 말라는 것만 골라서 한다. 말만 꺼내면 싸움이 되니 아예 입을 다문다는 자조적인 이야기를 많이 한다. 아마도 그 MC는 부모들의 이러한 마음을 대변하려고 그런 표현을 썼을 것이다. 다른 한편으로 생각하면 10대 자녀를 둔 부모들이 얼마나 자식을 이해하려고 노력했을까 싶은 표현이었다.

같은 동네에 사는 찬민이 엄마는 아들이 10대로 접어들기 전까지는 부모 말도 잘 듣고 선생님이 총애하는 모범생이었다. 그런데 10대로 접어들면서 태도가 180도 돌변했다. 엄마가 말만 걸려고 하면 "엄마하고는 대화가 안 통해요."라고 톡 쏘아붙이고는 대화를 회피한단다. 한 번도 속 썩인 적 없었던 아들이 느닷없이 그런 태도를 보이자 엄마는 당황스럽고 무섭다며 나에게 하소연했다.

"요즘에는 저 애를 정말로 제가 낳았나 싶을 만큼 낯설어요. 매사에 예민하고 반항적이고 툭하면 화를 내니 무서워 죽겠어요."

나는 그동안 아이와 지내온 이야기를 좀 더 들려달라고 했다. 듣고 보니 찬민이는 오랫동안 자발적으로 엄마에게 순종적인 태도를 보인 것이 아니었다. 엄마와의 싸움을 피하는 방법으로 순종을 선택했던 것이다. 그런데 10대가 되자 자기 의지대로 행동할 수 있다고 믿고 그동안 쌓였던 불만을 한꺼번에 터트린 것으로 보였다.

찬민이 엄마의 말로는 찬민이는 유치원 때까지 성격이 활발하고 친구도 곧잘 사귀었다고 한다. 그런데 초등 3학년 때 전학 온 한 아이를 사귀었는데 그 아이와 노느라고 학원에 무단결석했다고 한다. 놀란 엄마는 아들에게 노골적으로 그 친구와 놀지 말라고 했다. 그럼에도 아들이 말을 듣지 않자 여러 방법을 동원해 결국 두 아이를 떼어놓았다. 그 후부터인지 정확하지는 않지만 아이의 말수가 부쩍 줄고 수동적인 아이로 변했단다. 그 일 말고는 아들이 크게 속 썩인 적이 없다고 했다.

찬민이 엄마는 아들이 늘 엄마 말에 순종하고 학교생활도 모범적이어서 그때 자신이 무슨 짓을 했는지 까맣게 모르고 있었다. 그러나 나는 찬민이가 그때의 상처로 엄마에 대한 불신을 키웠다는 생각이 들었다. 찬민이 엄마의 말을 들어보면 찬민이는 매우 감성적인 아이였다. 그래서 엄마와 싸우기가 겁나 자신의 불만을 최대한 감추려고 순종적이고 모범적인 태도를 보여온 것 같았다. 나는 찬민이 엄마에게 지금으로서는 아들과 화해하려는 시도를 하면 할수록 아들이 부담스러워할 테니 당분간 간섭하지 말고 내버려두라고 했다.

나는 아이가 도움을 요청할 때만 나서는 것이 최선책이라고 생각했기 때문이다. 하지만 찬민이 엄마는 내 말에 수긍하지 않는 눈치였다. 전문가들에 의하면 엄마에 대한 불신이 표면화되어 반항심이 극에 달한 10대 아이는 가급적 건드리지 않고 스스로 화를 삭일 때까지 기다려주는 것이 효과적이라고 한다.

아이들은 10대가 되면 부모에게서 독립할 만한 신체적 정신적 성장의 완성 단계에 이른다. 그러나 경제적 사회적 여건은 독립이 불가능하다. 그런 괴리에서 오는 좌절감이 부모에 대한 불만으로 표출된다. 부모의 보살핌이 자신의 독립성을 부정하는 행위로 받아들여져 사사건건 부모의 말에 거부감을 느끼게 된다. 부모의 잔소리에 반발해서 엇나가기까지 한다. 성격이 강한 아이들은 부모의 진정한 충고마저 간섭이라며 매사에 싸움닭처럼 군다.

반면 성격이 약한 아이는 부모와 싸우는 것이 두려워 하루 종일 방 안에 틀어박힘으로써 부모의 접근을 거부한다. 게다가 성적으로 관심이 높은 나이여서 청소년기의 자연스러운 변화를 인정하지 못하는 부모에게는 적개심까지 품는다.

　나 역시 이런 10대의 특성을 몰랐다면 두 아들과 어떤 불화를 겪었을지 알 수 없다. 아이들을 데리고 미국으로 갔을 때 우리 아이들 역시 10대였다. 다행히 커뮤니케이션 공부를 하며 10대 자녀들의 심리적 특성을 배울 수 있었다. 그런 과정이 없었다면 미국의 개방적인 문화를 이해하지 못하고 충돌이 잦아져 이미 두 아들과 나는 남보다 못한 관계에 놓여 있을지도 모른다.

　미국의 중고등학교는 반 편성이 없고 과목마다 수준별로 골라서 듣는다. 그래서 같은 반 친구가 따로 없다. 수업 시간에만 잠깐씩 만나게 되기 때문에 친구를 깊게 사귀기도 어렵다. 보완책으로 매주 금요일 댄스파티를 열어 학생들이 또래 친구들을 사귈 기회를 준다. 타이틀은 댄스파티지만 마음에 맞는 친구들끼리 스쿼시를 하거나 수다를 떨며 서로의 관심사를 나눌 수 있는 시간이다. 집들이 서로 떨어져 있는 미국의 도시 외곽에 사는 아이들은 운전면허를 따기 전까지 밤 외출이 거의 불가능하다. 그래서 이날만은 부모가 차로 학교에 데려다주고 자정이 넘어 데리고 오는 것을 당연시한다.

　그런데 많은 한국인 학부모들이 댄스파티라는 타이틀에 거부감을 느껴 아이들을 이 행사에 보내지 않으려다 자주 충돌한다. 청소년기의 이성 교제를 엄격하게 금지시켜온 한국인 부모들은 댄스파티에서 아이들이 무분별한 이성 교제를 할까 봐 참석을 통제하는 것이다. 아이들은 그날의 참석이 친구를 사귈 수 있는 좋은 기회이기 때문에 참석을 막는 부모에게 크게 저항한다. 심한 경우 격렬히 다투기도 한다.

나는 그 무렵 대학에서 10대의 특성에 대한 교육을 받았다. 그 덕분에 두 아들의 파티 참석을 전혀 통제하지 않았다. 만약 그때 10대의 특성을 공부하지 못했다면 다른 엄마들처럼 아이들의 학교 댄스 파티 참석을 막았을지도 모른다. 그만큼 우리 사회가 청소년기의 이성 교제를 엄격히 금지했기 때문에 내 머릿속에도 그러한 인식이 새겨져 있었던 것 같다.

요즘 우리나라의 청소년들은 미국 드라마는 물론 다양한 나라의 문화를 접한 덕분인지 예전보다 훨씬 이성 교제에 대한 생각이 자유롭다. 그런데 여전히 부모만 예전 방식을 내세우며 통제하려고 든다.

10대 자녀에게 무조건 부모 생각에 따르도록 강요하면 아이들의 반항심만 키우게 된다. 부모가 너무 엄격하게 대하면 일탈 행동으로 인생을 그르치기도 한다. 10대는 성인이 할 수 있는 모든 행동을 할 수 있을 만큼 신체적으로 성장해 있어 부모의 통제가 마땅치 않으면 무조건 거부한다. 따라서 자기 통제만이 자신의 일탈을 막을 수 있다. 10대 자녀가 자기 통제를 잘하게 하려면 아이의 달라진 태도에 분노할 것이 아니라 10대 특유의 신체적 정신적 생리를 이해하고 인정하는 노력부터 해야 한다. 그러지 못하면 아이는 부모를 속이면서라도 자기가 하고 싶은 일을 하고야 만다. 심하면 자기 인생을 망치는 것으로 부모에게 복수하려 들기도 한다.

한 인터넷 사이트에서 본 '나는 이렇게 엄마 아빠를 속여본 적이 있다'는 질문에 답한 청소년들의 이야기를 옮겨보겠다.

중1 여학생 L의 이야기다.

"엄마가 '남자랑 문자하면 죽을 줄 알아'라고 협박을 하신다. 사귀는 애가 아니라 그냥 친구라고 설명해도 소용없다. 엄마가 학부모 회의에 다녀오더니 어떤 엄마가 '00이 자기 아들한테 꼬리친다'며 화를 내더라는 말씀을 하신 후로는 남자 애들하고 문자하는 것을 들키지 않으려고 조심하며 지낸다."

또 다른 고2 남학생 H의 말이다.

"여자 친구에게 선물을 사주려고 알바해서 돈을 모으고 있다. 친구들은 그렇게 모은 돈으로 노래방에서 축하 파티도 하고 학교에 일찍 등교해서 풍선 달고 파티를 하기도 한다. 더 과감한 아이들은 여자 친구와 모텔도 간다. 나는 단지 여자 친구의 선물을 사려고 알바를 하고 있지만 우리 엄마는 고지식하셔서 들키면 죽이려고 하실 것이다. 절대 비밀로 해야 한다."

고1 여학생 K는 이렇게 말했다.

"우리 반에서 남자 친구 있는 애들은 대부분 룸 카페에 가서 스킨십을 한다. '19금' 영화도 보러 간다. 나는 아직 부모님이 무서워 그렇게는 못하지만 그런 것을 불건전하다고 생각하지는 않는다. 그러나 부모님에게 이성 친구가 있다고 말하면 무조건 그런 행동을 할

90

것으로 보고 불건전하다며 화를 내실 것이다. 그래서 나는 남자 친구가 생겨도 엄마에게 숨긴다."

중3 남학생 P는 이런 사연이 있다.

"엄마가 지난 학기부터 용돈을 10만 원에서 5만 원으로 낮췄다. 부족한 용돈을 채우려고 엄마 몰래 알바를 한다. 패스트푸드점에서 일하는 동안 엄마가 내 방을 뒤져 내가 알바 매장에서 해야 할 일을 적어놓은 노트를 발견하셨다. 알바하냐고 다그치셨다. 끝까지 알바 안 한다고 우겼다."

중2 남학생 C.

"나는 중1 때 강북에서 강남으로 전학 왔다. 친구 사귀기기 너무 힘들었다. 한 아이가 잘해줘서 그 아이와 사귀었다. 그런데 엄마가 학부모 회의에 다녀오신 후로 그 아이의 부모님이 이혼하셨다며 사귀지 말라고 하셨다. 부모님이 이혼한 건 그 애 잘못도 아니고 그 애는 정말로 착하다. 그런데도 엄마는 내 설명을 귀담아들으려고 하지 않으신다. 내가 그 애랑 계속 놀까 봐 휴대전화도 뺏고 학교도 다시 전학시키고 싶다고 하실 정도다. 나는 엄마랑 싸우기 싫어서 엄마한테 거짓말하면서 그 친구를 몰래 만난다."

고3 여학생 K.

"엄마는 머리가 길면 공부를 못한다는 등의 말도 안 되는 주장을 하신다. 내가 머리에 파마나 염색을 하는 건 그냥 스트레스 풀려고 그러는 건데 엄마나 선생님은 이상한 애, 불량한 애 취급을 하신다.

그래서 나는 학교에서 선생님께 들키지 않으려고 파마한 머리를 일부러 고데기로 펴고 다닌다. 치마를 두 개씩 입고 다니기도 한다. 긴 건 학교에서 입고 학교를 벗어나면 긴 치마를 벗고 짧은 치마로 다닌다. 엄마는 내가 조금만 모양내는 눈치를 보여도 '공부에만 신경 써야 할 나이에 왜 외모에만 신경을 쓰느냐'며 화를 내신다. 그래서 나는 가급적 엄마가 눈치 채지 못하게 외모 관리를 하며 스트레스를 푼다."

중2 여학생 M.

"엄마가 학원을 끊어주니까 다니지만 학원 다니면서도 얼마든지 놀 수 있다. 엄마는 내가 학원 다니며 노는 것, 화장하는 것, 컬러렌즈 끼는 것 등을 전혀 모르신다. 엄마는 시험이 끝난 날에도 또 공부하라고 하신다. 그리고 '우리 때는 교과서만 보고, 교복도 안 줄여 입었다'며 요즘 애들 모양내는 것을 욕하신다. '좋은 대학을 가야 잘 먹고 잘 산다'는 말만 하시니 괜히 내가 모양내는 티를 내서 가정불화를 일으킬 필요가 없다고 생각한다."

고3 남학생 Y.

"부모님은 시도 때도 없이 전화로 '어디니' 하며 감시하신다. '지금은 공부할 때고 좋은 대학 가면 돈도 잘 벌 수 있고 잘살 수 있다. 조금만 참아라'라고 하신다. 그런 부모님을 속이고 싶지는 않지만 말이 안 통하니 내가 하는 일을 알려드릴 수 없어 부모님을 속이게 된다. 지난번에도 성적표를 보여드리면서 왜 성적이 떨어졌는지를 설명하려는데 말을 꺼내기도 전에 '헛소리하지 마라.', '말도 안 되는 소리 좀 하지 마라.' 하시며 일방적으로 화를 내셨다. 단 한 번만 내 말을 귀담아들어주셨어도 엄마를 속이지 않을 것이다."

중3 여학생 L.

"엄마는 내 친구들 겉모습만 보고 날라리라며 같이 놀지 말라고 하신다. 내 친구 중에는 술 담배 하는 애가 없다. 우리반에는 술 담배 하는 애들도 많다. 우리는 단지 화장만 하고 다닌다. 모두 착하다. 그런데도 날라리라는 것이다. 그 일로 엄마와 싸운 후부터 나는 엄마와 대화하기가 싫다. 나는 공부를 반에서 1~2등 한다. 공부할 때는 공부하고 놀 때는 논다는데도 엄마는 왜 별일 아닌 걸 가지고 화를 내시는지 도무지 이해가 안 된다."

10대 아이들을 부모의 방식대로 행동하도록 일방적으로 몰아붙이면 이처럼 부모를 속이고 자기 할 일을 몰래 한다. 부모의 간섭이나 통제의 도가 지나치면 일탈 행동도 서슴지 않는다. 심하면 자기 인생을 망치기도 한다.

10대 아이의 행동이 도저히 이해되지 않는다며 무조건 괴물로 바라볼 것이 아니라 10대 아이들의 생리와 특성을 이해하고 그에 걸맞게 대응해주어야 자녀가 10대를 잘 지나가게 해줄 수 있을 것이다.

07
책상머리에서 하는 공부는
한계가 있다

작은아들이 미국에서 대학을 졸업하고 막 프랑스로 건너갔을 때 일이다.

"엄마, 글쎄 카린이 5살 난 아들에게 글씨 쓰기 연습하라며 무지하게 비싼 양피지를 주더라고요."

작은아들이 흥분하며 말했다. 그때 작은아들은 프랑스 대학원에 들어가기 위한 불어 시험을 준비 중이었다. 대학 졸업 후 프랑스로 건너가 한 대학의 어학원에 다녔는데 카린은 그곳의 불어 강사였다. 그녀의 본업은 동화 작가로 대학 재학 시절부터 여러 권의 베스트셀러를 낸 작은아들을 같은 작가 반열에 있다며 각별히 대해주었다. 자주 집으로 초대하여 문학 토론을 하기도 했다. 30대 중반의 그녀는 3세, 5세의 자녀를 두었다.

어느 날 작은아들이 그녀의 집을 방문했을 때 그녀는 두 아들에게 글씨 쓰기 연습을 시키고 있었다. 그런데 두 아들에게 건네준 종이가 파지나 이면지가 아닌 최고급 양피지였다. 작은아들의 상식으로는 이해되지 않는 일이었다.

"낙서 같은 아이들 글씨를 그 아까운 양피지에 쓰게 하다니? 나도 써본 적이 없는데……."

평소 궁금한 것을 못 참는 작은아들은 그녀에게 질문을 퍼부었다. 그러자 카린이 자세히 설명해주었다. 내용을 간추려본다.

중산층 이상의 프랑스 엄마들은 자식이 영아일 때부터 모든 공부를 놀이로 인식시킨다. 아이가 말을 배울 무렵이면 부드러운 촉감의 양피지를 구입해 아이의 뺨에 대주며 "부드럽지? 감촉이 얼마나 좋은지 몰라."라는 말을 반복해서 들려준다.

아이가 양피지 감촉을 즐기기 시작하면 엄마가 직접 양피지에 펜글씨를 쓰면서 말한다.

"이 소리 좀 들어봐. 어때? 음악 같지?"

아이는 점차 사사삭하는 펜글씨 소리에 집중한다. 조금 지나면 그 소리를 들으며 행복한 표정을 짓는다. 그리고 자기도 해보겠다며 엄마에게서 양피지를 빼앗는다. 그때 엄마가 아이에게 양피지와 펜을 내주며 "그럼 한번 써보겠니?"라고 말한다. 아이는 기다렸다는 듯 부드러운 최고급 양피지에 글씨를 쓴다. 당연히 글씨는 삐뚤빼뚤하다. 하지만 엄마는 아이의 글씨 모양에는 아랑곳하지 않고 "어머나,

글씨가 정말 아름답네. 글씨가 아주 멋있어. 예술이야."라며 다소 과장되게 보일 정도로 아기를 껴안고 뽀뽀하며 찬사를 늘어놓는다. 아이는 그런 경험을 반복하는 동안 머릿속에 펜글씨 작업을 최고의 놀이로 인식하게 된다.

프랑스 사람들은 이때의 기억이 머릿속에 인상 깊게 남아 있어 대부분 컴퓨터 인쇄 글씨보다 펜글씨를 더 선호한다. 여전히 관공서에서도 프린트 서류보다 자필 서류를 중요시한다. 프랑스 엄마들은 글쓰기만 그런 식으로 가르치는 것이 아니다. 읽기 연습도 아이가 읽지 않고는 못 찾을 정도로 읽기의 생활화를 체화시킨다. 책에서 역사적인 내용, 고전 미술, 음악 등의 정보가 소개되면 곧바로 아이 손목을 이끌고 박물관, 음악당, 미술관으로 달려가 "저 그림 좀 봐. 선이 정말 아름답지?" 등의 설명을 한다. 이러한 경험이 쌓이면 아이들은 자랄수록 세상의 모든 이치는 책에서 배운다는 인식이 깊어진다. 배우는 것을 세상에서 가장 즐거운 일로 인식하는 것이다. 프랑스에서 세계적인 철학자나 문호들이 많이 배출되는 이유를 알게 해주는 대목이다.

물론 프랑스에는 세계적인 미술관이 시골 구석구석까지 가득하다. 그러나 가진 것을 최대한 활용해 자식에게 공부의 즐거움을 인지시키는 엄마의 지혜만큼은 우리도 얼마든지 따라 할 수 있지 않을까?

프랑스 학교는 수업 시간이 세계에서 가장 짧기로 유명하다. 직장 근무 시간도 정말 짧다. 오전 9시에 출근해서 낮 12시부터 2시간 동안 점심을 먹는다. 그리고 오후 4시경에 퇴근한다. 토요일과 일요일에는 일을 하지 않는다. 그런 만큼 자유 시간이 많다. 게다가 학창 시절부터 기를 쓰고 공부하기보다 공부를 놀이처럼 즐겨 평생 노는 것으로 보이기도 한다. 그런데도 대부분의 프랑스 학생들은 정말로 아는 것이 많다. 꾸준한 독서 기록, 관찰, 현장 탐사 등으로 놀이를 겸한 공부를 하기 때문에 억지로 공부한 사람의 지식수준과 비교할 수 없을 정도로 공부 양이 방대하다. 프랑스 엄마들이 아이에게 공부를 지겨운 의무가 아닌 즐거운 놀이로 인식시키는 방식은 프랑스 청년들이 공부에 목매지 않고도 우수한 성적을 거두는 밑거름이 된다. 작은아들은 미국에서 대학에 다닐 때 미국 명문대 유학생 중 늘 놀기만 하는 프랑스 출신의 우등생이 많아 신기하게 여겼는데 프랑스에 가서 불어 강사인 카린의 이야기를 듣고 의문이 풀렸다고 이야기해주었다.

알고 보면 전 세계인들이 프랑스인 따라 하기 열풍을 일으키는 것 역시 프랑스 엄마들의 확실한 탐구 습관 만들기 육아법 덕분이라고 말할 수 있다. 프랑스 중산층 가정에서는 자식이 음식을 먹기 시작하는 나이부터 와인 맛을 가르친다. 어린아이가 와인의 떨떠름한 맛을 좋아할 리 없지만 그것을 방지하려고 와인에 달콤한 유아용 비스킷을 녹여서 먹인다. 그 결과 웬만한 프랑스 사람은 와인 박사가 된다. 와인 관련 이야기에 해박하고 와인 맛도 귀신같이 구분할 줄 안다.

프랑스 엄마들은 와인뿐만 아니라 치즈, 주스, 갖가지 향료 맛도 그런 방식으로 디테일을 구분하도록 교육한다. 패션, 음악, 미술 역시 일종의 놀이로서 기본부터 디테일까지 몸에 배도록 교육한다. 그렇게 자란 아이들은 성공을 목표로 앞만 보고 뛰는 사람들과는 질적으로 다른 삶을 산다. 프랑스인들이 경제적 성공보다 삶의 질을 더 중요시하는 것 역시 어머니들의 이러한 육아법에서 왔다고 볼 수 있다. 아마도 우리나라의 많은 엄마들도 프랑스인들이 사는 방식을 부러워할 것이다. 그러나 프랑스 엄마들의 육아 방식을 도입하기에는 우리 어머니들의 성격이 너무 급하다. 당장의 학업 성적, 목표 달성 등에 꽂혀 그런 것이 좋다는 것은 잘 알지만 어쩔 수 없다는 생각을 먼저 한다.

우리나라 엄마들은 자식을 다른 집 자식들보다 돈도 많이 벌고 더 유명한 사람으로 성공시키는 유태인 엄마들의 육아 방식을 선호한다. 유태인 엄마들은 프랑스 엄마들보다 실용적인 가정 교육에 중점을 둔다. 아기 때부터 어려운 고전이나 철학 책을 읽어주어 고급 단어에 익숙해지도록 한다. 말 배우기를 시작하면 수수께끼와 끝말 잇기 등으로 언어에 대한 감각도 철저히 익혀준다. 아이들과 밥상머리 토론 등으로 아주 어릴 때부터 세상 돌아가는 일에 관심을 갖게 하면서 자기주장을 펴는 훈련을 시킨다. 자기표현이 자기 역량을 극대화시키는 첩경임을 알기 때문이다. 세계적인 웅변가나 협상가 중에 유태인의 비중이 높은 것은 시사하는 바가 크다.

유태인 가정 교육에 대해 조금 더 살펴보면 그들의 가장 큰 특징은 철저한 경제관념 심어주기이다.

유태인 엄마들은 아주 어린 아이들에게도 용돈을 거저 주는 법이 없다. 집 뜰이 넓으면 병아리를 몇 마리 사주어 스스로 길러 닭의 마릿수를 늘리고 달걀을 팔아 용돈으로 쓰도록 하는 식이다. 공부에 꼭 필요한 돈도 절대 그냥 내주지 않는다. 제안서를 받아 철저히 검토해보고 토론을 거쳐 요구 액수를 낮춰서 준다. 이에 대해서는 다른 장에서 자세히 설명할 것이다. 유태인 엄마들은 아이들을 멀리 보고 기른다. 그래서 눈앞의 성적에 연연하지 않는다. 공부 목표를 아이 스스로 찾게 하되 세상을 이롭게 하는 역할을 찾아 매진함으로써 개인적인 부와 명예도 누릴 수 있는게 한다. 또 인생에 도움이 되는 공부 목표를 찾도록 유도한다. 결코 아이가 점수에 낮춰 대학에 들어가는 것을 원하지 않는다. 그보다는 학비를 내지 않고 장학금으로 공부하도록 유도한다.

작은아들의 고등학교 친구 중에 유태인인 조슈아는 우등생 자리를 놓친 적이 없다. 그는 아이비리그 대학을 골라서 갈 수 있는 성적을 유지했다. 할아버지가 뉴욕에 400명이 넘는 변호사를 둔 로펌 오너이다. 아빠가 의사고 엄마가 교수다. 아이비리그 학비를 낼 능력도 충분했다. 그러나 점수를 조금 낮춰 4년간 장학금을 받을 수 있는 미시간대학에서 정치, 철학, 음악을 동시 전공했다. 대학원은 줄리아드에 합격하고도 졸업할 때까지 장학금을 지원하겠다는 맨해튼 음대에 다녔다. 그런 다음 종교장학금으로 이스라엘에 가서 종교학을 공부해 지금은 뉴욕의 유태인 교회인 시나고그 Synagogue의 인기 성직자로 일하고 있다.

한편 우리나라 엄마들은 프랑스보다 유태인 엄마들의 실용적인 교육 방법을 선호해왔다. 주로 학교 성적 면에서의 실용성만 도입해왔다. 그래서 가정 형편이 안 되는데도 사교육으로 아이의 수준을 최대한 높이려고 무리수를 두기도 한다. 적성보다 점수에 맞춰 대학과 전공을 고르는 것도 서슴지 않는다. 독립된 인간으로서 어떤 삶을 살 것인가보다 눈앞의 점수에 연연하는 경우가 많다. 점수 때문에 아이들에게 삶의 실용적 지혜를 배울 기회를 차단하기까지 한다. 그런 엄청난 노력과 통제로 우리나라의 많은 청년들이 조기 성공을 이루고 승승장구하게 되었음은 부인할 수 없다. 단기간에 부자가 되고 세계적으로 주목을 받는 스포츠맨과 연예인들이 많아진 것도 사실이다. 그러나 그 부작용으로 질 높고 행복한 삶을 살지 못해 경제 수준은 13위이지만 행복지수는 100위가 넘는 나라가 되었다. OECD 국가 중 청년 자살률이 가장 높은 나라라는 불명예도 안게 되었다.

나는 개인적으로 그런 교육 방법을 선호하지 않는다. 눈앞의 점수에 너무 많은 가치를 두는 교육 방식에서 인간다운 철학을 찾기는 어렵다. 그렇다고 해서 돈을 중요시하는 유태인 엄마들의 실용적인 교육 방식을 무조건 선호하지도 않는다.

두 아들을 다 키운 후에 뒤돌아보니 내 육아 방식은 프랑스 엄마들의 방식에 가깝지 않았나 싶다. 모두가 친정아버지의 교육 철학 덕분인 것 같다. 친정아버지는 늘 부자가 되는 것보다 멋지게 사는 것이 중요하다고 강조하셨다. 이러한 아버지의 가르침에 영향을 받은 나는 두 아들을 돈만 많은 부자로 키우고 싶지 않았다. 돈을 많이 버는 것도 중요하지만 돈을 잘 써서 멋지게 사는 것이 더 중요하다고 생각했다. 그래서 나는 두 아들에게 여유롭고 삶의 질을 높일 줄 아는 인간이 갖추어야 할 공부에 힘쓰도록 유도했다.

그 결과 현재 두 아들은 돈에 쫓기지 않으면서도 정신적으로 여유롭고 사회적으로도 명예롭게 살 수 있는 위치에 서 있다. 모두가 친정아버지의 교육 방식에 따른 결과라고 믿는다.

08

반항하는 아이와
맞서지 마라

엄마는 곰살궂게 굴던 아이가 조금 컸다고 반항할 때 큰 고통을 느낀다. 고분고분하던 아이가 막무가내로 대들고 떼쓰면 도대체 자신이 애를 어떻게 키운 건지 절망감에 사로잡힌다. 엄마로서는 배신감마저 뼛속까지 차오른다.

'내 인생도 포기하고 뒷바라지에 올인했는데 그 보답이 겨우 이거야?'

아이들은 보통 초등학교 고학년만 되어도 사춘기 티를 내며 엄마의 진지한 질문에 건성으로 대답한다. 엄마의 정당한 지시에도 툴툴거리며 귀찮다는 듯 눈도 마주치려 하지 않는다. 엄마가 무슨 말만 하면 뚝 잘라 한마디로 끝내며 무시하기 일쑤다. 저 혼자 세상의 모든 고통을 짊어진 것처럼 걸핏하면 입을 꾹 다물고 오만상을 찌푸리고 있다. 엄마는 화가 치미는 것도 간신히 참고 아이의 비위를 맞춰가며 외출이나 여행을 하자고 권해보지만 그때마다 아이는 시큰둥하게 "그냥 혼자 다녀오세요."라고 말하며 하던 일에만 열중한다. 그런 자식에게 마냥 친절할 수 있는 엄마는 드물 것이다.

이런 경우 엄마는 엄마대로 아이의 불손한 태도에 화가 나고 아이는 엄마가 자기 마음을 하나도 몰라준다며 야속해하기 때문에 문제 해결이 간단하지 않다. 엄마의 몸을 빌려 세상에 나온 아이도 엄마가 자기 마음을 세심하게 헤아려주지 않으면 괜스레 미움이 북받친다. 이런 팽팽한 줄다리기가 계속되면 엄마는 엄마대로 힘들고 아이는 아이대로 반항심을 키워 잘못된 길로 나가기 쉽다.

아이는 자라면서 여러 차례 이와 같은 반항기를 맞는다. 따라서 엄마가 아이의 반항기를 잘 넘기도록 하려면 아이의 말을 있는 그대로 해석하지 말아야 한다. 감정을 추스르고 먼저 아이의 마음을 읽어 무엇 때문에 그렇게 말했는지를 파악해서 대응해야 한다.

사람은 모든 생각을 말로 표현하지 못한다. 어떤 생각은 뻔하고 간단한데도 말로 꺼내기가 거북하고 쑥스럽다. 성인이 되고서도 고맙다거나 미안하다는 간단한 말조차 쑥스러워 하지 못하는 사람들이 많다. 어린아이의 경우 자기의 마음조차 잘 알지 못한다. 타인의 존재를 인정할 만한 판단력도 부족하다. 그래서 아이들은 자기는 표현을 잘하지 못하지만 엄마는 자기의 마음을 알아서 잘 헤아려주어야 한다는 이기적인 생각으로 가득하다.

이처럼 서로 다른 입장 때문에 엄마가 아이의 마음을 읽을 줄 모르면 아이와 더 많이 싸우고 상처를 주고받아 실컷 뒷바라지를 해주고도 아이의 인생을 망칠 수가 있다.

아이는 대체로 엄마가 자기의 마음을 몰라줄 때 엄마의 주목을 받기 위해 심한 말썽을 부린다. 아기 때부터 시작된 이러한 표현 방법은 나이가 들수록 교묘하고 잔인해진다. 어른들도 사랑하는 사람에게 마음이 상하면 더 고약하게 굴듯이 아이도 마찬가지라고 생각하면 이해하기 쉬울 것이다. 이런 속성 때문에 많은 엄마들이 아이의 첫 반항기인 세 살부터 반항의 도가 높아진 일곱 살과 사춘기 등 여러 반항 시기를 맞으며 하루에 열두 번도 더 심장이 벌렁벌렁하고 얼굴이 달아오를 일이 생긴다.

한번은 올케가 가족 모임에서 세 돌 정도 된 조카 때문에 매일 너무나 화가 난다고 고백했다. 조카가 세 살 정도 되면서 가장 많이 쓰는 말이 "싫어."라고 했다. 조카는 엄마가 이를 닦자고 하거나 어른들한테 인사를 드리라고 하면 무조건 싫다고 하며 도리질을 쳐 화가 난단다. 처음에 올케는 타이르기도 하고 으름장을 놓아도 보았지만 모두 소용없었다고 했다. 으름장을 놓으면 떼를 쓰면서 알아서 하겠다고 한단다. 이 닦을 때 혼자 알아서 하겠다고 우겨대는 통에 칫솔을 넘겨주었더니 물을 쏟고 넘어지고 난리법석을 피워서 도저히 그냥 둘 수 없단다.

매사가 그런 식이어서 결국 회초리를 들게 되었는데 조카는 회초리를 들 때만 얌전하고 회초리가 안 보이면 여전히 청개구리 노릇을 한다. 올케는 내게 "애들 아빠도 어릴 때 그랬어요?"라고 은근히 물었다. 자기는 자랄 때 그런 적이 없는데 아이들 아빠에게 반항 유전자가 있는지 궁금해하는 것 같았다. 그때 나는 모든 애들은 세 살부터 부모로부터 독립할 준비를 하느라 그렇게 반항하는 것이라고 일러주었다. 덧붙여 나이가 들수록 반항이 심해질 테니 미리 대비책을 마련해두라는 말도 해주었다.

아이들은 막 걸음마를 떼기 시작하면 혼자 힘으로 발걸음을 떼었다는 자부심에 젖는다. 사람은 하나의 성취를 이루면 더 많은 것을 욕망하는 존재다. 아기도 이때부터는 더 많은 것을 스스로 해보고 싶은 욕망을 갖게 된다. 그런데 엄마가 강압적으로 그 욕망을 억제시키면 아기는 엄마에게 거세게 반항한다. 엄마가 위험하다며 주의를 주는 것을 간섭으로 여기는 것이다. 제멋내로 탐색하고 싶은 마음에 집 안의 모든 물건들을 만지고 핥고 부서뜨리다가 다치기도 한다. 이때 엄마가 말리면 아이는 더 심하게 물건을 부서뜨린다. 이때의 아이는 엄마에게 말한다.

"나도 신기하면 무엇이든 확인해봐야 직성이 풀려요. 그런 것 좀 탐험하게 내버려두세요."

엄마가 아기의 그런 속마음을 무시하고 무작정 말리면 아기는 엄마에 대한 적대감을 갖기 시작한다. 따라서 엄마는 아기가 세 살이 되는 때부터 건강상의 이상한 점이 없는지만 체크하고 아이의 안전에 해가 되지 않는 범위 내에서 아이의 자유로운 움직임을 지켜보아야 한다.

주의할 것은 이 나이 때에 엄마가 아이의 떼쓰는 것에 휘둘려 모든 요구를 다 받아주면 엄마를 우습게 여기고 점차 엄마의 말을 무시한다. 이때 엄마는 분명한 기준을 만들어 아이의 요구를 들어줄 일과 거부할 일을 확실히 구분하여 행동해야 한다.

세 살 정도의 아이들은 말로는 설득이 잘 안 된다. 엉덩이를 가볍게 때린다거나 무서운 표정으로 통제해야 통한다. 또한 세 살 정도의 아이들은 아직 엄마와 감정이 분리되지 않은 상태에 있다. 사고 체계도 완성되지 않았다. 그래서 엄마가 눈앞에 보이지 않으면 다른 곳에 있을 거라는 상상을 하지 못해 지레 겁을 먹고 울면서 엄마를 찾는다. 엄마는 아이의 이러한 마음을 읽을 수 있어야 한다. 그래야 아이가 자신만 졸졸 따라다니려 하는 것에 야단을 치는 대신 엄마가 항상 곁에 있다는 것을 인지시켜 안심시킬 수 있다.

아이는 나이가 들면서 자아도 성장해 엄마에 대한 반항심이 더 커지게 된다. 하지만 아이의 반항은 성장 과정의 필수 조건으로 받아들여야 한다. 점차 강해지는 아이의 반항을 무리 없이 잘 다스리려면 엄마가 아이의 마음을 읽어내는 능력을 길러야 한다. 아이가 네 살이 넘으면 개성이 형성된다. 이때부터 자기주장이 강해지며 경쟁, 옳고 그름, 청결과 불결, 사랑과 미움, 협조와 고집 등을 알게 된다. 눈에 띄게 신체도 발달하여 빨리 달릴 수도 있고 손가락을 쓰는 놀이들도 곧잘 할 수 있게 된다. 그래서 노골적으로 혼자서 밥을 먹거나 세수를 하겠다고 고집을 부린다. 소유욕도 높아져 장난감을 안 빼앗기려고 친한 친구와 무섭게 싸우기도 한다. 더 넓은 세상을 탐색하고 싶은 욕망으로 온종일 밖에 나가 놀고 싶어하기도 한다.

이때 엄마는 아이의 그 모든 행동이 불안해서 말리게 된다. 그러나 아이는 엄마의 이러한 행동을 자신의 일을 방해하려는 것으로 여기며 엄마를 이기려고 더 큰 소리로 울거나 엄마가 순하게 대응하면 꼬집고 때리기까지 한다. 엄마가 더 넓은 세상으로 나가고 싶어하는 아이의 마음을 읽으려 하지 않고 '세 살 버릇 여든까지 간다'는 고정관념에 사로잡혀 아이를 무조건 휘어잡으려 들면 아이는 엄마의 기에 눌려 일단 꼬리를 내릴지라도 적대감은 그대로 남게 된다.

아이가 새로운 것을 탐색하고 창의적인 생각을 하게 하려면 엄마가 아이의 행동을 결과로만 판단할 것이 아니라 행동 이면의 마음을 읽어 아이가 엄마의 사랑을 받고 있다는 느낌을 전달하면서 훈육해야 한다. 엄마가 아이의 마음을 읽지 않고 너무 많은 야단을 치면 아이는 '나는 내 마음대로 해선 안 되는 사람'이라고 속단하고 무기력을 학습하거나 무조건 엄마 말과 반대로 행동해 엄마의 속을 더 철저히 뒤집어놓을 수 있다. 아이가 네 살 정도 되면 상황을 살피는 눈치가 발달해서 부모가 일관성 없는 태도, 이를테면 어떤 때는 만져도 되는 물건이 어느 날 갑자기 만져서는 안 될 물건으로 변하는 태도를 보이면 엄마를 우습게 여기고 무시하게 된다.

아이가 유치원에 가는 예닐곱 살 무렵에는 이러한 반항의 정도가 더 강화된다. 예부터 '미운 일곱 살'이라는 말도 있듯이 예닐곱 살 아이를 둔 엄마들은 아이들의 지능적인 반항에 자주 감정이 격해진다. 아이는 다섯 살이 넘으면 의도적으로 엄마와 주도권 싸움을 시작한다. 예닐곱 살이 되면 아이가 자기 혼자 할 수 있다고 믿는 일을 엄마가 방해하면 지능적인 방법으로 엄마를 굴복시키려고 든다. 이때 엄마가 아이의 이러한 마음 상태를 무시하고 힘겨루기를 하면 엄마는 엄마대로 어린 자식에게 지는 것이 자존심 상해 아이들의 반항에 일일이 화를 내게 되고, 아이는 그런 엄마의 기세를 꺾으려고 더 무섭게 반항하는 팽팽한 긴장 관계에 놓인다. 예닐곱 살의 아이들은 언어 능력이 발달해 말로 자신을 변호하고 반론을 펼 수 있게 되기 때문에 의도적으로 엄마의 말을 거스르기도 한다. 어떤 아이는 엄마의 사소한 잘못을 날카롭게 비판하기도 한다.

아이의 가장 무서운 반항기는 사춘기이다. 아이들은 사춘기가 되면 자신은 이제 마땅히 어른 대접을 받아 엄마의 통제 없이 혼자 알아서 결정하고 해결해야 한다고 믿는다. 이때부터 아이는 엄마의 가치 있는 조언마저 전면으로 거부한다. 엄마는 초등 고학년부터 시작되는 사춘기의 학교 성적이 대학 입학의 결정적인 역할을 한다고 믿는다. 학교 성적에 치중하다 보니 아이가 친구를 사귀는 문제까지 일일이 간섭하려고 든다.

사춘기는 또래 친구들과 비밀을 공유하고 친구와의 우정이 무엇인지를 배우는 시기이다. 또한 이성에 대한 관심이 가장 높은 시기이기도 하다. 그런 아이의 특성을 무시하고 엄마가 학교 성적 1, 2점에 민감하여 아이가 이성 친구는 물론 동성 친구를 사귀는 것까지 간섭하면 반항심을 키워 일부러 자기 인생을 망치는 길로 들어서기도 한다. 이런 불꽃 같은 사춘기는 아이 인생에 있어 커다란 전환점이 될 수 있다.

아이의 사춘기를 잘 넘기기 위해서는 엄마가 아이의 태도나 말버릇이 다소 마음에 들지 않더라도 절대 비꼬거나 비아냥거리는 말을 하지 말아야 한다. 지레짐작으로 누명을 씌우는 것은 더더욱 금물이다. 사춘기 아이와 덜 부딪치는 방법은 아이의 사생활을 인정해주고, 어른 대접을 받으려는 마음을 헤아리는 것이다. 아이가 요구하기 전에는 절대 먼저 도우려 하지 말고 아이가 원하지 않으면 주고 싶어도 안 주는 것이 좋다. 아이가 힘들어하면 섣불리 위로하기보다 괜찮은지 묻는 정도로만 관심을 표현하는 것이 좋다.

교우 관계에 있어서도 아무리 궁금하더라도 캐묻지 말고 아이의 친구에 대해 우호적인 태도를 보여주는 것이 좋다. 만약 아이가 이성 친구를 사귄다면 무조건 반대부터 하지 말고 집으로 초대하거나 만나게 해달라고 부탁해서 둘을 앉혀놓고 엄마의 염려를 간곡하게 알려 서로 조심하도록 하는 것이 현명하다.

아이의 반항에 마음이 많이 상하더라도 "넌 왜 엄마 말을 이렇게 안 듣니?"라며 결과를 추궁하지 말아야 한다. 아이는 엄마의 그런 말을 들으면 자기 마음을 이해하지 못하고 화만 낸다고 해석하기 마련이다. 엄마는 가능한 한 아이의 표정을 살피고 마음 상태를 설명하는 것으로 가볍게 대화하는 것이 좋다. 아이가 막무가내로 화를 내고 떼를 쓰면 "우리 00이가 속상한 일이 있구나. 그렇지?"라고만 물으면 된다. 그 질문 하나로 아이는 엄마가 자기 마음을 이해하려고 노력한다고 믿고 금세 마음이 풀려 자초지종을 설명할 가능성이 높다.

사람은 누구나 남에게 인정받고 싶어한다. 특히 자식은 부모에게 인정받기 위해 노력한다. 부모가 인정해주지 않으면 불행을 느껴 제멋대로 행동하기 쉽다. 그런데 사람의 뇌는 한 가지에 집중하면 그 일에만 몰입하는 속성이 있다. 부모가 한번 자식을 의심스러운 눈으로 보기 시작하면 의심스러운 면만 눈에 들어온다. 그렇게 되면 자식의 마음을 읽으려고 해도 잘 읽히지 않는다.

아이가 마음에 안 드는 행동을 할수록 결과만 가지고 줄다리기하지 말고 자식의 마음을 읽어 느긋하게 대응해야 아이의 반항기를 잘 넘기고 사물을 긍정적으로 볼 줄 아는 인재로 길러낼 수 있다.

09

자식에게 인정받는
엄마가 되어라

세상에 간섭받는 것을 좋아하는 사람이 있을까? 엄마인 당신도 시부모, 시누이, 직장 상사 그 누구라도 당신이 하는 일에 대해 간섭하면 그 사람의 지시에는 결코 따르고 싶지 않을 것이다. 심지어 "제까짓 게 뭔데 나한테 이래라저래라 하는 거야."라며 위아래 할 것 없이 화부터 나는 것이 일반적이다.

그런데 아이 역시 엄마의 간섭을 싫어할 것이라는 생각은 전혀 하지 못하는 것 같다. 막 기어 다니기 시작한 아이도 부모가 "그쪽으로 가면 안 돼."라며 간섭하면 울고 떼쓰며 저항한다. 그렇지만 아이에 대한 엄마의 간섭은 마치 숨을 쉬는 것처럼 잦고 그칠 줄 모른다. 아이가 학교에 들어간 후부터는 눈에 보이기만 하면 공부, 공부를 강조하며 간섭하고 이런 친구는 사귀어도 되고 저런 친구는 사귀

면 안 된다는 식의 간섭으로 아이를 무기력하게 만든다. 물론 엄마
는 아이를 위험으로부터 보호해야 하고 엉뚱한 길로 빠지는 것을 막
아주어야 할 책임이 있다. 반듯하게 키워 떳떳한 사회의 일원이 되
도록 지켜줄 의무도 있다. 아이들은 아직 모든 것이 미성숙하기 때
문에 판단이 즉흥적이고 현재 중심적이다. 때문에 다 자랄 때까지
엄마가 곁에서 잘 일깨워주지 않으면 올바른 미래를 준비할 수 없는
것이 사실이다. 그러나 아이의 성장 정도를 고려하지 않고 시시콜
콜 너무 많이 간섭하면 아이의 성장을 오히려 저해할 뿐이라는 것을
기억해야 한다.

내 경우 직업 특성상 책을 많이 쓰고 강의를 많이 해야 해서 BBC
의 「스티브 사커의 하드 토크」부터 tvN의 「백지연의 피플 인사이드」
까지 평소 성공한 사람들의 인터뷰 방송을 열심히 챙겨 보는 편이
다. 그런데 이런 프로그램의 출연자 중 부모의 간섭 덕분에 성공했
다고 말하는 사람은 단 한 명도 본 적이 없다. 오히려 출연자의 어머
니들은 몇 가지의 뚜렷한 원칙만 세우고 이것을 지키지 않을 때는
호되게 나무라지만 학교 성적, 일상적인 태도, 엉뚱한 생각에 대해
서는 일절 간섭하지 않았다는 말을 가장 많이 했다. 어떤 출연자는
어머니가 지키라는 원칙조차 자주 깨트려 죄송하다며 눈시울을 붉
히기도 했다. 그들의 경우 외에도 엄마의 간섭이 자녀의 성공을 이
끌었다는 사례는 본 적이 없다. 지나친 간섭은 오히려 자녀의 성공
지수를 낮추고 앞길마저 방해하기 때문이다.

내게 대화법에 대해 문의하는 사람들 중에는 나이 어린 학생들도 많았다. 주로 부모의 간섭에 대처하는 대화법을 알려달라는 문의가 많았다. 그중 고1이라고 신분을 밝힌 한 여학생이 내가 쓴 『유쾌한 대화법』 책을 읽었다며 다음과 같은 편지를 보내왔다.

편지 내용은 다음과 같다.

저는 엄마와 사이가 너무 안 좋습니다. 엄마를 바라보기만 해도 화가 나서 가출을 하고 싶을 때가 한두 번이 아닙니다. 가끔씩 '내가 정말 못된 애일까?'라고 자문하기도 합니다. 그러나 제가 엄마를 싫어하는 이유는 분명합니다. 우리 엄마는 간섭이 너무 심하십니다. 저에게 일을 시키면 끝날 때까지 조용히 기다리시는 법이 없습니다. 마칠 때까지 저를 졸졸 따라다니며 간섭하세요. 어떤 때는 '엄마 말을 잘 들어야지.' 하고 결심했다가도 이런 일로 *싸증이 솟으면* 지도 모르게 화를 내고 엄마에게 대들곤 합니다. 지금은 그런 엄마에게 너무 질려서 엄마 목소리만 들어도 짜증이 날 정도로 엄마가 밉습니다.

우리 엄마는 제 책가방을 저 몰래 자주 뒤지세요. 핸드폰 문자도 뒤지시고요. 엄마 마음에 안 드는 문자나 물건이 나오면 제 얼굴 앞에 들이대면서 무슨 짓을 하고 다니는 거냐며 무섭게 다그치세요. 엄마는 제 사생활 하나하나까지 간섭을 해야 직성이 풀리시나 봐요. 엄마의 감시가 무서워서 친구도 마음 놓고 못 사귀어요. 이성 친구를 만나는 것은 상상도 못해요. 우리 엄마는 항상 남자애하고 는 친구로 지내는 것도 안 된다며 항상 겁을 주시거든요. 엄마 때문에 저는 친구 없는 외톨이가 되었어요. 그래서 집에서 지내는 시간이 많은 편이에요. 그러다 보니 엄마하고 더 많이 부딪치게 돼요. 엄마는 저만 보시면 옛날 사람들은 네 나이에 뭐도 하고 뭐도 했다 하시며 집안일을 많이 시키세요. 그러면서 열심히 공부하래요. 제 몸이 둘도 아닌데 어떻게 동시에 두 가지 일을 다 잘할 수 있겠어요? 제가 너무 기분이 상해 입 다물고 우울한 얼굴로 있으면, 엄마가 마음을 풀자며 대화 좀 하자고 하세요. 그런데 엄마하고 대화를 하면 더 기분이 상하고 말아요. 엄마는 대화를 하자고 해놓고 혼자서 이거는 이래서 안 되고 저거는 저래서 안 된다는 말씀만 하시거든요. 이런 엄마와 어떻게 대화를 해야 할까요?

나는 소녀의 글을 읽으며 선뜻 옳은 해결책을 알려주기가 힘들었다. 소녀의 엄마가 스스로 대화 방법을 고칠 리 없다. 또 소녀가 할 수 있는 일은 거의 없어 보였기 때문이다. 그저 무작정 참으라는 무책임한 말밖에 할 수 없는 상황이어서 나는 무기력함마저 느껴져 마음이 몹시 무거웠다.

우리나라의 경우, 생각보다 훨씬 많은 부모들이 완벽한 부모가 되기 위해 지나치게 힘들게 산다. 그런데 그 '완벽한 부모'의 역할이라는 것이 아이의 성적을 올릴 수 있는 좋은 학원을 알아내어 보내고 학교 성적을 높여서 좋은 대학에 보내 남들이 알아주는 직업을 갖게 하여 평생을 편안하고 안락하게 살 수 있는 길을 닦아주는 것을 말한다. 실제로 예전에는 그러한 부모 노릇이 완벽에 가까운 뒷바라지인 것처럼 비쳐지기도 했다. 아이가 공부를 열심히 해서 좋은 대학을 나오면 좋은 직장을 구할 수 있었다. 그 직장에서 일한 대가로 편안한 노후를 맞이할 수도 있었기 때문이다. 그런데 지금은 그런 신화가 빠르게 붕괴하고 있다. 그동안 수많은 엄마들의 희생적인 뒷바라지로 세상에는 학력 높은 사람들이 넘치게 되었다.

그 결과 이제는 높은 학력이 경쟁력이 되지 못한다. 스스로 완벽한 엄마가 되기를 바라는 엄마라면 반드시 시대 변화의 흐름을 읽고 대처할 수 있어야 한다. 그러나 많은 사람들이 제대로 된 부모 노릇을 배우지 못한 채 부모가 된다. 그러니 아무리 노력한다고 해도 완벽한 부모가 될 수는 없다. 어쩌면 그러한 불안감 때문에 아이에게 시시콜콜한 간섭을 하는 것으로 위안을 삼는지도 모른다.

물론 엄마가 된 후에는 주변 엄마들의 부지런한 자식 뒷바라지에 전혀 영향을 받지 않은 것은 아니었다. 다른 엄마들과 비교하며 내가 과연 괜찮은 엄마인가를 수시로 자문하곤 했다. 그러다가 미국에 가서야 유능한 엄마보다 좋은 엄마가 낫다는 결론을 얻었다. 그때부터 나는 좋은 엄마가 될 결심을 했다.

두 아들을 데리고 미국에 막 건너갔을 때였다. 가족 커뮤니케이션에 관한 책을 집필하게 되었다. 아무래도 타국이다 보니 부모 간에도 어느 정도 친분이 있는 두 아들의 친구 집을 방문하여 인터뷰하게 되었다.

큰아들의 친구 데이브의 엄마는 고등학교 상담 교사였다. 그녀의 말에 따르면 미국 엄마들 역시 한국 엄마들도 울고 갈 정도의 높은 교육열을 자랑한다고 한다. 데이브의 엄마 역시 아이가 태어나기도 전에 좋은 학군을 찾으려고 전국을 뒤져 10여 군데 공립학교를 찾아가 관찰하고 교장선생님과 직접 인터뷰하여 학교 시설과 교육 철학이 마음에 드는 곳(우리 아이들이 다닌 학교)으로 학교를 선택했다고 한다.

데이브는 우리 아이들이 미국 학교로 막 전학 갔을 때 학교 측의 주선으로 큰아들에게 학교를 안내해주고 학교생활에 적응하는 것을 도와주었다. 그 후로 큰아들과 데이브는 단짝 친구가 되었고 점차 가족끼리도 친해졌다. 데이브의 부모는 우리 가족이 한국을 오갈 때마다 공항까지 마중 나와 집까지 태워다주곤 했다. 이러한 인연으로 나는 데이브네 가족을 첫 인터뷰 대상으로 선택했다. 내게 집필을 요청한 출판사에서는 기왕이면 인터뷰한 가정의 가족사진을 찍어달라고 했다. 책에 사진을 싣고 싶다는 이유에서였다.

나는 데이브 부모와 인터뷰를 마친 후 데이브 엄마에게 가족사진을 찍어도 되는지 허락을 구했다. 그녀는 아들에게 다가가 물었다.

"가족사진이 필요하다는데 찍을 거니?"

그런데 데이브는 단번에 아니라고 대답했다. 데이브의 엄마는 아들에게 두 번 다시 사진 찍기를 권하지 않았다. 그러고는 내게 물었다.

"우리 부부 사진밖에 찍을 수 없는데 괜찮겠어요?"

나는 "물론이죠."라고 대답은 했지만 속으로는 꽤나 놀랐다. 엄마가 중학생 아들에게 정중하게 의견을 묻는 것과 아들 친구 엄마의 부탁을 아들이 거절하는 것에 대해 조금도 개의치 않는 엄마의 태도가 충격적으로 다가왔다.

그보다 더 놀라웠던 것은 아들이 친구와 그의 엄마 앞에서 자신의 생각을 자유롭게 말해도 전혀 간섭하지 않는다는 데 있었다. 그렇게 자란 데이브는 유럽에서 교환학생으로 공부한 후 미국 상품을 유럽으로 수출하는 사업을 시작해 이미 20대에 연간 100억 대의 수익을 내는 부자가 되었다. 데이브는 엄마의 간섭 없이도 항상 예의 바르고 매너가 좋았다.

미국에서 생활하는 동안 나는 데이브의 엄마처럼 자식 교육을 반듯하게 잘 시키고도 자식에게 좋은 엄마로 인정받는 엄마들을 여럿 만났다. 그녀들을 곁에서 보고 겪으며 진정으로 '좋은 엄마'가 무엇인지에 대한 정의를 내릴 수 있었다. 좋은 엄마란 아이가 아주 어릴 때부터 사고력, 판단력, 통찰력을 기를 수 있도록 올바른 습관을 길러준 다음 학교 성적, 불량한 태도, 교우 관계 등에 대해서는 일절 간섭하지 않는 엄마였다.

우리나라 아이들은 OECD 국가 중 가장 많은 시간을 공부한다고 한다. 그 때문인지 세계적인 학습 경시대회에서는 매우 우수한 성적을 거둔다. 그러나 성인이 되면 타인과 관계 맺는 데 서툴고 매너가 부족해 곳곳에서 크고 작은 갈등을 빚는다. 해외 친구 역시 자유롭게 사귀지 못하고 영어 실력은 우리와 경제 수준이 비슷한 나라 아이들과 비교하더라도 현저히 떨어진다. 세계적인 학자나 기업가와 예술가가 배출되는 일도 그토록 열심히 교육에 투자한 것에 비하면 미미하다. 우리나라 아이들이 중고등학교 학습에서는 세계적 순위를 차지하면서도 정작 다 자란 후에는 그저 평범한 사람에 그치는 것은 엄마들의 원칙 없는 무조건적 간섭에서 비롯된다고 생각한다.

"완벽하기를 원하는 부모를 가지는 것보다 좋은 부모를 가지는 것이 훨씬 나은 미래가 보장된다."

오스트리아 출신의 심리학자 베텔하임이 한 말이다.

그가 말하는 좋은 부모 역시 아이의 행동을 마치 확대경을 들이대듯이 하나하나 분석하고 간섭해서 바로잡으려고 아이와 갈등을 빚는 부모가 아니라 아이에게 인간관계에 대한 최소한의 예의를 가르치고 스스로 하고 싶은 일을 찾아내도록 도와주어 그 일에서 행복을 느낄 수 있도록 기다려주는 부모를 의미한다.

물론 아이들은 충동적이고 즉흥적이다. 경험이 부족하고 이성보다 감성이 앞선다. 잘못된 판단을 하기도 하고 돌이킬 수 없는 실수를 할 수도 있다. 부모가 곁에서 잘 가르쳐야 바르게 자라 사회에 나가서도 맡은 바 자기 몫을 훌륭히 해낼 수 있는 성인으로 성장할 수 있는 것이 사실이다. 그러나 아이가 부모의 가르침을 귀찮아하고 부담스러워하면 오히려 부모의 가르침은 헛수고가 된다. 그런 것을 이미 터득한 선진국의 부모들은 아이가 아주 어릴 때부터 타인과 더불어 사는 규칙, 매너, 세상 사는 이치 등을 엄격하게 가르친다. 또 스스로 판단하고 실행하는 습관을 길러준 후 최소한의 원칙만 어기지 않으면 아이 스스로 결정하도록 내버려둔다.

좋은 엄마는 자식을 신의 경지에 오르도록 끊임없이 채찍질하는 엄마가 아니다. 아이의 행복한 미래를 위해 반드시 지켜야 할 최소한 규칙을 지키게 하며 아이가 마음껏 실수하고 오판할 수 있는 권리를 주는 것이 좋은 엄마이다. 원칙 없이 아이를 키우면 아이의 행동이 모두 미숙해 보여 뭐든지 간섭해야 할 것 같은 충동에 사로잡힌다. 미리 확고한 원칙을 세워두면 아이를 원칙에 맞게 키울 수 있다는 신념이 생겨 아이늘에게 자유를 줄 수 있는 마음의 여유기 생긴다는 것을 기억하자.

2장

희생하는 엄마보다 이기적인 엄마가 낫다

· · ·

엄마라면 누구나 자식을 잘 키우고 싶다. 그러나 자식을 잘 키울 수 있는 방법이 딱히 정해져 있는 것은 아니다. 사물의 이치를 관찰해보면 아이 잘 키우는 엄마 되기가 그리 어려운 것은 아니다. 생명의 근원인 태양광도 너무 강렬하면 오히려 생명을 빼앗는다. 부모 사랑도 적당히 주면 자녀 성장의 원동력이 되지만 지나치면 성장을 방해하는 독이 된다.

정원사가 화초를 너무 사랑한 나머지 물을 필요 이상으로 많이 주면 식물이 누렇게 뜬다. 적당히 모른 척했다가 필요로 할 때만 물을 주어야 화려한 꽃을 피운다. 부모도 자식이 필요로 할 때만 보이지 않는 곳에서 보살피는 이기심을 가져야 진짜로 유능한 아이로 만드는 엄마가 될 수 있다.

이미 세상은 자유로운 사고를 가진 청년들을 우대하고 있다. 엄마가 보이지 않게 꼭 필요할 때만 보살펴야 아이가 자유로운 사고를 가진 청년으로 성장할 수 있다. 이 장에서는 자식이 알아서 공부하고 글로벌 시대에 모셔 가는 인재로 만들 수 있는 엄마의 이기적인 태도를 배워보자.

01

때론 독한 포기가
필요하다

나는 20년간 목소리를 사용하는 아나운서였지만 지독한 음치다. 누가 노래만 시키면 쥐구멍부터 찾게 된다. 우리 부모님은 음감 하나 안 길러주고 뭐 했나 하는 원망도 수없이 했다. 회식이나 모임이 있을 때면 으레 노래를 시키는 우리나라 고유의(?) 문화 덕분에 내 고통은 말로 표현할 수 없을 정도였다. 그래서 자식들이 생기자 아주 어릴 때부터 절대 음감을 길러주어야겠다는 의무감에 사로잡혔다. 전문가들의 조언을 들어보니 어린아이들에게 절대 음감을 길러주려면 제대로 된 선생님을 찾아 바이올린을 가르치는 것이 좋다고 했다. 그러나 두 아들이 태어나던 1980년대 초만 해도 내가 살던 시골 소도시의 교육 여건은 정말로 열악했다. 우리가 살던 강원도 소도시에는 피아노 이외의 기악 전공 강사들이 거의 없었다. 나는 두 아들이 나를 닮아 분명 음치일 것이라는 생각에 바이올린 전공 강사를 백방으로 수소문했다. 간신히 서울에서 막 시집온 바이올린을 전공한 한 주부 강사를 찾을 수 있었다. 그런데 그분의 교습 방법이 너무 엄격하고 이론적인 게 문제였다. 아이들의 흥미를 끌어내기에는 너무 딱딱했던 것이다.

하지만 대안이 없어 일단 강습 등록부터 시켰다. 유독 재미없는 것을 못 참는 작은아들은 매일 그만두게 해달라며 징징댔다. 체력까지 약해 바이올린을 쥐는 팔이 너무 아프다며 엄살을 부렸다. 나는 다른 것은 대부분 두 아들의 의견을 받아들여 하기 싫다고 하면 그만두게 했지만 절대 음감 기르기에 필수적인 바이올린 레슨만큼은 양보할 수 없었다. 온갖 회유책으로 바이올린 소리를 제대로 낼 수 있을 때까지만 배우라고 얼렀다.

그렇게 약 5년이 흘렀다. 두 아들이 초등 4학년이 되자 "더 이상은 못 배우겠어요."라며 강하게 거부했다. 아이들 머리가 커지니 엄마라고 해서 계속 윽박지르기도 어려웠다. 나는 "앞으로 악기 배우고 싶어해도 엄마는 절대 레슨비 못 내. 배우고 싶으면 너희가 벌어서 배워!"라고 으름장을 놓으며 두 아들의 음악 교습을 독하게 포기했다.

그런데 미국에 온 지 1년쯤 지난 어느 날이었다. 작은아들이 식탁 위에서 손가락으로 피아노 연습을 하고 있었다. "뭐 하니?" 하고 묻자 피아노 연습 중이라고 대답했다. 바이올린 레슨을 그만두면서

더 이상은 악기를 배우지 않기로 약속했던 터라 피아노 레슨을 시켜
달라고 말한 적이 없었다. 피아노는 어디서 배우는지 내가 짐짓 모
르는 척하며 묻자 조슈아에게서 배운다고 대답했다. 조슈아는 학교
재능 쇼에서 매년 뮤지컬 주연을 도맡을 만큼 음악적 재능이 뛰어난
아이였다. 두 아들이 다닌 공립학교의 뮤지컬은 오케스트라와 함께
거의 프로 수준이었고 그곳에서 매 학기마다 주역을 맡아온 조슈아
는 피아노 연주 실력도 수준급이었다. 작은아들이 피아노를 배우고
싶지만 엄마에게 레슨비 지원을 받을 수 없는 사정을 설명하자 자신
이 무료로 가르쳐주겠다고 했단다.

한편 피아노 교습은 연습이 생명이어서 연습용 피아노가 반드시
필요했다. 그 무렵 나는 공부를 마치고 한국으로 돌아왔고 두 아들
은 미국에 남아 공부를 계속하게 됐는데 그때부터 집에서 부쳐주는
빠듯한 생활비를 지독하게 아껴 디지털 피아노를 한 대 샀다. 작은
아들은 조슈아에게 무료로 피아노를 배우기 시작하면서 피아노 연
주에 대한 흥미가 절정에 달했다. 함께 피아노를 치며 조슈아와 작
은아들은 가장 친한 친구가 되었다. 게다가 조슈아의 외할아버지의
영향으로 작은아들이 뉴욕대에 진학하는 인연으로까지 이어졌다.

작은아들은 맨해튼에 있는 뉴욕대에 입학하고 나서도 전문적인
피아노 교습을 받고 싶어했다. 문제는 레슨비 마련이었다. 집에서
학교까지는 지하철로 40분 정도 걸렸다. 작은아들은 용돈을 아끼기
위해 학교까지 걸어 다니거나 점심을 거르며 돈을 모았다. 그토록

지독히 돈을 아낀 것은 피아노 레슨을 받기 위해서였다. 아들은 인터넷을 뒤져 레슨 선생님을 찾았는데 줄리아드 음대에서 학생들을 가르쳤던 90세가 훌쩍 넘은 할머니였다. 그분은 잠재 능력이 있는 학생에게는 저렴한 비용으로 레슨을 해주었다. 작은아들에게 피아노 재능이 있었는지 회당 40달러에 레슨을 받게 되었다.

그런데 레슨 첫날 선생님은 작은아들에게 더 이상 디지털 피아노로 연습하지 말라고 엄명하셨다. 디지털 피아노로 연습을 하면 손가락 사용법이 왜곡돼 실력 향상에 제동이 걸린다는 설명이었다. 연습용 피아노 구입은 엄두도 낼 수 없었다. 하지만 아들은 피아노 레슨을 포기하지 못했다.

아들은 고심 끝에 같은 대학에 있는 음대 연습실을 떠올렸다. 비록 건물은 다르지만 본교 재학생이라면 전공자가 아니어도 학생 카드로 현관문을 열고 들어가 피아노 방을 사용할 수 있었다.

그러나 음대생들은 지독한 연습 벌레들이어서 빈자리를 차지하기가 하늘의 별 따기였다. 간신히 새벽 6시부터 수업 시작 전까지는 대부분의 자리가 빈다는 정보를 입수했다. 작은아들은 새벽 6시에 음대 연습실로 등교해 피아노 레슨 숙제를 마친 다음 전공인 비즈니스 스쿨 건물로 옮겨가 수업을 받곤 했다. 추운 겨울에도 학교 건물은 새벽 시간에는 난방을 하지 않았다. 10분만 앉아 있어도 온몸은 물론 손이 꽁꽁 얼 정도로 추웠다. 그런데도 작은아들은 단 하루도 거르지 않고 새벽부터 연습실에 나와 손을 호호 불어가며 열심히 연습했다. 그 덕분인지 실력이 금세 늘었다. 레슨 선생님은 작은아들을 약 1년 정도 가르친 다음 줄리아드 야간 과정에 입학할 정도의 실력이 된다면서 입학을 권유했다. 그러나 학비가 만만치 않았다. 뉴욕대 학비도 비싼데다 야간이지만 줄리아드 학비를 더 내는 것은 무리였다. 더구나 작은아들은 엄마가 악기 배우는 데 더는 돈을 투자하지 않을 거란 걸 잘 알고 있었다.

결국 자기가 벌어서 해결하는 수밖에 없었다. 50만 부가량 팔린 『공부 기술』은 그때 작은아들이 음악 공부에 필요한 돈을 벌려고 궁리하던 중 쓰게 된 책이었다. 그런데 책이 생각보다 많이 팔렸다. 그 덕분에 작은아들은 피아노 레슨 시간도 늘리고 오디션을 통해 줄리아드 야간과 뉴욕대를 동시에 다닐 수 있게 되었다. 자기가 번 돈으로 피아노도 한 대 사서 집에 들여놓고 마음껏 연습할 수 있게 되었다. 나중에 대학을 졸업하고 프랑스에 있는 대학원에 진학할 때도 거금의 운반비를 들여 그 피아노를 가지고 갔다.

프랑스에 가서는 피아노 연주가 작은아들에게 참을성과 용서를 가르쳐주는 최고의 선생님이 되어주었다. 뿐만 아니라 스트레스 해소와 여러 사람과 대화의 폭을 넓히는 데에도 도움을 주었다. 50세가 넘으면 현업에서 은퇴하여 정식 연주가가 되겠다는 꿈도 갖게 해주었다. 만약 내가 더는 바이올린 못 배우겠다는 아이들의 제안에 "시키는 대로 해"라고 윽박지르며 계속 배우게 했다면 작은아들의 음악적 재능은 그때 사라졌을 것이다.

당시 두 아들의 바이올린 레슨을 포기하는 것이 결코 쉬운 결정은 아니었지만 아이들의 의견을 받아들인 것은 천만다행한 일이었다. 이때의 경험을 통해 나는 자식들이 죽어라 하기 싫어하는 일은 엄마가 냉정하게 포기해주어야 자식의 숨겨진 또 다른 열정에 불을 지필 수 있음을 알게 되었다.

한번은 TV 방송에서 인기 탤런트 현빈이 군 입대 전에 했던 인터뷰를 보았다. 그는 고등학생 때부터 연극에 미쳐 거의 학교 공부를 하지 않았다. 아버지는 아들이 경찰 공무원이 되기를 원했기에 아들에게 공부하라고 무섭게 다그치고 체벌도 하였다. 그럼에도 아들이 연극을 그만둘 생각을 하지 않자 조건부 결단을 내렸다.

"네가 4년제 대학 입시에 붙으면 연극하는 것을 허락해주마."

아들은 아버지가 내건 조건을 충족시키고 자기가 하고 싶은 일을 하기 위해 죽어라 공부했다. 그 결과 하위권이던 성적이 올라 중앙대학교 연극영화과에 합격할 수 있었다. 그의 아버지는 그때부터 아들이 하는 일을 적극 밀어주셨다고 한다. 현빈의 연기에 대한 열망은 조건부만 내걸고 자식의 고집에 져준 아버지의 독한 포기 덕분이라고 할 수 있다.

이웃 중에 초등 4학년 아이를 둔 한 엄마는 맞벌이를 하고 있었다. 그래서 살뜰히 자식을 돌보지 못하는 미안한 마음을 유명 학원에 보내는 것으로 보상하는 듯했다.

한번은 나에게 아이를 학원 보내는 것에 대해 상담을 요청해왔다.

나는 "굳이 그렇게 많이 보낼 필요가 있어요?"라고 반문했다. 그러자 자신은 아무것도 안 시키는 편에 속한다고 했다. 다른 엄마들은 수학만 해도 연산, 수리, 응용 등 몇 개씩 시킨다는 긴 변명을 했다. 내가 알기로 그 엄마는 초등 저학년 아들에게 수학만 두 군데의 학습지를 시켰다.

그녀는 내 말을 듣고 걱정스레 말하곤 했다.

"선생님 말씀을 들으면 우리 아이도 학원을 좀 끊어야 할 것 같은데, 다른 애들 하는 거 보면 더 다녀야 할 거 같고 저도 어떻게 해야 할지 잘 모르겠어요."

그러나 그 후로도 오랫동안 그녀는 어떠한 결단도 내리지 못하고 계속해서 아이를 이 학원에서 저 학원으로 보내고 있었다. 안타까운 마음에 나는 그녀에게 내 경험을 내세워 독한 결단을 내리라고 말하고 싶었다. 그러나 받아들일 마음이 없는 사람에게는 아무 소용이 없다는 것을 알기에 입을 꾹 다물었다. 나는 엄마들이 자식을 기업에서 모셔 가는 인재로 키우려면 몇 가지를 제외하고는 독한 포기를 해야 한다고 믿는다.

자식의 취향은 무조건 무시하고 엄마가 시키고 싶은 일만 하도록 밀어붙이거나 자식이 죽어도 하겠다는 일을 끝까지 뜯어말리면 자식은 부모의 요구대로 높은 스펙을 쌓을 수는 있을 것이다.

그러나 사회가 원하는 센스 있고 용기 있는 인재로 성장하기는 어렵다. 다른 집 자식들은 이것도 배우고 저것도 배우는데 우리 애만 안 가르치면 불안하다며 새로 나온 학습지를 한 아름씩 안겨주는 부모 노릇은 누구나 할 수 있다. 그러나 자식이 학습지 공부를 더는 못하겠다고 떼쓰면 적당한 조건을 내걸고 어느 선에서 독하게 포기하는 부모라야 취업난이 극심한 시대에도 자식을 모셔 가는 인재로 성장시킬 수 있다는 것을 기억하자.

02

닦달하기보다
친구처럼 위로하라

"도대체 점수가 그게 뭐야? 그렇게 공부 좀 미리 해놓으랬지?"

주변에서 자식의 시험 점수가 조금만 떨어져도 윽박지르고 야단치는 엄마들을 많이 본다. 성적이 떨어졌을 때 독하게 야단쳐두어야 정신을 차리고 다음 시험에서 만회할 거라는 믿음 때문인 듯하다.

하지만 사실은 그 반대다. 엄마가 아이의 성적이 떨어졌을 때 독하게 화를 내면 정신이 들어 한 번쯤은 성적을 올릴 수 있을지 모르지만 아이의 마음 깊은 곳에서는 저항 의식이 싹트게 된다. 아이는 엄마의 위로를 필요로 했는데 엄마가 쪽박을 깨는 것도 모자라 자신감까지 사라지게 만들었으니 말이다.

그 결과 성적은 제자리걸음을 하고 화가 난 엄마는 심지어 폭언까지 퍼부으며 자식의 자신감을 떨어뜨리게 된다.

학생에게 시험은 인생의 전부와도 같다. 급우 간에도 성적에 따라 대접이 달라진다. 굳이 엄마가 야단치지 않아도 성적이 떨어지면 아이 스스로 마음이 쓰린 법이다. 자책은 자신감을 위축시키는 망치와 같다.

그럴 때 아이에게 필요한 것은 엄마의 질책이 아니라 격려와 위로다. 전쟁으로 가족과 재산을 잃은 처절한 상황에서도 가까운 사람의 따뜻한 위로 한마디가 다시 일어설 자신감을 일깨워주기도 한다. 힘들수록 위로는 자신감의 점화 플러그가 되기 때문이다. 이처럼 가까운 사람의 위로는 자신감의 원천이 되어준다. 그러나 약간의 불안감에도 위로받지 못하면 자신감은 흔적도 없이 사라지게 마련이다.

많은 엄마들이 자식을 완벽한 인재로 기르기 위한 목표를 갖는다. 성적 하락뿐만 아니라 미세한 행동 하나까지 엄마의 기준에 어긋나는 것을 용서하지 않는다. 그래서 사사건건 관찰하며 "허리 펴고 앉으라니까" "벽에 기대지 말랬잖아" "물 마셨으면 냉장고에 넣으라고 했어, 안 했어?" "문 쾅 닫지 말랬지?" 등의 말로 공포 분위기를 조성한다. 실수로 비싼 도자기나 화분이라도 깨트리면 "도대체 얼마짜리인데 그걸 깨? 그러게 엄마가 항상 덜렁대지 말라고 했어, 안 했어? 아빠 오면 어떻게 말할 거야?"라며 무섭게 위협한다.

그러나 이런 방식의 협박과 위협은 자식의 진정성 있는 반성을 이끌어내지 못한다. 아이들도 큰 잘못을 저지르면 스스로 후회하고 뉘우친다. 혼날까 봐 불안해한다. 그런 심리 상태일 때 엄마가 위로 대신 상처의 말을 던지면 반성 모드가 반발 모드로 변한다. 우리 엄마는 나보다 도자기를 더 중요시한다며 자신감을 위축시킨다.

엄마가 사소한 잘못도 용서 못하고 자주 호통을 치면 자식은 실수하지 않으려고 조심하다가 더 많은 실수를 저지르기도 한다. 그런 일이 개선되지 않고 일상으로 반복되면 자식의 자신감은 회복 불가능 상태에까지 이른다. 자신감이 떨어지면 가지고 있는 실력 발휘도 제대로 할 수 없게 된다. 특별한 능력을 길러두어도 인정받을 기회조차 잡기 어렵다. 자신감이 심하게 결여되면 타인에게 말을 거는 것마저 겁을 내게 된다. 남 앞에 나서기가 두려운 것이다. 그런 태도는 누구에게도 환영받지 못한다.

부모가 자식이 힘들 때마다 따뜻한 말로 위로해주면 학교 성적이 다소 부진해도 "나는 다른 사람들보다 달리기를 잘한다.""나는 정말로 춤을 잘 춘다.""나는 농구라면 자신 있다.""나는 어려운 사람을 잘 돕는 봉사정신만큼은 누구에게도 뒤지지 않는다." 등 자신이 잘할 수 있는 것을 떠올리며 당당해진다.

미국에 있을 때 만난 중산층 엄마들은 자식이 아무리 비싼 물건을 망가뜨려도 "괜찮니?Are you OK?"라는 말부터 묻는다. 어린 자식이 잘못을 저질러 두려움에 떨고 있으면 꼭 끌어안으며 "네가 안 다쳐서 정말 다행이다."라고 따뜻한 위로의 말부터 건넨다. 꾸중은 그다음에 해도 충분하다. 그런 엄마의 위로가 또 다른 실수에 대한 두려움을 없앤다. 그래서 많은 미국의 아이들이 실패를 염두에 두지 않고 도전하는 자신감이 가득한지도 모르겠다.

나는 10대 때 어머니를 여의었다. 답답하고 힘들 때마다 마땅히 위로받을 곳이 없었다. 아버지는 매우 엄격하고 무서운 분이셨기에 위로는 꿈도 꾸지 못할 일이었다. 그렇게 성장한 후 나는 결혼과 출산 등의 중대사가 있을 때마다 위로받을 곳이 없어 정말로 많이 슬펐다. 그때마다 내 자식들에게만큼은 힘든 일이 생길 때마다 엄마인 내가 위로해주겠다고 결심했다.

그러한 결심을 했음에도 문화와 사회 분위기의 영향은 무시할 수 없는 모양이었다. 작은아들이 미국 학교로 전학하자마자 나는 학교로부터 호출을 당했다. 작은아들이 달랑 한 개 틀린 수학 시험지를 교실에서 찢은 것이 이유였다. 미국의 학교는 그 정도의 소동도 폭력으로 간주하고 곧바로 학부모를 호출한다.

나를 호출한 상담 교사는 평소 아이의 점수에 얼마나 닦달을 했기에 한 개 틀린 시험지를 난폭하게 찢느냐?고 조심스럽지만 단호하게 물었다. 그때까지 아이들 시험 점수에 크게 연연해본 적 없는 나로서는 억울했다. 그러나 당시만 해도 영어에 익숙하지 않아 반론조차 제대로 펴지 못했다. 그 무렵 인근 대학에서 커뮤니케이션 수업을 받던 나는 집으로 돌아와 작은아들이 왜 하나 틀린 시험지를 찢을 만큼 억울해했을까를 곰곰이 생각해보았다. 그러자 시험을 제대로 보지 못해 마음 상했을 아들을 위로해준 적이 없었다는 생각이

들었다. 작은아들은 미국까지 와서 자신이 쉬운 산수 시험에서 틀린 것을 엄마가 알면 분명 실망할 것이라고 지레 짐작했던 것 같았다.

나는 자식에게 위로가 되는 엄마가 되겠다던 굳은 결심과 달리 아들을 위로해줄 줄 아는 엄마는 못 되었던 것이다. 그때의 깨달음으로 나는 두 아들의 시험 점수가 뚝 떨어지면 위로의 말을 할 수 있게 되었다.

"괜찮아. 시험이라는 것은 잘 볼 수도 있고 못 볼 수도 있는 거야. 걱정하지 말고 다음 시험 준비나 해."

엄마의 위로는 자식에게 어떤 사건이 벌어졌을 때만 필요한 것이 아니다. 어른들도 이유 없이 짜증이 나거나 우울할 때는 누군가의 위로를 필요로 한다. 자식들도 학교에서 선생님에게 억울하게 야단 맞고 기분이 상해 귀가했을 때 친한 친구의 사소한 배신으로 가슴 아플 때, 괜히 울적할 때, 이성 친구의 불쑥 던진 말 한 마디에 상처 받았을 때도 엄마의 위로가 필요하다.

분노나 화 같은 부정적 감정은 그냥 참고 견딘다고 해서 저절로 소멸되지는 않는다. 인위적인 소거 작업을 하지 않으면 고스란히 내면에 쌓이게 된다. 이렇게 쌓인 부정적 감정들은 내면에 자리 잡는다. 그래서 성장하면서 지속적으로 자신감을 없애고 그 자리에 공격성을 채운다. 자신감이 떨어지거나 열등감이 많은 사람들이 화를 잘 내는 것이다. 내면에 화나 분노 등을 더 이상 쌓아둘 수 없게 되면 엉뚱한 곳에서 폭발시키기도 한다. 각종 범죄와 사회적 일탈

자들을 보면 주체할 수 없이 내면에 쌓인 화나 분노를 돌발 행동으로 폭발시키는 것처럼 말이다.

자식을 잘 키우는 엄마들은 자식이 이유 없이 짜증내고 투덜대거나 얼굴이 어둡고 기운이 없을 때 아이들이 지금 엄마의 위로가 필요하다고 하소연하고 있다는 것을 알아차린다. 그래서 자식의 그런 행동에 화로 대응하는 대신 따뜻한 위로를 건넨다.

자식을 잘 키우고 싶은 의욕은 강하지만 의지만큼 결과가 그다지 좋지 않은 엄마라면 저기압인 자식에게 "왜 괜히 엄마한테 짜증이야." "어린애가 왜 괜히 기운 없는 척해?" "뭘 잘했다고 성질 부려?" 등의 말로 위로 대신 상처를 주지는 않았는지 되돌아볼 필요가 있다. 위로가 필요한 순간에 부모가 던진 폭언들은 자식의 자신감을 갉아먹어 점점 더 엄마 마음에 들지 않는 행동을 유발할 수 있다.

나는 이 사실을 미국에서 커뮤니케이션 공부를 하며 확실히 깨닫게 되었다. 그전까지는 두 아들이 이유 없이 짜증을 내면 속상한 것을 다 털어놓으라고 쿨하게 말하지 못한 적이 종종 있었다.

그러나 커뮤니케이션 공부를 제대로 한 다음부터는 두 아들이 엄마에게 이유 없이 트집을 잡거나 별일 아닌 것으로 화를 내면 "너 엄마한테 하고 싶은 말 있지? 그렇게 빙빙 돌리지 말고 그냥 말해." 라고 말할 수 있게 되었다. 그래도 마음을 열어 털어놓지 않으면 "가정은 감정의 하수구 역할을 해야 해. 분노, 화, 슬픔, 이런 안 좋은 감정은 집 안에서 다 털어내 없애는 게 좋아. 그러지 않으면 감정의 찌꺼기가 늘 가슴에 남아 항상 기분이 안 좋고 의욕도 안 생기거든."이라며 엄마에게 부담 없이 속마음을 털어놓도록 했다.

마음이 언짢을 때마다 엄마에게 위로받을 수 있었던 두 아들은 항상 당당하고 자신만만하다. 타국에서는 인종 차별을 받거나 다른 애들에게 무시를 당할 법도 한데 나는 그런 걱정을 해본 적이 없다. 두 아들은 막 미국으로 건너가 아직 영어가 서툴 때에도 선생님이 발표를 시키면 망설임 없이 앞에 나가 발표했다.

어쩌다 학부모 회의에서 선생님들을 만나면 그런 엉터리 영어로 그렇게 태연하게 발표하는 동양 학생은 처음 보았다며 혀를 내둘렀다. 낯선 사람에게도 먼저 다가가 말을 걸고 통성명하는 적극적인 성격 덕분에 친구도 인종, 나이, 국적 가릴 것 없이 많다.

나는 두 아들을 자신감만큼은 어디 가서도 뒤지지 않게 길렀다고 자부한다. 그래서 많은 엄마들이 나처럼 여러 시행착오를 겪지 않고 자식의 자신감을 키워주는 방법을 찾게 해주고 싶다. 나의 이런 경험들이 좋은 참고가 되어 이 땅의 청년들이 더욱 당당해진다면 좋겠다.

03

아이에게 지갑을 쉽게 열지 마라

"엄마 형편이 나아지면 컴퓨터 바꿔주실 거죠?"

큰아들이 대학 2학년 가을 학기가 되자 조심스럽게 말했다. 큰아들의 전공은 건축학으로 복잡한 디자인 기능이 있는 최신 컴퓨터가 필수품이다. 거의 2년마다 새 버전 컴퓨터가 필요했다. 그러나 큰아들은 아무리 절실히 필요해도 당장 컴퓨터를 바꾸어달라고 말한 적이 없다. 아장아장 걸을 때 엄마에게 크게 거절당한 뜨거운 경험 때문이다.

나는 맞벌이여서 두 아들에게 해줄 수 있는 최선의 서비스로 자주 시장에 데리고 갔다. 두 아들은 13개월 간격으로 태어났는데 둘째가 첫돌이 지나기 전에 큰아들은 겨우 두 돌이 지났다.

큰아들이 난생처음 나와 함께 시장에 갔던 날이었다. 아이는 두리

번거리며 열심히 시장 구경을 했다. 그런데 옷가게를 지나다가 한 곳에 발길을 멈추었다. 큰아들은 장식용으로 진열되어 있는 손가락만 한 외제 자동차에 시선을 고정시킨 채 뚫어져라 지켜보고 있었다. 그러더니 갖고 싶다며 떼를 쓰기 시작했다. 내가 그건 파는 물건이 아니라 살 수 없다고 단호히 거절했지만 평소 탈것을 좋아하는 큰아들은 포기하지 않고 계속 떼를 썼다. 급기야 자리에 주저앉아 힘껏 발버둥을 치며 사달라고 외쳤다. 공개적인 장소에서 아들과의 첫 번째 기 싸움이 벌어졌다. 순간 나는 여기에서 밀리면 계속해서 아들의 요구를 다 들어주는 무능한 부모가 될지도 모른다는 불안감에 휩싸였다.

울며 떼쓰는 아들에게 "엄마 따라 집에 갈래? 여기 있을래?"라고 물었다. 큰아들은 대답도 하지 않고 자동차만 외쳤다. 나는 엄마는 혼자 집에 간다라는 말을 남기고 다른 골목으로 몸을 숨겼다. 큰아들은 고집이 센 편으로 전혀 아랑곳하지 않고 더욱 크게 울었다. 그러나 시간이 지나도 엄마가 나타나지 않자 조금씩 불안한 기색을 보였다. 그러더니 자리에서 일어나 사방을 두리번거리며 엄마를 찾았다. 나는 옆 골목 어귀에서 큰아들의 태도만 관찰했다. 아무리 찾아도 엄마가 보이지 않자 얼마나 겁을 먹었던지 눈은 고양이처럼 빛나고 콧등에 땀이 맺혀 있었다.

나는 그제야 아들 앞에 모습을 드러냈다. 그리고 다시 단호한 목소리로 "엄마랑 집에 갈래? 여기서 더 떼쓸래?"라고 물었다. 아이는 슬그머니 내 손을 잡았다. 절대 안 놓겠다는 듯 모시조개만 한 손에 힘을 꽉 주었다. 그러고는 조용히 고개를 끄덕이며 엄마랑 집에 가겠다는 의사 표시를 했다. 그날 이후 큰아들은 아무리 필요한 것이 있어도 나중에 사달라거나 또는 월급 타면 사달라고 말했다. 그 버릇은 대학을 다닐 때까지 지속되었다.

친정아버지는 항상 부모가 자식에게 음식, 교육, 각종 물품을 제공하는 것은 무료가 아니라고 주장하셨다. 반드시 언젠가 갚아야 할 빚이라고 강조하셨다. 그래서 우리 형제는 가급적 부모에게 빚을 덜 지려고 노력했다.

나 역시 두 아들을 그렇게 가르쳤다. 고지식한 작은아들은 나의 그런 가르침 때문에 초등학교 도덕 시험 문제를 틀린 적도 있다. 초등학교 저학년 도덕 시험에 '부모님이 우리를 돌보시는 이유는?'이라는 사지선다형 문제가 나왔다. 작은아들은 '돌려받기 위해서'를 선택해서 틀렸는데 교무실로 선생님을 찾아가 우리 엄마는 돌려받으려고 우리를 돌보신다고 우기며 자기 시험지를 맞은 것으로 해달라고 졸라 선생님을 난처하게 만들었다. 결국 교무실로 호출당한 나는 학교에서는 적당히 타협했지만 자식들을 그렇게 가르친 것을 부끄럽게 여기지는 않았다.

요즘은 아이들의 호기심을 자극하는 장난감들이 차고 넘치는 풍요의 시대이다. 아이들을 현혹하는 전자기기와 첨단 장난감이 하루가 멀다 하고 새 버전으로 출시된다. 많은 엄마들이 자식 기죽이기 싫어 경제적 부담을 감수하면서까지 자식이 원하는 것은 다 사주려고 무리수를 두는 경우가 많다. 게다가 자식이 원하는 만큼 사주지 못하면 무슨 큰 죄라도 지은 양 쩔쩔매는 엄마도 많다.

나도 예전에는 그런 엄마들을 보면서 가끔 내가 너무 인색한 것은 아닌가 하는 자책감이 들기도 했다. 하지만 미국으로 건너간 후 내 선택이 옳았음을 어렵지 않게 확인할 수 있었다. 미국의 중산층 엄마들은 나보다 더 지독하게 자식들의 소유 욕구를 통제했다. 그 모습을 본 후로는 더 이상 그런 일로 마음이 흔들리지 않았다.

내게 자식의 소유 욕구를 억제하는 것이 옳다는 것을 믿게 해주신 분은 우리 두 아들의 고등학교 친구인 조슈아의 할아버지셨다. 우리 아이들은 한 살 차이의 연년생인데 미국에서는 같은 학년이 되어 둘 다 조슈아와 친구가 되었다. 조슈아의 할아버지는 유태인이다. 독일 하이델베르크대학 재학 중에 제2차 세계대전이 발발했는데 나치들의 유태인 학살 정책을 피해 빈손으로 미국에 건너오셨다. 할아버지는 온갖 아르바이트로 학비를 벌어 뉴욕대 법대를 졸업하고 변호사가 되셨다. 그리고 승승장구해서 뉴욕 맨해튼에 변호사 수백 명을 고용한 로펌 오너가 되어 메트로폴리탄 미술관과 링컨 센터 등의 건립 기금도 많이 내셨다.

그분은 특별히 작은아들을 매우 좋아하셨다. 작은아들이 뉴욕대를 선택한 데에는 그분의 영향이 컸다. 고등학교 재학 중에 친구를 따라 뉴욕에 갔다가 할아버지의 "사람이 가장 열정적일 때 거대 도시에서 정글처럼 자유롭게 살아보는 것보다 더 큰 공부는 없다"라는 이야기를 듣고는 두 번 고민하지도 않고 뉴욕대에 지원해서 합격한 것이다. 내가 뉴욕을 방문했을 때 그분이 나를 만나고 싶어하셨는데 두 아들을 어떻게 키웠는지 궁금해하셨다고 한다. 그분은 고급 레스토랑으로 초대하셨다.

나는 뉴욕의 부자 할아버지에게 기죽지 않으려고 택시를 타고 약속한 레스토랑으로 갔다. 그런데 택시에서 내리다가 지팡이를 짚고 아내의 부축을 받으며 지하철 계단을 올라오시는 그분과 딱 마주쳤다. 연세가 여든이 넘은 조슈아의 할아버지는 관절이 안 좋아 늘 지팡이를 짚고 다니셨다. 그리고 맨해튼에서도 가장 부자 동네인 센트럴 파크를 마당 삼을 수 있는 어퍼 이스트의 호화 아파트에 살고 계셨다. 그런 분이 시내 나들이를 허름한 지하철로 이동하시는 것을 보자 순간 충격을 받았다. 당시 한국은 호경기였다. 좀 살 만하다 싶은 사람은 골목 안까지 고급 외제 승용차를 몰고 들어왔다. 그런 부자를 연상했던 나 자신이 부끄러워 몸 둘 바를 몰랐다.

그분은 우리를 위해 뉴욕에서도 최고급에 속하는 레스토랑을 예약하시고 최고가의 음식도 미리 주문해놓으셨다. 그분과 이야기를 나누면서 자식의 소유 욕구를 채워주는 것의 문제점을 확실히 파악할 수 있었다. 그분은 자식들에게 현금을 주지 말아야 스스로 벌어서 쓸 생각을 한다고 말씀하셨다. 자식들에게 품위를 가르치기 위해 고급 레스토랑에 데려가거나 유행에 맞는 의상을 구입해주는 것은 괜찮지만 현금으로 주면 게을러지고 돈을 우습게 알게 된다는 것이다. 그의 손자인 조슈아는 할아버지의 엄격한 교육을 받고 성장한 부모 밑에서 자라 고교 시절부터 방학이면 시급 6달러를 받고 모텔에서 침대를 정리하는 아르바이트 등으로 스스로 용돈을 벌었다.

조슈아는 할아버지만 부자가 아니었다. 부모도 명문대 의대 출신의 잘나가는 의사와 교수였다. 그런데도 자식에게 절대 용돈을 주지 않았다. 방학 내내 아르바이트로 돈을 벌어 용돈으로 사용했다. 그래야만 학기 중에는 공부에 방해되는 아르바이트를 안 해도 된다는 것이었다. 대학 재학 중에는 방학 내내 오지의 외딴 곳에서 여는 음악 캠프 같은 곳에서 학생들을 관리하는 용역 일로 용돈을 벌었다. 학비도 대부분 장학금으로 해결했다. 장학금을 받으려고 성적에 비해 약간 경쟁이 느슨한 학교를 선택하기까지 했다. 조슈아의 말로는 유태인들은 부모에게 용돈 받는 것을 아예 기대하지 않기 때문에 어린 나이에 돈벌이에 나서는 것이 조금도 이상하지 않단다.

알고 보니 유태인들은 대체로 자식들의 요구를 80퍼센트 이상 들어주지 않는 원칙을 지킨다고 한다. 심지어 공부에 필요한 물품 구입 요구도 직장인처럼 부모에게 제안서를 제출하게 한다. 부모는 자식의 요구를 100퍼센트 다 들어줄 수 없는 이유와 들어줄 수 있는 정도를 적어 돌려보낸다. 아이는 부모가 자신의 요구를 다 들어주어야 할 이유를 적어 다시 제출한다. 그러는 동안 자기 의견을 관철시키려면 어떤 설득력을 갖추어야 하는지를 깨닫는다고 한다.

자신의 요구가 정당한지, 그 돈을 꼭 써야 하는지, 덜 쓸 방법은 없는지 등을 익히는 것이다. 유태인들의 자녀 교육이 세계적으로 유명한 것에는 많은 이유가 있을 것이다. 하지만 나는 그중에서도 핵심은 바로 용돈에 대한 요구를 70~80퍼센트만 들어주는 것이 아닐까 생각한다.

04

선택을 잘하는 아이가 성공한다

"뭐 먹을까?" "아무거나."

"내가 결정하면 마음에 안 들어하잖아?" "내가 언제?"

"설렁탕 먹자고 하면, 지금은 설렁탕이 안 당긴다. 이태리 음식 먹자고 하면 치즈가 너무 진해서 싫다고 하잖아!"

이렇게 사소한 일로 시작된 갈등이 때로 가정의 평화를 위협하기도 한다. 인간은 배변과 식사 등 기본 생존 행위마저 연습해서 몸에 배야 실수 없이 제대로 할 수 있다. 표현력, 사고력, 판단력, 실행력 등 정신 의존도가 높은 능력은 연습 방법과 분량에 따라 인간 레벨을 결정하는 요인으로 작용한다.

사람은 매 순간 더 나은 삶의 길 혹은 반대의 길로 가는 선택의 기로에 선다. '무엇을 먹을까?' '무엇을 입을까?' '어떻게 시간을 보낼

까?' 등의 사소한 일상부터 '지금 어떤 대답을 해야 인정받을 수 있을까?' '이 순간 상대방에게 어떤 태도를 보여야 좋은 인상을 줄까?' '어떤 직장이 나에게 맞을까?' '어떤 자세로 임해야 내가 속한 커뮤니티를 이끌 수 있을까?' 등 사소한 일상부터 경력을 좌우하는 고민에 이르기까지 선택의 연속선상에 놓인다.

현명한 선택은 삶의 질을 무한히 높여준다. 반대로 잘못된 선택은 삶의 질을 어두운 나락으로 떨어뜨린다. 현명한 선택은 현명한 판단력의 결과이다. 이때 현명한 판단력은 선택하는 연습의 질과 양에 비례한다.

부모가 자식의 입을 틀어막고 "이거 입지 말고 저거 입어라." "그거 먹지 말고 이거 먹어라." "그거 배우지 말고 이거 배워라." 등을 일방적으로 지시하면 자식은 선택을 연습할 수 있는 기회를 박탈당해 판단력이 제대로 성장하지 못하게 된다. 다 자란 후에노 현명한 선택을 할 수 없게 된다.

사람은 본능적으로 게으르다. 매사에 편하고 쉬운 것을 찾는다. 반면 선택은 집중력을 필요로 하고 귀찮고 긴장되는 일이다. 이 번거로운 일들을 부모가 대신 해주면 선택 의지가 성장을 멈춘다. 아이는 점차 선택하는 일이 부담스럽고 귀찮아져 사소한 선택까지 부모에게 미뤄 판단력 성장이 완전히 멈추게 된다. 여기에 관성이 붙으면 다른 일에도 노력하고자 하는 의지가 소멸된다.

부모가 자식을 위해 대신 해준 선택이 자식의 판단력 성장을 정지

시켜 사회로부터 대접받지 못하는 결과를 가져온다면 통탄할 일일 것이다. 자식의 입을 틀어막고 부모가 대신 말하는 한, 자식은 선택 연습 부족으로 판단력 성장을 방해받게 된다. 그렇게 성장한 자녀는 학업 성적이 제아무리 뛰어나도 걸핏하면 사기를 당하거나 인간관계에 어려움을 겪는 무능한 성인이 될 가능성이 높다.

사회생활은 가정생활보다 훨씬 복잡해서 정교하고 수준 높은 판단력이 요구된다. 제아무리 희생정신이 강한 부모도 장성한 자식의 일상사를 대신 판단해줄 수는 없다. 자식이 장성하면 사업을 하건 직장에 다니건 크고 작은 선택을 스스로 해야 한다. 그때그때의 선택과 판단 결과들이 모여서 한 사람의 능력이 된다. 사회적으로 높은 지위에 오를수록 더 복잡한 판단력이 요구된다. 어릴 적부터 판단력을 발달시키지 못하면 부모 덕에 회사의 높은 자리에 앉게 되더라도 감당하지 못하고 추락하게 된다.

스티븐 스필버그와 드림웍스 영화사의 공동 대표인 애니메이션 블록버스터 제조기 제프리 카젠버그는 한 방송 인터뷰에서 리더십의 원천을 '판단력'이라고 잘라 말했다. 영화 산업에서 단 한 번의 잘못된 판단은 순식간에 천문학적 규모의 손실로 이어진다. 그렇다고 이미 내린 판단을 믿지 못하고 우물쭈물하면 죽도 밥도 안 된다. 제프리 카젠버그는 자신의 예리한 판단력 덕분에 「슈렉」 「이집트 왕자」 「쿵푸 팬더」 같은 세계적 블록버스터 애니메이션 영화를 만들 수 있었다고 말한다. 그래서 꿈의 직장으로 불리는 드림웍스는 직원

채용에서 '판단력'과 '판단을 밀고 나가는 배짱'을 가장 중요시한다고 한다.

빠르고 정확한 판단력으로 크게 성공한 사람 중에는 우리나라 현대그룹의 창업자 정주영, 미국 카네기 강철의 앤드루 카네기, 영국 버진 그룹의 리처드 브랜슨 등을 꼽을 수 있다. 그들은 모두 학력이 낮은 사람들이었다. 그러나 판단력만큼은 누구도 따라갈 수 없을 만큼 탁월했다. 학업보다 판단력이 사회적 성공에 더 큰 영향을 미친다는 사실을 증명하는 예라고 할 수 있다.

최근의 세계 경제 흐름을 주도하는 빌 게이와 마크 저커버그 같은 첨단 기술 기업가들 역시 대학을 중퇴하거나 무명의 대학을 나왔지만 탁월한 판단력으로 부와 명성을 얻었다. 그런데 그들의 부모들은 한결같이 자식의 엉뚱한 선택에도 그저 지켜보았다는 공통점이 있었다.

나 역시 자식의 빼어난 판단력은 학력이 아니라 부모의 입이 만든다는 사실을 확실히 경험했다. 나는 결혼 후 줄곧 맞벌이였기 때문에 두 아들이 초등학교에 다닐 때까지 교우 관계와 방과 후 활동 등은 가사 도우미 아주머니보다 더 몰랐다. 회사를 그만두고 두 아들을 데리고 미국으로 공부하러 건너가서야 태도를 목격할 수 있었다. 나는 그전까지는 두 아들이 컴퓨터 게임에 그렇게 깊이 빠져 있었는지 몰랐다.

미국에 오기 전 친척들이 두 아들에게 건네준 용돈이 몽땅 컴퓨터 게임을 사는 데 쓰인 것을 알았을 때는 몹시 당혹스러웠다.

미국에 와서 두 아들은 내가 다니게 될 대학 인근의 공립학교로 전학을 했다. 아직 영어가 서툴러 언어가 그다지 필요 없는 가사, 체육, 미술, 음악 등 주로 예체능 과목만 수강했다. 그래서 숙제가 없었다.

미국의 공립학교는 유치원부터 고등학교까지 모두 6교시 수업만 하기 때문에 오후 2시 30분이면 모든 일과가 끝났다. 두 아들은 그때 귀가해서 새벽 2시까지 집 안에 틀어박혀 출국 전에 사 모은 컴퓨터 게임으로 시간을 보냈다.

그때 나는 아직 서툰 영어 때문에 대학 수업을 듣기 위해 따로 영어 공부를 하느라 무척 바빴다. 그래도 한국에서 회사를 다닐 때 비하면 집에 머무는 시간이 길어진 편이었다. 어느 날은 방에서 영어 공부를 하고 있었다. 두 아들이 컴퓨터 게임을 하며 환호성과 비명을 지르는 소리가 들리기 시작했다. 몹시 거슬렸지만 영어 공부에 쫓겨 지나쳤다.

그렇게 한 달이 가고 두 달이 지나자 걱정이 되었다. 자식들을 미국까지 끌고 가서 망쳐가지고 돌아왔다는 애들 아빠의 원망의 소리가 들리는 것 같았다. 조바심이 일자 나도 모르게 두 아들에게 잔소리를 하고 있었다.

"컴퓨터 게임 그만하고 영어 공부 좀 해라. 언제까지 마냥 놀아도 괜찮은 수업만 받을래?"

그때까지 두 아들은 엄마의 잔소리에 익숙하지 않았다. 갑작스럽게 엄마의 잔소리가 쏟아지자 두 아들은 노골적인 반감을 드러냈다. 두 아들은 10대 사춘기 소년답게 내 잔소리에 퉁명스럽게 툴툴거렸다.

"저희가 알아서 할게요."

내가 화를 내면 문을 단단히 걸어 잠그고 방에 틀어박혀 더욱 열심히 컴퓨터 게임을 했다. 나는 흥분해서 문을 세차게 두들기거나 거칠게 발로 걷어차며 당장 컴퓨터 끄고 거실로 나오라고 외쳤다. 그러나 나의 행동은 두 아들의 마음을 조금도 움직이지 못했다. 그런 사실을 깨닫기까지 꽤나 많은 시간이 걸렸다.

하루는 두 아들과 컴퓨터 게임을 사이에 두고 무섭게 다투느라 수업에 필요한 중요한 숙제를 제때 제출하지 못하는 일이 생겼다. 숙제를 제때 제출하지 않으면 절대로 만회할 기회를 안 주는 교수님의 수업이었다. 그분의 태도가 너무나 단호해서 숙제를 놓친 학생들은 교수님을 찾아가서 기회를 달라는 요청조차 못하고 낙제만 기다려야 했다.

그러나 나는 두 아들을 둔 엄마답게 용감하게 교수님을 찾아갔다. 사춘기인 두 아들과 싸우다가 숙제하지 못한 사연을 반은 영어, 반은 한국어로 늘어놓았다. 교수님은 처음에는 들은 척도 안 하고는 내가 쉴 새 없이 재잘거리자 힐끗 돌아보셨다. 그러고는 한국인인지 물으셨다. 내가 그렇다고 대답하자 의자에 앉아 알아들을 수 있게 차분히 설명해보라고 말씀하셨다. 그분은 한국 엄마들의 극성에 대해 이미 알고 계셨던 듯했다. 내게 한국 엄마의 극성에 대해 몇 가지 질문을 하시고는 "너에게만 다시 숙제할 기회를 주겠다."라고 말씀하셨다.

그 교수님의 숙제 덕분에 나는 자식의 마음을 움직이는 방법을 확실하게 터득할 수 있었다. 교수님은 말씀하셨다.

"오늘 집에 돌아가면 어김없이 아이들이 컴퓨터 게임을 하며 신나게 소리치고 있을 것이다. 절대로 아이들 방부터 들어가지 마라. 일단 화장실로 들어가 숨 고르기를 하며 흥분을 가라앉혀라. 그런 다음 차분한 마음으로 아이들을 만나라."

흥분된 마음이 어느 정도 가라앉으면 아이들을 만나 두 아들에게 최고로 상냥한 목소리로 "지금 하는 게임 몇 시까지 할 거야?"라고 묻고 그 반응을 A4 4장 정도의 리포트로 제출하라는 것이 새로운 숙제였다.

그때 나는 마음속으로 말 한 마디 바꾼다고 뭐가 얼마나 바뀌랴 싶었다. 내가 막무가내로 떼를 쓰니까 나를 떼어내려고 그런 숙제를 내주시는 게 아닌가 하는 의심도 들었다. 그러나 교수님의 지시에 따르는 수밖에 없었다.

집으로 돌아와 현관문을 여니 내 기분 때문인지 컴퓨터 게임을 하며 지르는 두 아들의 환호성과 비명 소리가 다른 날보다 더 크고 요란하게 들렸다. 나는 속에서 욱하고 올라오는 것을 애써 누르고 급히 화장실로 들어갔다. 호흡 조절로 마음을 가라앉히기까지 꽤나 많은 시간이 걸렸다. 어느 정도 마음이 가라앉은 것 같은 기분이 들자 아이들 방으로 들어갔다.

"게임 몇 시까지 할 거야?"

내가 할 수 있는 최고의 상냥한 목소리로 물었다. 두 아들은 엄마의 달라진 태도에 놀란 듯 의아한 표정으로 바라보더니 1시간만 더 한다고 공손하게 대답했다. 순간 크게 안심이 되었다. 그전 같았으면 모르겠다거나 해봐야 안다고 퉁명스럽게 대답했을 것이다. 엄마의 달라진 태도를 보며 아이들도 정직한 생각을 말했다. 교수님의 다음 미션은 아이들이 보지 않는 데서 정확하게 약속한 게임 시간을 재라는 것이었다. 나는 안방으로 건너와 초시계를 눌렀다. 약속한 시간이 되었지만 게임을 마칠 기미가 보이지 않았다. 나는 초시계를 들고 두 아들의 방으로 건너갔다. 초시계를 보여주며 약속한 1시간이 되었다고 말했다. 두 아들은 민망한 표정으로 말했다.

"지금이 클라이맥스 순간이거든요. 10분 정도 마무리 시간을 주세요. 지금 그만두면 게임 영상이 머릿속을 왔다 갔다 해서 아무것도 할 수 없어요."

나는 그때 처음으로 두 아들이 자신의 솔직한 생각을 엄마에게 털어놓는 모습을 보게 되었다. 그 순간 내 잘못된 태도가 오랫동안 자식들이 마음을 열고 진솔하게 소통하지 못하도록 방해했음을 깨달았다.

나는 두 아들의 요청대로 10분의 게임 마무리 시간을 더 주었다.

두 아들의 반응에 대해 쓸 말이 정말로 많았다. 그날의 내 숙제는 교수님을 만족시켰을 뿐만 아니라 나로 하여금 자녀 교육관을 완전히 바꾸는 계기가 되었다.

그 후로 나는 자식들에게 스스로 컴퓨터 게임을 할 것인지, 몇 시간을 할 것인지, 공부는 어떤 과목을 하고 몇 시간을 할 것인지를 선택하게 했다. 또 누구를 친구로 사귈 것인지 등의 일상사부터 어느 대학에 지원할 것인지, 무슨 학과를 전공할 것인지 어떤 여자 친구를 사귀고 어떻게 헤어질 것인지 등에 대해서도 스스로 선택할 권한을 주었다. 그래도 부모의 입장이기에 자식들이 하는 일이 정 불안하면 조심스레 묻고 스스로 바른 선택을 하도록 유도만 했다.

물론 반드시 지켜야 할 최소한의 가이드라인을 주고 거기에서 벗어날 경우에는 짧고 강력한 말로 호되게 나무랐지만 나머지는 철저히 의도적으로 방치했다.

그 덕분에 두 아들은 선택 연습을 할 기회를 많이 가질 수 있었다. 또 그러한 과정 속에서 주변 사람들이 인정할 만한 탁월한 판단력도 기를 수 있었다.

이렇게 쌓은 판단력이 빛을 발했던 것은 작은아들이 뉴욕대 경영대 졸업반이 되었을 때였다. 우수한 성적을 거둔 여러 동창생들은 무조건 월스트리트 금융사에 취업했다. 성적이 좋았던 작은아들 역시 금융사로부터 스카우트 제의를 받았지만 단호하게 그 제의를 뿌리쳤다. 그러고는 파리로 건너가 미술사 공부를 하겠다고 했다. 그

때 가족과 친척들은 한결같이 미쳤다고 말했다.

하지만 그때도 나는 아들의 선택을 존중해주었다. 그런데 작은아들이 파리에서 공부하는 동안 뉴욕 월가에서 서브프라임 사건이 터졌다. 그때 월스트리트에서 잘나가던 작은아들의 동창생들은 대부분 실업자가 되었다. 반면에 작은아들은 경영, 음악, 미술을 동시에 공부한 사실이 알려져 글로벌 다국적 기업으로부터 고위직 스카우트 제의가 많이 들어왔다.

큰아들의 경우 어렸을 때 레고 블록을 너무나 잘 쌓아 대학을 가면 건축과를 택하라고 했더니 공대에 가겠다고 우겼다. 나는 아들의 의견을 받아들여 알아서 하라고 했다. 그런데 공대 2학년 때 큰아들은 아무래도 자기에게는 공대가 적성에 안 맞는 것 같다며 건축과로 전과하겠다고 했다. 나는 학비가 2년 더 들어가니 장학금 받을 자신이 있으면 전과해도 좋다고 조건부 허락을 했다.

그 결과 큰아들은 전과 후 수석을 차지해 내내 장학금을 받았다. 처음부터 아들의 선택을 무시하고 내가 우겨서 공대 말고 건축과로 가라고 했다면 건축과로 전과한 다음에 그토록 열심히 공부하지 않았을 것이다. 자기 선택에 대한 책임감과 판단에 신중을 기하는 태도도 생기지 않았을 것이다.

큰아들이 대학원을 졸업할 무렵에는 미국의 경제 위기로 우수 대학 건축과 출신들의 취업이 매우 어려워졌지만 뉴욕 맨해튼 한복판에서 건축가 600여 명이 일하는 건축 회사에 들어가 인도 중국 등지에 대형 건물을 짓는 업무를 하고 있다.

사람들은 내게 두 아들을 잘 키운 비결에 대해 자주 묻는다. 그때마다 나는 두 아들에게 반드시 지켜야 할 가이드라인만 지키도록 하고 모든 선택권을 넘겨준 후 웬만해서는 개입하지 않는 의도적 방치라고 말해준다. 자식들에게 이래라저래라 하는 엄마의 입은 자녀의 앞날을 결정하는 데 커다란 영향을 미친다는 것을 가슴 깊이 새기자.

05

창의성은
엉뚱함에서 나온다

"이모부, 왜 비행기가 떨어지면 추락한다고 말하는데 폭포는 추락한다고 하지 않나요?"

작은아들이 유치원에 다닐 때 했던 말이다. 어머니의 칠순 잔치 날, 행사를 마치고 돌아오는 길이었다. 우리를 배웅하려는 이모 부부가 차에 함께 탔고 이모부가 운전 중이었다. 작은아들이 이모부에게 질문한 것은 차 안에 있는 사람 중 국내 최고의 대학을 수석 졸업하고 대학교수가 된 이모부가 가장 똑똑해 보였기 때문인 것 같았다. 마찬가지로 대학교수였던 이모는 감격한 목소리로 호들갑을 떨었다.

"애 정말 똑똑하네. 어떻게 그런 생각을 다 했어?"

이모부는 설명해 주었다.

"이모부도 미처 그런 생각을 못 해봤는데 지금 생각해보니 아마도 떨어지면 안 되는데 사고가 나서 떨어지는 것은 추락이라고 말하고 떨어져도 괜찮은 것은 떨어진다고 말하는 것 같은데…….."

작은아들은 자신의 엉뚱한 발언에 가족들이 모두 깊은 관심을 표현하자 눈동자가 반짝반짝 빛났다. 그런 가족의 분위기가 작은아들을 남다른 방법으로 공부하게 하고 취업난으로 고생하는 젊은이들로 넘치는 시대에도 모셔 가는 인재로 성장할 수 있게 한 것 같다고 생각한다. 만약 어린 자식의 그런 엉뚱한 질문에 "나중에 알려줄게"라거나 "쓸데없는 말 하지 말고 똑바로 앉아. 운전하는 이모부 방해하면 사고 나." 등의 말로 아이의 입을 틀어막았다면 다른 집 아들들과 다를 바 없이 죽어라 공부하고도 취업 걱정을 하는 처지가 되었을지도 모른다.

부모가 자식의 엉뚱한 행동을 수용하는 것이 자식의 창의성을 길러준 예는 수없이 많다.

미국에서 공부를 마치고 한국으로 돌아오니 짧은 영어나마 일상에서 쓰지 않아 점점 잊히는 것 같았다. 나는 시간이 날 때마다 BBC나 CNN 뉴스를 시청한다. 하루는 BBC의 보도 내용이 너무 재미있어서 하던 일을 멈추고 화면에 집중했다. 한 소녀가 세계 톱 디자이너들의 우상인 마크 제이콥스의 에스코트를 받으며 런웨이를 걷고 있었다. 마크 제이콥스는 루이뷔통의 수석 디자이너다. 전 세계 패션 디자이너들에게 선망의 대상인 마크 제이콥스는 금세기 최고의 디자이너로 꼽힌다. 그런 그가 어린 소녀를 에스코트하며 무대에 섰다. 내용을 들어보니 소녀는 패션계에서 알아주는 패션 파워 블로거였다. 소녀는 미국 시카고 인근에 사는 열세 살 태비 게빈슨이다. 블로그를 만든 지 몇 달 만에 하루 평균 400만 명의 방문객이 다녀갈 정도로 인기를 끌었다. 전 세계 패션계에 파다하게 소문이 났다. 이 소식은 마크 제이콥스의 귀에도 들어갔다. 마크 제이콥스는 그녀의 블로그를 살펴보고는 깜짝 놀랐다. 패션 안목이 천재적이었기 때문이다. 마크 제이콥스는 소녀를 자신의 연중 최대 패션쇼인 뉴욕 패션위크에 초대했다. BBC와 CNN 등 서구의 주요 언론들이 그 무대를 앞다투어 취재했다. 태비 게빈슨은 마크 제이콥스의 뉴욕 패션위크에 참가한 후 수많은 투자자들이 몰려 의류 회사를 차리고 CEO가 되었다.

태비 게빈슨은 아장아장 걸을 때부터 엄마의 립스틱이란 립스틱은 죄다 부러뜨리며 놀았다고 한다. 그녀는 엄마가 새 옷을 사다가 옷장에 걸기 무섭게 가위로 잘라 이리저리 새로 붙여 전혀 다른 옷을 만들었다. 엄마는 그런 딸의 엉뚱한 행동에 화를 내기는커녕 “우리 딸이 만든 옷이야.”이라며 딸이 갈기갈기 찢어서 누덕누덕 기워 붙인 옷을 입고 자랑을 하고 다녔다고 한다.

지금 우리 사회는 자녀의 창의성 교육에 열을 올리고 있다. 우리는 마이크로소프트 창업자 빌 게이츠, 지금은 고인이 된 애플 창업자 스티브 잡스, 페이스북 창업자 마크 저커버그, 구글 창업자 래리

앨리슨, 할리우드 블록버스터 영화감독 스티븐 스필버그, 마이클 베이, 제임스 캐머런 등이 만들어내는 일자리가 너무나 절실해서일 것이다. 예전에는 창의성이 예술가들의 필수 조건이었다. 지금은 기업가는 물론 평범한 직장인에게도 창의성 계발이 강조되고 있다. 교육 수준이 높아지고 국가 간 장벽이 허물어져 비슷비슷한 능력을 가진 사람이 크게 늘어 창의적 상품이 아니면 규모의 경제를 이룰 수 없어서일 것이다. 지금 세계는 창의적인 기술자들이 일상생활은 물론 부와 일자리의 지형을 빠르게 바꾸고 있다.

창의적 기술 개발로 당사자의 부와 인류 삶의 지형을 바꾼 사람들이 대부분 미국인들이라는 사실은 주목할 만한 일이다. 미국인들이 특별히 남들보다 좋은 머리를 갖고 태어났기 때문은 아닐 것이다. 실제로 미국에서 살 때 미국인들의 머리로는 인도, 러시아, 중국인들을 따라가지 못하는 것을 많이 보았다. 두 아들이 미국에서 고등학교를 다닐 때도 우등상은 주로 인도와 중국계 아이들이 싹쓸이했다. 미국 신문에서도 머리 좋은 인도계, 중국계, 러시아계 이야기를 많이 접할 수 있었다.

아이들이 미국에서 학교를 다녔기 때문에 많은 현지 엄마들을 만날 수 있었다. 그 과정에서 나는 미국의 웬만한 엄마들은 자식들의 엉뚱한 행동을 나무라기보다 재미있어한다는 것을 알았다. 물론 미국은 워낙 다인종 국가여서 아시아계나 중동계 등 이민을 오기 전 조상들의 문화를 고스란히 간직하며 사는 사람들이 많다. 그러나 대체로 유럽계 또는 유태인 엄마들은 자식들의 엉뚱한 행동에 너그럽다. 그런 엄마들은 자식을 굳이 빌 게이츠나 스티브 잡스 같은 시대적 거물로 만들 생각은 하지 않더라도 불경기에도 취직 걱정할 필요 없을 정도의 인재로는 길러낸다. 자녀의 엉뚱한 생각들이 창의성으로 발전해 어떤 어려운 상황에서도 기발한 아이디어로 일자리를 만들어낼 수 있는 것이다.

큰아들의 고등학교 친구인 존슨은 교내 오케스트라 단원이었다. 큰아들이 다니던 고등학교 오케스트라의 수준은 드라마 팀과 함께 프로급이었다. 방학 때마다 유럽 여러 곳의 초청을 받아 연주 여행을 떠나곤 했다. 한번은 존슨이 독일 초청 연주로 방학 동안 독일에 머물게 되었는데 그때 독일 문화에 매료되었다. 조부모가 아일랜드계이지만 독일 문화에 정말로 푹 빠졌단다. 그래서 고등학교 졸업반 때 대학 입시 준비를 하지 않고 부모에게 대학 입학을 미루고 독일에 가서 1년 정도 실컷 놀고 오겠다고 말했다. 존슨 부모는 아들의 뜻을 꺾지 않고 흔쾌히 승낙해주었다. 물론 미국 부모답게 독일에서의 체류 비용은 존슨 스스로 벌도록 했다.

존슨은 독일에서 거의 1년 동안 아무런 제약 없이 자유로운 방랑생활을 했다. 그러고는 귀국 후 대학 입시를 준비했다. 그런데 1년 동안 너무 논 탓에 부모와 형이 졸업한 중서부 명문대학인 미시간대학 입학시험에서 떨어졌다. 결국 수준 차이가 많이 나는 북부 미시간의 작은 대학에 입학했는데, 존슨의 부모는 아들을 비난하거나 제때 대학에 들어가지 않고 독일에서 놀다 온 지난날의 엉뚱한 선택을 거론하지 않았다.

존슨이 독일에서 귀국한 후 만난 적이 있었다. 오랜만에 만난 존슨은 독일에 가서 얼마나 맥주를 많이 마셨는지 완전 뚱보로 변해 있었다. 실제로도 존슨은 독일에서 이리저리 떠돌며 맥주 집 아르바이트로 독일 체류 비용을 벌었는데 새로운 곳에 취업할 때마다 맥주를 너무 많이 마셔서 뚱뚱해진 것 같다며 해맑게 웃었다.

현재 존슨은 대학 졸업 후 독일과 알루미늄 무역을 해서 엄청난 돈을 벌고 있다. 독일에 가서 실컷 노는 동안 자동차의 주요 부품인 알루미늄 무역의 사업성을 파악했단다. 굳이 회사를 번듯하게 차리지 않고서도 집에서 컴퓨터로 사업을 할 수 있어 이윤율도 높다고 했다. 존슨은 무역 사업을 매우 독창적으로 벌여 고등학교 동창들 중 가장 먼저 백만장자가 되어 성공한 20대 부자 그룹에 들어갔다.

존슨은 돈만 잘 버는 것이 아니라 원하면 언제든 사업을 접고 훌쩍 여행을 떠날 정도로 자유롭게 산다. 싫은 일을 억지로 하느라고 스트레스를 받거나 짜증을 내는 일도 없다. 존슨의 엄마 조는 고등학교 교사이고 아버지는 펀드 매니저였다.

어느 날 존슨의 엄마에게 내가 존슨이 엉뚱한 결정을 내린 것이 화나지 않느냐고 물으니 밝게 말했다.

"내가 왜 화를 내야 하죠? 나는 아이들은 하고 싶은 일을 하도록 놔둬야 최고의 능력을 끄집어낸다고 믿어요."

나는 조의 말을 듣고 나라면 어땠을까 생각하며 크게 반성했다.

큰아들의 고등학교 베스트 프렌드 중 제이슨은 MIT 공대를 대학원 과정까지 5년 만에 모두 마쳤다. 성적도 좋아 대학 재학 중에 세계적인 기업들의 러브콜을 수없이 많이 받았다.

당시 대학생들이 가장 선호하는 직장인 마이크로소프트사에서 거금의 몸값을 제시하기도 했다. 그러나 제이슨은 아침 9시부터 저녁 6시까지 근무하는 생활이 싫다며 배짱 좋게 단호히 거절했다.

당시 MIT 기숙사에서는 훗날 마이크로소프트사의 가장 강력한 적수가 될 구글이 초라한 벤처회사로 걸음마를 떼고 있었다. 제이슨은 성공 확신이 거의 없는 작은 벤처 회사였지만 근무 시간을 직원 마음대로 정할 수 있고 약속된 프로젝트만 수행하면 된다는 회사 정책에 끌려 이 회사에 입사했다. 제이슨의 어머니 데버러는 나에게 아들이 취업한 소식을 전하며 아들의 선택은 다소 엉뚱하지만 아들이 행복해하니 자신도 행복하다고 말하며 웃었다.

나는 통 큰 데버러의 모습에 상당히 큰 충격을 받았다. 그녀는 존슨의 엄마 조처럼 유태인이 아니다. 조는 오랫동안 교사 생활을 했지만 데버러는 사회생활 경력도 없는 소위 경력 단절 여성이었다. 그런데도 아들의 엉뚱한 선택을 흔쾌히 받아들인 것이다. 나는 미국에 가기 전까지만 해도 내가 굉장히 많이 자식들의 엉뚱한 발상을 너그럽게 받아주는 쿨한 엄마인 줄 알았다. 하지만 조와 데버러 같은 엄마들을 보며 내가 자식들의 엉뚱한 생각에 베푸는 관용이 얼마나 인색한 것이었는지 새삼 깨달았다. 하여간 제이슨은 회사가 커지자 예전 분위기와 달라졌다며 보유 주식을 거금에 팔고 회사를 나왔다. 지금은 작은 IT 회사 운영진으로 재취업하고 애리조나에 차밭을 사서 우롱차와 녹차 등을 생산하는 농장주가 되었다. 아들과 나는 제이슨이 머지않아 어떤 기발한 생각으로 미국 녹차 시장에 혁명을 일으킬지 기대하고 있다.

내가 미국에 가서 얻은 귀중한 자산은 조와 데버러 같은 쿨한 엄마들을 많이 알게 된 것이다. 나는 그녀들을 통해 자식들의 엉뚱한 발상에 화부터 내지 않고 포용하고 너그럽게 받아주는 엄마의 입이 얼마나 중요한지를 배웠다. 한편으로는 좀 더 일찍 자식들이 엉뚱하게 생각하는 습관을 만들어주지 못해 두 아들이 미국 아이들처럼 정말 얼토당토않은 엉뚱한 생각을 못하는 것이 안타깝다는 후회도 되었다. 만약 다시 육아를 시작하는 시기로 되돌아갈 수 있다면 적어도 조나 데버러처럼 자식들의 엉뚱한 생각을 아기 때부터 적극적으로 밀어줄 수 있을 것 같다.

이제 나는 그때로 되돌아갈 수 없지만 아직 어린 자녀를 둔 엄마들이 이러한 사실을 꼭 염두에 두었으면 좋겠다. 그 아이들이 사회로 나갈 때는 지금보다 훨씬 더 창의적인 사람을 필요로 할 테니 말이다.

06

말대꾸하는 아이가
도전 정신이 강하다

"저는 저렇게 지독하게 따지는 학생은 처음 봅니다."

흥분한 담임교사가 나에게 가쁜 숨결을 억제하며 말했다.

"죄송합니다. 제 아들이 워낙 개성이 강해서…… 이해해주세요."

작은아들이 중1 때의 일이다. 작은아들은 자주 선생님에게 따지곤 했다. 그때마다 나는 교무실을 드나들어야 했다. 그날은 사회 담당 교사의 호출이었다. 작은아들이 선생님이 카르타고와 스파르타의 역사를 바꿔서 설명했다며 교무실까지 쫓아와 무섭게 따졌다고 한다. 세계사 교사가 부족해서 지리 전공자가 역사를 강의한 모양이었다. 교사는 자신이 틀렸음을 인정하지 않고 학생이 따진다는 것에만 불쾌해했다. 아들의 편을 들고 싶었지만 나까지 아들 입장에 가세했다가는 학교에서 완전히 찍힐 것 같아 사과하고 아들을 집으로 데리고 왔다.

집에 돌아온 아들은 선생님이 틀리게 가르쳐놓고 자기가 맞다고 우기는 것은 문제라며 씩씩댔다. 나는 말했다.

"선생님은 학생이 따지는 것을 무례하게 생각하실 거야. 네가 정중하지 않고 공격적인 방법으로 말해서 그런 거야."

그러자 아들은 그러면 학생들이 틀리게 배우는 것을 누가 바로잡느냐고 대꾸했다. 나는 따지는 것은 괜찮지만 어른에게는 항상 정중하게 말해야 하는 거라고 타일렀다.

하지만 아들은 여전히 석연치 않아 했다.

"제가 너무 공격적으로 말한 것은 잘못했지만 선생님이 틀린 것을 맞다고 믿는 것 같아 그랬다."

우리나라는 학교뿐만 아니라 학부모들까지 자식이 누군가에게 따지면 주위에 적이 많이 생길 것부터 두려워한다. 자식이 옳은 말을 해도 "네까짓 게 뭘 안다고 그런 말을 해?" "어린 것이 웬 말이 그렇게 많아?" 등의 말로 협박해서 입을 봉쇄해야 안전하다고 믿는 부모가 많다. 그러나 그런 태도가 고착되면 천문학적 사교육비를 투자해도 도전 정신을 잃어 부모의 기대치를 충족시키는 인재로 성장하기 어렵다.

따지기 좋아하는 성향의 아이들은 사물을 예리하게 본다. 따질 수 있을 만큼 남들보다 더 많이 알려고 노력한다. 따진 후의 결과에 겁내지 않을 만한 배짱도 있다. 그래서 남들이 가지 않는 길을 선택하는 데 주저함이 없다. 이런 아이들은 항상 새로운 것에 도전할 자세를 가지고 있기 때문에 남다른 경쟁력을 가질 수 있다.

현재 우리 사회는 어느 때보다 도전 정신을 강조하고 있다. 의사 직을 버리고 벤처 회사 사장이 된 안철수 씨는 다시 정치가의 길로 새로운 모험을 시작했다. 저술가로 변신한 박경철 씨 역시 이미 스타 반열에 올랐다.

지방대 출신의 음악 지휘자 서희태 씨는 「베토벤 바이러스」라는 대중 드라마의 주인공 모델이 될 만큼 동종 업계의 비난을 두려워하지 않고 클래식의 대중화에 앞장섰다.

최초의 여자 복싱 챔피언 김주희 씨는 여자와 복싱이라는 어울리지 않는 일을 선택해 숱한 비난과 손가락질을 감수해야 했지만 보란 듯이 좋은 결과를 내며 대중적인 스타가 되었다. 지금은 그들처럼 남이 하지 않는 일로 승부를 걸어본 사람들이 스포트라이트를 받는 시대다. 남이 가지 않는 길을 선택할 용기가 없다면 세상을 리드하는 자리에 설 수 없기 때문이다.

남들의 비난을 감수하며 자기가 좋아하는 일을 선택하는 도전 정신은 공부를 잘한다고 해서 얻어지는 것이 아니다. 부모의 입이 아이의 도전 정신을 키운다. 부모가 따지는 자식의 입을 차단하고 자기 말만 하려고 들지 않으면 자식의 도전 정신이 자라게 된다. 잘 따지는 사람은 따지면서 사람들을 승복시키기도 하고 도리어 깨지기도 한다. 이러한 과정에서 도전 정신이 성장하는 것이다.

불과 10여 년 전만 해도 우리 사회는 부모나 교사에게 무조건 순종하는 사람을 모범생으로 꼽았다. 일단 모범생으로 인정받으면 사회생활에서도 쉽게 성공할 수 있었다.

그러나 지금은 시대가 완전히 달라졌다. 모범생보다 도전적인 괴짜를 선호한다. 글로벌 시대가 되면서 경쟁 패러다임이 그런 변화를 유도했다. 글로벌 시대의 경쟁 패러다임은 차별화된 대체 불가능한 재능 등을 요구한다. 톡톡 튀는 아이디어, 시련에도 굴하지 않는 도전 정신, 남다른 창의성이 수동적으로 쌓은 높은 스펙을 대신하고 있다. 이미 잘나가는 기업일수록 스펙, 순종적 성격, 모범생 기질 대신 모험심, 도전 정신, 튀는 기질을 인재 발굴의 기준으로 대체했다. 그런 인재라면 인종, 국가, 학력 등도 따지지 않고 채용하는 추세다. 부모가 이러한 사회 변화를 받아들이고 자식을 사회가 원하는 인재로 키우려면 자식의 따지는 태도를 입으로 가로막지 말아야 한다.

고대 그리스 시대에는 귀족이라면 반드시 말하기 교육을 받아야 했다. 그것이 로마를 거쳐 유럽으로 전파되었다. 그 영향인지 서양인들은 부당한 것을 보고도 따지지 않으면 지성인으로 간주하지 않는다. 서양의 시민혁명, 왕정 또는 제국으로부터의 독립, 시민사회와 민주주의 발전에 따지기 좋아하는 지성인들이 얼마나 많은 기여를 했는지는 익히 알고 있을 것이다. 지금 우리나라 케이블 방송의 인기 프로그램으로 자리 잡은 미국 드라마 CSI 시리즈만 보아도 등장인물들 대부분이 상사의 명령에 절대 복종하는 듯 보여도 부당한 의견은 서슴없이 비판하는 모습을 어렵지 않게 발견할 수 있다.

자식에게 따지는 권리를 인정하는 서양인들은 타인의 발명품도 무조건 숭배하지 않는다. 보완점이 필요하지는 않은지 날카롭게 비판하고 따진다. 느린 우편배달을 따지던 마음이 페덱스나 UPS 같은 익일 배달 시스템을 만들었고 통신기기의 불편함을 따지던 사람들이 인터넷, 소셜네트워크, 스마트폰 같은 세상을 바꿀 만한 도구들을 발명했다. 우리나라에서는 왜 세상을 바꿀 만한 획기적인 발명품이 나오지 않는지 안타까워하는 사람도 많을 것이다.

하지만 어릴 때부터 무언가를 따지면 쉽게 용서받지 못하는 풍토에서 자란 사람들에게 그러한 발명품을 기대하는 것은 무리한 일로 느껴진다. 세상이 원하는 인재로 키우기 위해서 엄마는 아이에게 무언가를 과감히 따질 수 있는 도전 정신을 길러주어야 한다.

큰아들의 경우 대학 재학 중에 종종 학기말 프로젝트 발표회에 참가했다. 패널들은 본교 교수 5~6명, 타교의 건축 분야 유명 교수 5~6명, 건축회사 CEO, 스타 건축가 5~10명 등이었다. 여기에 모인 사람들은 한 학생의 10분짜리 프레젠테이션에 대해 20~30분씩 매우 날카롭게 비판했다. 학기 내내 밤샘 작업으로 만든 설계 모형을 보고 가슴에 비수가 될 만한 아픈 말들을 쏟아냈다.

"100년 만의 홍수까지 고려해서 설계할 줄 모르는 너는 건축가 자격이 없다."

하지만 비판을 받는 학생들 중 패널들의 의견을 겸허히 수용하는 것만이 아니라 수용할 것은 수용하고 한편으로는 패널들의 의견에서 허점을 찾아내 더 무섭게 따지는 학생이 더 높은 점수를 받았다. 큰아들은 이미 어릴 때부터 충분히 따지며 자라서인지 패널들이 하는 아픈 말을 잘 새겨들으면서도 따질 일이 있으면 미국 아이들보다 더 당당하고 날카롭게 따졌다. 지금 생각해보면 큰아들이 이 학교를 수석 졸업한 비결도 이처럼 받아들일 것은 받아들이고 따질 것은 당당하게 따질 수 있는 배짱 때문이 아니었나 싶다.

나는 평소에도 사람들이 내게 자식 잘 기르는 법에 대해 물어오면 무엇보다 자식이 부모에게 따질 권리를 충분히 주라고 권한다. 따질 수 있는 용기가 도전 정신을 키워주기 때문이다. 이러한 도전 정신을 키우면 미래에 자기가 무엇을 하고 싶은지 무엇을 위해 살아야 하는지 모르겠다는 말은 절대 하지 않게 될 것이다. 또 남이 하지 않는 일을 찾아 새 길을 찾는 배짱이 생겨 어려운 상황에서도 자기 길을 잘 찾아낼 수도 있다.

나는 자식들에게 무례하지 않게 옳고 그름을 따질 수 있는 자유를 주는 부모가 자식을 위해 천문학적 사교육비를 지불하는 부모보다 훨씬 더 잘 키울 수 있을 것이라고 확신한다.

07

부모 말에 딴죽 걸면서 사회성을 배운다

나는 성격이 여성스럽지 못하다. 그래서 두 아들은 나의 이런 성격을 자주 비판한다.

나는 두 아들이 사소한 일로 툴툴거리면 이렇게 밀한다.

"사내자식이 그런 것도 못 참아? 별것 아닌데 야단법석이야."

그래서 두 아들은 가끔 우리 집에는 엄마가 없고 아빠만 둘 있는 것 같다고 불평한다. 이런 말을 들을 때 기분이 상하기도 한다. 그러나 나의 타고난 중성적 성격을 비판하는 두 아들의 생각을 반박하지 않으려고 애쓴다. 그래서 가급적 자식의 비난에 엄마가 좀 남자 같기는 하다며 농담으로 대응한다. 그런 대응 방식은 물론 친정 부모님에게 배웠다.

나의 형제들은 자라면서 부모를 대놓고 비판할 자유를 누렸다. 그렇지만 부모에게 함부로 대드는 버릇없는 애들이라는 비난은 듣지 않았다. 우리 친정아버지는 고집이 세고 자기주장이 강한 분이셨다. 다른 집 아버지처럼 돈벌이를 잘하는 분은 아니셨지만 자식들과의 말싸움은 확실히 잘하셨다. 가끔은 자식들의 비위를 일부러 뒤집기도 하셨다. 약이 오른 자식들이 마음껏 비판하라는 뜻에서였다.

"시집은 가서 뭐 하냐? 너희처럼 자립적인 여자애들은 혼자 살면서 남자 친구 사귀며 자유롭게 사는 것이 낫지."

결혼 적령기 딸들에게 파격적인 말로 심기를 건드리기도 하셨다. 지금이라면 환영할 만한 내용이지만 당시만 해도 친아버지가 결혼 적령기 딸에게 그렇게 말하는 것은 대단히 파격적이었다. 당사자인 딸들마저 세상에 그런 아버지가 어디 있느냐며 발끈할 정도였으니 말이다.

나중에 생각해보니 아버지의 고도 전략 같았다. 좀 똑똑하기는 하나 아주 똑똑하지는 않은 두 딸들이 잘난 척하며 시집도 안 가고 독신으로 살겠다고 고집을 피울까 봐 전략적으로 약을 올려 서둘러 결혼하게 만드신 것 같다. 하여간 나와 내 여동생은 아버지와의 말싸움으로 당시로서는 적령기를 약간 넘긴 20대 후반에 뚝딱 결혼했다. 친정아버지는 자식들과의 말싸움에서 웬만해서는 지지 않으셨다. 우리 형제들은 아는 것이 많은 아버지와의 말싸움에서 이기려고 수많은 반박 자료와 논리를 준비해야 했다. 준비를 위해 다양한 책을 읽고 신문도 밑줄을 그으며 읽었다. 그런 과정에서 논리적이고 방어적인 화법을 익힌 것 같다. 남동생 둘은 변호사, 여동생은 대학교수, 나는 대화 전문가가 되어 말로 먹고사는 것을 보면 말이다. 우리 친정아버지는 자식들이 다 자란 후 사람이 비판적 사고를 갖지 못하면 논리적 표현을 못하게 된다고 강조하시곤 했다. 당시 나는 그 말씀을 흘려들었다. 직장 생활에서 깨지고 부서져본 다음에야 친정아버지가 자식들의 비판 능력 향상을 위해 일부러 말싸움을 걸었음을 깨달았다. 늘 그렇듯이 사람은 항상 너무 늦게 깨닫는다. 어릴 때는 핏대 높여 아버지와 다투는 것이 싫고 그렇게 만드는 아버지가 참 많이 미웠다. 그것이 자식들의 비판력과 표현력 향상을 위한 자양분이 되었다는 것을 아버지가 돌아가시고도 한참 후에야 깨달았으니 말이다.

나는 하늘 아래 새로운 것은 없다는 사실을 자주 실감한다. 주변 사람들이 나에게 부모 노릇을 잘했다고 칭찬할 때마다 우리 부모님의 부모님이 또 그 부모님이 가르쳐주신 것을 대를 이어 전수받아 약간 응용했을 뿐 내가 창조한 것은 없다는 사실을 느끼곤 했으니 말이다.

나는 친정아버지가 허락해주신 비판의 자유를 누리면서 대화의 거의 모든 기술을 배웠던 것 같다. 미국에서 커뮤니케이션 공부를 하면서 그 사실을 실감하고 또 실감했다. 나 스스로를 엄격하게 통제하고 현상을 타인과 다른 각도로 보는 비판적인 눈도 아버지와의 말싸움에서 배웠다. 그래서 나는 자식에게 많은 돈을 물려주는 부모보다 좋은 습관, 태도, 가치관을 만들 기회를 만들어주는 부모가 더 좋은 부모임을 알게 되었다. 그러한 깨달음으로 나 역시 두 아들에게 부모를 마음껏 비판할 자유를 주어 남다른 표현력을 길러줄 수 있었다.

물론 부모가 자식의 비판에 너그러워지기는 쉽지 않다. 자식은 부모에게 무조건 순종해야 한다는 기대치가 있기 때문이다. 나 역시 그러지 않으려고 노력은 했지만 자식의 건전한 비판에 발끈한 적이 많았다.

큰아들이 대학에 재학 중일 때의 일이다. 방학 중 귀국한 큰아들이 내가 막 창업한 회사의 사무실 이전을 도왔다. 건축과 학생답게 가구와 기물들을 아주 효율적으로 잘 배치해주어 내심 흐뭇했다. 그런데 일과를 미치고 집에 돌아온 아들이 엄마처럼 지시를 내리면 직원들이 싫어한다며 직설적으로 비판했다. 나는 순간 일개 대학생인 아들이 내가 회사를 운영하는 방식에 대해 왈가왈부하는 것 같아 와락 기분이 상했다. 그래서 나도 모르게 날카로운 목소리로 되물었다.

"그래? 그럼 어떻게 지시를 해야 하는데?"

눈치 빠른 아들이 조심스러운 목소리로 화났는지 물었다. 그 말을 듣고서 민망해진 나는 얼버무렸다. 나는 조금 부드러운 목소리로 다시 이유를 말해보라고 물었다.

당시 나는 반 공직자에서 사업가로 변신한 지 얼마 되지 않아 경영에 몹시 서툴렀다. 하지만 그 사실을 인정하지 못했다. 그래서 큰아들의 지적에 화를 냈던 것 같다. 그러나 아들의 "화나셨어요?"라는 말을 듣자 화를 낸 이유가 모호하다는 것을 깨달았다. 큰아들은 내가 비판을 듣겠다는 자세를 보이자 말했다.

"엄마의 지시는 너무 일관성이 없어요. 한번 지시한 일은 담당자가 그 일을 끝냈는지 확인해보고 다른 일을 시켜야 하는데 조금 전에 시킨 일을 끝내기도 전에 정반대되는 일을 다시 시키세요. 저라도 보스가 그런 식으로 지시하면 화날 거예요."

나는 일단 "내가 언제? 나는 그런 적 없어"라고 발뺌했다. 실제로 내 기억으로는 그런 적이 없었다. 아들이 다시 말했다.

"불쑥불쑥 지시를 내리면 지시를 하고도 언제 그런 말을 했는지 기억이 안 날 수 있어요. 지시한 것을 즉시 누구나 다 볼 수 있는 보드에다 바로 기록해놓고 다음 지시할 때 기록된 것을 한번 확인해보고 지시를 내리시면 그런 일이 안 생겨요."

아들은 아예 해결책까지 일러주었다. 그제야 내 마음이 조금 누그러졌다. 큰아들에게 어떻게 그런 것을 아는지 묻자 답했다.

"제가 건축학을 공부하잖아요. 우리 건축학 수업에서는 지시도 건축하듯이 내리는 방법을 배워요. 수많은 일꾼들과 손발을 맞추어 일해야 하니까요."

그때 나는 만약 내가 자식들에게 부모를 비판할 자유를 주지 않았다면 얻을 수 없는 큰 것을 얻었다는 생각이 들었다.

누구나 비판을 받으면 일단 거부감부터 생긴다. 인간의 뇌에는 듣기 싫은 말을 뇌에 입력시키지 못하게 방해하는 단백질인 아미그달라가 들어 있다. 그것은 듣기 거북한 말이 주는 스트레스를 차단해서 뇌손상을 최소화하는 역할을 한다. 인간이 수렵과 농경사회에서 살 때는 복잡한 소통이 필요하지 않았다. 아미그달라가 좋은 기능을 했을 것이다. 그러나 사회가 복잡해지고 다양한 사람들과의 협업이 중요시되면서 이 물질은 관계를 방해하는 일을 하기도 한다.

자식은 가장 만만한 상대여서 비판하는 순간 여과 없이 화부터 내기 쉽다. 그러나 표현의 시대에 자식의 소통 능력을 길러주려면 자식이 부모를 비판할 수 있어야 한다.

자식은 부모가 솔직한 의견에 화를 내면 진정한 소통을 거부하게 된다. 부모 앞에서 솔직히 말하지 못하는 사람은 남들 앞에서 자기 의견을 바르게 말하기 어렵다. 부모를 무례하지 않게 비판하는 능력을 만들어주면 자식은 언제 어디서나 상대방의 기분을 크게 상하게 하지 않고도 분명한 자기표현을 할 수 있는 능력을 키울 수 있다.

자식을 행복하고 성공한 사람으로 키우고 싶다면 정중하지만 날카로운 언어로 부모를 마음 놓고 비판할 수 있는 자유를 주자.

08

아이에게 질문하면
속마음이 보인다

딸 둘에 아들 하나를 둔 직장 후배는 막내아들 문제로 나에게 자주 고민을 털어놓았다.

"우리 애는 아무 생각 없이 사는 것 같아요. 원하는 것도 없고 잘하는 것도 없어요. 학교 성적이 바닥인데도 욕심내며 따라잡을 흉내조차 안 내요. 저도 애들 아빠도 공부 욕심은 정말 많았는데, 도대체 누굴 닮아서 그러는지 모르겠어요."

후배와 그녀의 배우자는 내로라하는 명문대 출신이다. 그래서 아이가 공부를 못하는 이유는 단지 게을러서 또는 불성실해서라고 믿으며 살았다. 새로운 사람을 소개하면 으레 그 사람은 어느 학교 나왔는지 물어 자기가 인정하는 출신 학교가 아니면 소개받는 일조차 소극적일 정도였다. 그런데 정작 하나밖에 없는 아들이 공부에 흥미를 보이지 않자 몹시 초조해진 모양이었다. 내가 자식이 뭘 하고 싶은지 알아내서 특기를 길러주라며 해결책을 일러주었다. 그랬더니 그렇지 않아도 답답해서 골프를 배우든지 춤을 배우든지 뭐 하고 싶은 것 있으면 밀어줄 테니 말해보라고 해도 하고 싶은 게 없다는 것이다.

후배는 육아에 전념하기 위해 어렵게 입사한 직장까지 조기 퇴직했다. 그녀가 퇴직한 후에도 나는 가끔 그녀의 집에 초대받았는데, 그녀의 집을 방문할 때마다 그녀가 얼마나 자식 스케줄 관리에 바쁜지 한눈에 보였다. 아들이 잠시 거실에 나와 TV를 켜면 학원 가야지 등 5분 간격으로 체크하며 이거 해라 저거 해라 지시해댔다.

엄마가 똑똑하고 카리스마도 강해서인지 아이는 엄마에게 저항할 기미조차 보이지 않았다. 엄마가 리모트 컨트롤을 켜면 자동으로 움직이는 인형처럼 엄마의 말을 너무나 잘 들었다. 나는 감탄해서 아들이 정말로 엄마 말을 잘 듣는다고 말했다. 하지만 마음 한편으로는 '저렇게 키워도 될까?' 걱정이 들었다.

아니나 다를까 그 아이는 고등학생이 되자 매사를 뒤로 미루고 절대 즉각 실행하려 들지 않는 게으른 학생이 되었다. 하고 싶은 일마저 전혀 없는 무기력한 청년이 되어버린 것이다.

나는 이 후배처럼 자식을 철저히 관리해서 학교 성적을 상위권으로 만든 엄마들을 꽤 많이 만나보았다. 공부만 잘하고 실행력은 없는 아이의 경우 사회 적응력이 떨어질 수밖에 없다. 실제로 그렇게 자란 사람을 직원으로 채용해본 경험이 있기 때문에 잘 안다.

자식이 부모의 말을 너무 잘 듣거나 안 듣는 것 모두 부모를 걱정시킨다. 그러나 둘 다 그 원인이 자식에게만 있는 것은 아니다. 그렇다면 이렇게 양극화가 이루어진 원인은 무엇일까?

부모의 생각만 일방적으로 밀어붙인 부모의 입이 원인이 되는 경우가 많다. 자식은 아직 어리고 미숙하다. 아직은 미래의 영광을 위해 지금의 고통을 참아야 하는 이유를 모를 나이다. 게다가 세상은 재미를 충족시킬 수 있는 일들이 너무 많이 널려 있다. 그런 상황에서 부모가 자식을 바른 길로 인도하기란 쉬운 일이 아니다. 그러나 부모이기에 그 일을 잘 해내야 한다.

사람은 잘해보고 싶다가도 누군가가 강요하는 느낌이 들면 곧장 그만두고 싶어진다. 부모가 자식의 그런 심리를 헤아리고 자식이 마음으로부터 부모의 말을 받아들이도록 설득하려고 노력해아 취업 경쟁 시대에 모셔 가는 인재로 키울 수 있다.

예전에 비해 나는 정말로 민주적이라고 자부하는 부모들이 많아졌다. 그런데 스스로를 민주적이라 자부하는 부모 중에는 자식을 마냥 풀어놓아 타인에게 무례하게 구는 부작용을 초래하는 경우가 많다. 이는 바람직한 부모의 모습이 아니다. 반대로 부모가 일방적으로 자식의 태도를 결정하고 모든 것을 학원 교육에 의존해 자녀의 스케줄을 마치 연예인처럼 빽빽하게 채우는 것은 더 큰 문제다.

예전 부모들은 대부분 자식보다 학력 수준이 낮았다. 외국어 실력이나 광범위한 사회 경험도 어린 자식보다 부족한 편이었다. 자녀의 학업 문제를 간섭할 수 있는 능력을 갖춘 부모가 드물어 공부는 자식이 알아서 하도록 하고 가끔 일침을 가하는 방식으로 자식을 양육했다. 자연히 부모의 가정 교육은 학업보다 정신력 교육에 치중되었다. 하지만 지금의 부모 중에는 고학력자가 많다. 해외 경험과 풍부한 사회 경력이 넘치는 부모도 많아졌다. 이런 부모의 눈에 어린 자식의 학습 방법이 미숙해 보여 일일이 챙겨야 마음이 놓이는 부모도 적지 않다.

그래서 요즘 부모 중에는 자식의 대학 전공마저 부모가 결정하고 자식은 무조건 따르도록 하는 독선적인 태도를 보이는 경우도 많다. 자식은 자신이 결정하지 않은 전공 공부에 열의를 갖기 어렵다. 가급적 과제나 공부를 미루고 대충 시간을 때우는 방식으로 학창 시절을 허송세월하기 쉽다. 그런 태도가 굳어지면 스펙에 관계없이 취업난을 고스란히 겪어야 한다.

부모라면 자식을 마냥 자유롭게 방치해서는 안 된다. 일생에 걸쳐 필요한 기본 스킬과 학문 습득은 해당 시기에 맞춰 철저히 배워야 사람답게 살 수 있다. 그래서 많은 부모들이 생활의 기본 스킬까지 모두 학원에서 배우도록 하는 경우가 많다. 하지만 정도가 지나친 것이 문제다. 많은 엄마가 아이에게 선행 학습을 시키는 것을 보고 자기 자식만 방치할 수 없다며 학과 선행 학습을 위한 학원까지 보낸다. 자식들은 어린 나이부터 일찌감치 학원 인생이 된다. 부모는 자녀가 힘들어하는 것에는 관심을 기울이지 않고 단지 좋은 성적을 얻어오는 것에만 만족한다.

그러나 사회생활을 해볼수록 성공은 성적순이 아님을 금세 알 수 있다. 그래서 사회생활 경험이 많은 아빠들이 아이가 학원 수강을 많이 하는 것에 대해 상당히 못마땅해하지만 엄마들은 그런 아빠를 세상 물정 모른다며 크게 나무란다. 결국 아이들은 발언권이 센 엄마의 뜻대로 학원을 전전하게 된다.

좋은 성적이 사회 첫발을 내딛을 때 약간의 프리미엄으로 작용하는 것은 사실이다. 그러나 조금만 공동 작업을 해보면 학업 성적보다 자신감, 호기심, 도전 정신, 판단력, 타인의 마음을 읽는 센스 그리고 실행력이 훨씬 일의 효율성을 높인다는 것을 알게 된다. 학교 성적보다 이러한 정신력들이 성공의 추를 움직이는 열쇠가 되는 것이다. 성공에 반드시 필요한 여러 가지 성신력은 집체 교육으로 진행되는 공교육으로는 제대로 습득되지 않는다. 부모가 자식의 개성에 맞추어 일대일로 교육해야 제대로 습득할 수 있다.

사람은 나이가 어려도 어떤 일을 자발적으로 실행하고자 하는 본능이 있다. 유치원에 다니는 아이들도 엄마가 자기 옷의 단추를 대신 끼워주거나 신발을 신겨주려고 하면 "내가 할래요"라며 직접 하려고 든다. "시간 없어. 엄마가 해줄게."라며 엄마가 대신 해주면 아이의 실행 의지는 위축된다. 그래서 점차 신발을 신거나 옷의 단추를 끼우는 일 등을 엄마에게 미룬다. 그뿐만이 아니다. 실행 의지가 위축된 아이는 다른 일도 차츰 미루는 습관이 생긴다. 우리가 흔히 다이어트를 결심해놓고 맛있는 음식을 보면 오늘까지만 먹고 내일부터 시작하겠다고 미룬다. 또 영어 공부의 필요성을 절실히 느끼지만 지금은 친구들하고 놀기로 약속되어 있으니 며칠 후에 시작하면 된다는 식으로 미루는 습성이 있다. 이것은 부모가 자식의 의견을 무시하고 부모가 원하는 일을 무조건 일방적으로 시켜서 생기는 경우가 대부분이다.

자식이 마음으로부터 부모의 지시를 따르게 하려면 질문부터 해야 한다. 질문은 숨겨진 속마음을 파악하게 해준다. 질문을 받으면 우리 뇌는 답을 찾는 활동을 하게 된다.

만약 당신의 자녀가 배우가 되고 싶어하는데 당신은 먼저 공부를 제대로 마쳐야 한다고 생각한다고 치자. 기초적인 공부조차 등한시하면서 무슨 말도 안 되는 소리를 하느냐고 아이를 나무라기 전에 "지금 우리나라 배우들은 한류로 해외에 많이 나가지?"라는 질문을 던져보자. 아이는 보나마나 그렇다고 대답할 것이다. "얼굴 예쁘고 연기도 잘하는 ○○은 왜 해외 진출을 못할까?"라고 다시 질문한다. 대부분의 아이들은 "영어를 못하니까."라고 대답할 것이다. 다시 "그럼 배우가 되더라도 영어 공부는 어느 정도 해야 하지 않을까?"라고 재질문하면 아이의 뇌는 답을 찾기 위해 이리저리 머리를 굴리게 된다. 그 과정에서 영어 공부만 하겠다는 미진하지만 긍정적인 대답이 나올 가능성이 높다. 그럼 그때 "영어 공부라도 열심히 하면 되겠다는 답변을 유도해 아이가 영어 공부를 열심히 하게 만들면 점차 다른 공부에도 재미를 느끼게 할 수 있다.

만약 같은 상황에서 부모가 공부나 하라고 윽박지르면 아이는 학원에 자주 지각 또는 결석하고, 학원 숙제를 가급적 뒤로 미루고 엄마의 일방적 결정에 저항하게 된다. 그리고 점차 이런 태도가 습관화되어 스스로 실행력을 저하시킴으로써 사회 적응력을 낮추게 된다.

부모가 자식의 실행력을 높여주려면 이렇게 하라.

첫째, 자식이 진정으로 원하는 일을 찾도록 간단히 조언만 한다. 둘째, 자식이 좋아하는 일을 시작하면 간섭하지 말고 끝낼 때까지 지켜보는 인내심을 갖는다. 셋째, 자식이 내켜 하지 않는 일을 시키려면 질문으로 아이의 속마음을 파악하고 거기에 맞추어 설득하고 의논해서 아이 스스로 부모가 바라는 일을 선택하도록 한다.

아이들은 일단 자기 입으로 한 말은 책임을 느껴 스스로 실행력을 높여나가게 된다. '질문 설득법'이 효과적인 이유는 사람은 나이에 상관없이 자기 입으로 내뱉은 말에는 책임을 지려는 본능이 있기 때문이다.

09

부모의 리액션이
아이의 잠재력을 키운다

친정엄마는 옛날 엄마들이 그렇듯 칭찬에 매우 인색한 분이셨다. 나는 수학 등 이과 성적이 대부분 저조했다. 반면 국어 등 문과 성적이 높았다. 그중 특히 국어 성적이 탁월했다. 초등 5학년 때에는 내가 최고 점수 98점을 받은 국어 시험에서 2등은 60점대인 적이 몇 번 있었다. 그때 친정어머니는 그저 약간 입꼬리를 올리며 괜찮다고만 반응하셨다. 그런데 이과 시험을 못 보면 무섭게 야단을 치셨다. 그때마다 '혹시 우리 엄마는 계모가 아닐까?'라고 의심할 정도였다. 국어 시험을 아무리 잘 봐도 엄마가 시들한 반응을 보이니 국어 점수를 잘 받는 것이 아무 소용없는 일처럼 느껴졌다.

나는 지금도 어릴 적 내가 국어 시험을 잘 볼 때마다 "그래, 너는 정말로 국어 공부를 잘하는구나. 그런 네가 자랑스럽다." 등의 지지적 피드백을 해주셨다면 국문학계에 의미 있는 기여를 할 수도 있지 않았을까 하는 아쉬움이 남아 있다.

그러나 자식은 부모의 문화적·관습적 영향권에서 벗어날 수 없음을 뼈저리게 경험했다. 칭찬에 인색하고 잘한 일에 대해 웬만해서는 지지적 피드백을 해주지 않던 친정엄마의 태도가 내 안에 고스란히 살아 있음을 느끼기 때문이다.

자주 사용하지 않아 입에 배지 않은 말은 입 밖으로 잘 안 나온다. "사랑한다." "고맙다." "미안하다."와 같은 간단하고 쉬운 말도 입에 배지 않은 사람에게는 외국어만큼이나 입 밖에 내기가 힘들다. 나 역시 아들 친구의 충고에도 "내 자식이지만 참 기특하다."는 생각이 들 때에도 선뜻 지지적 피드백이 입 밖으로 나오지 않았다. 여러 번 시도는 해보았지만 번번이 실패했다. 고민 끝에 대학에서 숙제 문제로 친해진 커뮤니케이션학 담당 교수님께 상담을 신청했다.

"말이 잘 안 나오면 연습해!"

그분의 해법은 명쾌했다. 그러나 그런 것을 연습하기가 생각처럼 쉽지 않다는 것을 잘 알고 계신 교수님은 사람들 앞에서 연습하기 쑥스러울 테니 혼자 있는 장소, 이를테면 화장실 같은 곳에서 평소 하고 싶은데 잘 안 나오는 말을 입 밖으로 소리내보는 연습을 하면 된다고 구체적인 방법까지 알려주셨다. 외국어를 배울 때 자꾸만 입 밖으로 소리를 내보아야 잘하게 되듯 모국어도 평소 잘 안 쓰던 말은 입에 밸 때까지 소리 내어 연습해야 자연스럽게 입 밖으로 나온다는 것이 그분의 주장이었다.

많은 엄마들이 자식이 "자기 방 청소조차 안 해서 화가 난다." "공부도 제대로 안 하면서 집안일도 전혀 거들지 않는다."라며 푸념한다. 확인해보면 엄마의 부정적 피드백의 결과 때문인 경우가 많다. 청소 같은 것도 많이 안 해본 사람은 잘하기 어렵다. 어른들도 모처럼 큰 결심으로 청소하더라도 보이는 데만 살짝 청소하고 끝내기 쉽다. 하물며 어린아이들이야 오죽하겠는가? 그런데도 많은 엄마들이 자식이 청소를 하면 프로급의 결과를 기대한다. 청소한 행위보다 청소 결과를 평가해서 "애개, 이것도 청소라고 했어?"라고 말한다. 모처럼 청소를 해놓고 엄마의 지지를 기대하던 자식은 기대에 어긋난 반응에 상처를 입는다. 그리고 자신이 청소를 해도 엄마는 별로 안 좋아한다고 오해한다. 그 후로는 엄마가 아무리 심하게 야단을 쳐도 청소는 할 마음이 들지 않게 된다.

자식이 모처럼 보이는 데만 간신히 청소를 했어도 청소했다는 자체만 가지고 "네가 방 청소도 다 하고 정말 고마워. 네가 방을 치우니까 엄마 일이 많이 줄었어." 등의 지지적 피드백을 해주면 자식의 태도가 180도 달라질 것이다. 게다가 매번 엄마의 지지적 피드백을 받으면 엄마와 청소 문제로 다툴 일도 없어지게 된다.

언젠가 TV에서 「90cm의 축복」이라는 프로그램을 보았다. 이 프로그램은 32세의 미국인 남자 숀을 소개했다. 키 90센티미터에 몸무게 20킬로그램의 성인 남자였다. 그는 유전 희귀질환인 골형성부

전증, 즉 뼈가 쉽게 부러지고 골절되는 병을 앓고 있었다. 출산 과정에서 눌린 머리는 찰흙 반죽 덩어리를 구겨놓은 것처럼 일그러져 있었다. 그가 태어났을 때 담당 의사는 '24시간 안에 죽는 편이 낫다.'는 절망적인 진단을 내렸다고 한다. 그런 그가 32세의 심리치료 사이자 스타 강연가로 성장해 신체 건강한 사람들에게 희망을 주고 마음을 치료하고 있었다.

그동안 숀은 200번도 넘는 골절의 고통을 견뎌내야 했다. 그런 아들을 이처럼 훌륭하게 키운 것은 순전히 부모의 지지적 피드백 덕분이었다. 왜소한 아들을 유모차에 태워 학교로 강연장으로 데려다주는 아버지는 아들이 하고 싶어하는 운동을 할 수 있도록 미니어처 축구대와 야구장 등을 만들어주고 '너도 할 수 있다.'는 지지적 피드백을 퍼부었다. 어머니는 아침저녁으로 아들의 머리를 쓰다듬으며 "네가 할 수 있는 일이 정말로 많아. 네가 할 수 있는 일만 해도 너는 무척 바쁠 거야."라며 아들로 하여금 사람을 위로할 줄 아는 숨은 잠재력을 끄집어냈다.

숀은 부서지기 쉬운 왜소한 체격이 더 망가지지 않도록 하루에 팔굽혀펴기 100번, 윗몸일으키기 100번, 여기에 역기와 복싱까지 한다. 그는 자기가 살아온 이야기를 책으로 만들어 알리기도 했다. 그 후로 미국 47개 주, 세계 17개국에서 강연 요청을 받았다.

숀은 페이스북을 통해 우연히 알게 된 빼어난 미모의 여자 친구 민디와 연애 중이기도 하다. 민디는 숀이 정상인도 갖기 어려운 순수하고 강인한 정신을 가진 것이 좋다고 말했다.

손의 부모처럼 자녀에게 지지적 피드백을 보내 훌륭하게 성장시킨 사례는 얼마든지 찾을 수 있다.

"키와 농구 실력은 전혀 관계가 없다. 네가 농구를 열심히 연습하면 비록 키가 작아도 얼마든지 훌륭한 농수 선수가 될 수 있어."라는 지지적 피드백으로 아들을 최단신의 고교 농구 선수로 만들고 내면에 잠재된 리더십을 끄집어내고 성장시켜 세계적인 기업가가 되도록 이끈 미국 GE의 전 CEO 잭 웰치의 엄마다.

또 있다. "아들아, 학교 공부는 걱정하지 말거라. 네 머리가 너무 좋아서 학교가 너를 쫓아오지 못하는 거다."라는 지지적 피드백으로 천방지축 사고뭉치로 학교마저 중퇴한 아들을 세계적 발명가가 되게 한 토머스 에디슨의 엄마다.

못생긴 외모를 비관하는 사춘기 아들에게 "너는 세상에서 제일 꾀가 많은 아이야."라는 지지적 피드백으로 외모 콤플렉스를 극복하고 동양 최고의 외교관이 되게 한 강감찬의 엄마.

겨우 5살에 맹인이 된 아들이 여기저기 부딪혀 넘어질 때마다 "너는 앞이 안 보일 뿐이야. 너는 네 힘으로 일어서서 걸을 수 있는 강한 아이야"라는 지지적 피드백으로 잠재된 청각 능력을 개발해 맹인인 아들을 미국 그래미상 가수로 만든 레이 찰스의 엄마다.

이 엄마들은 열악한 상황에 처한 자식을 지지적 피드백을 통해 큰 인물로 만들었다. 이 밖에도 자녀의 잠재력을 발굴해 약점을 오히려 강점으로 바꾸어 자식을 세기의 인물로 만든 엄마들은 수없이 많다. 별 볼일 없어 보이는 자식도 엄마의 지지적 피드백으로 세기적 영웅이 된 사람들 이야기는 정말로 많다. 간단히 실천할 수 있는 지지적 피드백과 피해야 할 부정적 피드백을 간단히 비교해보자.

지지적 피드백은 "컴퓨터 게임 곧 끝낼 생각이지?"라고 표현하지만 부정적 피드백은 "하루 종일 게임만 하고 자알 한다."라고 말한다. 지지적 피드백은 "예술적 안목이 대단하네."라고 표현하지만 부정적 피드백은 "공부는 안 하고 쓸데없는 짓거리 또 할래?" 등을 들 수 있다.

주변을 보면 자식이 공부 잘하기를 바라는 부모마저 공부에 대한 지지적 피드백에 서툰 모습을 많이 본다. 어릴 때 부모가 만들어준 공부에 관한 공포감은 아이의 숨은 능력을 밖으로 꺼내지 못하게 하는 장해물이 된다. 따라서 공부에 대한 엄마의 부정적 피드백이 자식의 공부 잠재력마저 단단히 가두어버린다는 것을 기억해야 한다.

우리나라 부모만큼 자식의 일거수일투족을 눈에 불 켜고 살피는 부모도 드물다. 그런데 자식이 하는 일의 진행 과정이나 선택 동기 같은 것은 무시하고 오로지 결과에만 집착해 지지적 피드백보다 부정적 피드백에 기대는 경우가 많다. 엄마가 자식이 하는 일을 결과보다 과정 중심으로 보도록 노력하면 지지적 피드백으로 자식의 부족한 점까지 엄청난 잠재력을 계발해서 장점으로 만들 수 있다.

3장

유능한 엄마가 아이를 성공시킨다

엄마의 눈물겨운 희생으로 우리나라가 이만큼 잘살게 되었음을 부인할 사람은 없을 것이다. 그러나 어느 정도 잘살게 된 지금은 엄마의 지나친 희생이 오히려 자식의 미래를 가로막는 걸림돌로 변했다. 소득이 향상되면서 엄마의 희생이 자식의 스펙 높이기에 치중되어서이다. 엄마들의 경쟁적 희생으로 스펙 높은 사람들이 차고 넘치는 사회가 되면서 사회는 높은 스펙보다 인간성, 높은 창의력, 실생활 센스 등을 요구하기 시작했다.

인간성과 창의력은 자유로운 사고에서 나온다. 스펙은 인간성을 무시하고 엉뚱한 생각을 통세해야 높일 수 있다. 이 상반된 조건 때문에 엄마들의 희생이 자식에게 불리하게 작용하는 것이다. 미래에는 이런 엄마의 희생이 불필요한 낭비에 불과할 것이다. 이 장에서는 왜 자식의 스펙을 쌓기 위한 엄마의 희생이 도리어 자식의 앞날을 가로막는 짐이 되는지, 자식을 위한 값진 희생은 어떤 것인지에 대해 알아보자.

01
엄마가 먼저 꿈을
포기하지 않아야 한다

"그래 인마. 우리 엄마는 나보다 젊게 사셔. 나는 부대에 갇혀 있어서 스마트폰도 써보지 못했는데 우리 엄마는 벌써부터 스마트폰 쓰셔."

군대에 간 작은아들의 면회를 갔을 때 작은아들이 후임 병사들에게 이야기한 내용이다. 그 무렵 우리나라에 스마트폰 열풍이 불기 시작했다. 육군 일병이었던 작은아들은 군 복무 때문에 세상을 놀라게 한 첨단 테크놀로지 사용을 차단당한 것을 가장 속상해했다. 20대 남자들의 첨단 테크놀러지 사랑은 대체로 연애보다 열렬하다. 특히 우리 두 아들은 항상 그랬다. 그래서 나는 스마트폰이 나오자마자 곧바로 구입했다. 여기저기 강좌에 찾아가 사용법도 배웠다. 생각보다 좋은 무료 강좌가 많아 수월하게 배울 수 있었다. 그렇게 배워 주말이면 아들을 면회 가서 스마트폰의 기능을 설명하고 직접 작동해보도록 했다. 그때마다 아들은 그런 내가 몹시 자랑스러운 모양이었다.

생각해보면 엄마가 자식과 가장 좋은 관계를 유지하는 방법은 자랑스러운 엄마가 되는 것이 아닌가 싶다. 세기의 희극배우 찰리 채플린의 엄마는 보잘것없는 서커스 단원이었다. 당연히 살림살이와는 거리가 멀었다. 거리 공연으로 돈이 생기면 먹는 데 쓰고 돈을 벌지 못한 날은 굶는 식의 나날을 이어갔다. 걸핏하면 아들을 서커스 단원들에게 남겨두고 기약 없이 가출을 해서 애간장을 태우곤 했다. 단 한 가지 그녀가 아들에게 제대로 보여준 것은 남들이 자신의 공연을 알아주건 말건 열심히 하는 모습이었다.

찰리 채플린은 그런 엄마가 자랑스러웠다. 그래서 엄마를 조금이라노 행복하게 해주려고 웃기기 시작했다. 임마가 징말로 행복하게 웃을 수 있도록 더 재미나는 이야깃거리 찾기를 반복하다가 세기의 획을 긋는 희극배우가 되었다.

나는 모든 엄마가 프로 엄마가 될 수는 없다고 생각한다. 어떤 엄마에게는 요리와 청소가 세상에서 가장 재미있고 쉽다. 그러나 어떤 엄마에게는 가장 어려울 수 있다. 어떤 엄마에게는 책 읽기가 너무나 어렵지만 춤추고 노래하는 것은 누구에게도 뒤지지 않을 만큼 실력이 뛰어날 수도 있다. 또 어떤 엄마에게는 책을 읽고 공부하기 말고는 잘하는 것이 없을 수 있다. 내가 그랬다. 책 읽기와 세상사에 참견하기만이 유일하게 잘할 수 있는 일이었다. 그래서 내가 열심히 해도 빛이 안 나는 살림살이와 자녀의 학업 참견 등은 일찌감치 포기하고 아이들이 즐겨 읽는 책, 영화, 미술, 음악회 관람을 같이하거나 관련 서적 읽기에 에너지를 쏟았다. 나는 적어도 자식들이 우리 엄마 때문에 창피해 죽겠다는 생각이 들지 않는 것만을 목표로 삼았다. 아이들을 다 키워놓고 보니 그때의 내 결정이 그리 나쁘지는 않았던 것 같다.

자식의 완벽한 뒷바라지를 하느라고 그다지 자랑스럽지 못한 엄마가 되기보다 뒷바라지는 조금 못해도 자랑스러운 엄마가 되는 것이 본인 자신과 자식을 위해 더 나은 일임이 틀림없다. 이미 나는 여러 사례를 통해 그것을 목격하였다. 그중 가장 기억에 남는 사례를 소개하겠다.

그녀는 유일하게 내가 사적으로 가깝게 지낸 직장 상사의 부인이었다. 그녀는 집과 살림살이 자식와 뒷바라지에 있어서 최상급이었다. 그녀는 결혼 전 미술을 전공했는데 잠시 미술 학원 강사를 하기도 했다. 그러나 형편이 넉넉한 시댁은 결혼과 동시에 전업주부가 되라고 종용했다. 그녀는 시댁의 요구대로 전업주부가 되어 엄격한 시어머니 밑에서 무섭게 살림을 배웠다. 그리고 프로 주부가 되었다. 가끔 그녀가 남편에게 들려 보낸 음식은 모든 직원의 입이 떡 벌어질 만큼 멋스럽고 맛깔스러웠다.

게다가 그녀는 자식들도 잘 키웠다. 두 아들 모두 고등학생이 될 때까지 우등생 자리를 놓치지 않았다. 그런데 어찌 된 일인지 모두들 그의 아내를 칭찬했지만 정작 당사자는 아내를 그다지 존중하지 않는 것 같았다. 나는 우연찮게 부부간의 통화로 보이는 전화 내용을 듣게 되었다. 근데 매번 그 상사는 모독적인 막말을 내뱉고 있었다.

호기심 많은 나는 그들 부부의 삶이 궁금했다. 특히 그의 아내가 어떤 사람인지 궁금했다. 그러나 그 상사는 공식이나 비공식 모임 어디에도 아내와 동반하지 않았다. 나의 궁금증은 더해갔다. 그러던 중 회사 중요 행사에 기혼 사원은 배우자를 빠짐없이 초청하라는 특별 지시가 내려졌다. 그 상사가 행사 책임자였는데 책임자로서의 모범을 보여야 한다고 생각했는지 처음으로 회사에 아내를 등장시켰다. 모두가 그녀의 등장을 호기심 어린 눈빛으로 바라보았다. 그런데 부푼 기대는 이내 실망으로 변해버렸다. 미대를 니온 여지라고는 믿기지 않을 만큼 촌스런 옷차림과 평범하기 그지없는 외모, 구부정한 자세, 주눅 들어 보이는 어두운 표정이 훤하게 잘생긴 상사와 비교하여 너무나도 안 어울렸다. 그 상사는 아내가 창피했던지 심지어 나란히 앉지도 않았다.

그때 제법 고참이었던 내가 그녀의 옆자리를 꿰찼다. 그러고는 나도 모르게 그녀를 인터뷰했다. 그녀는 외관에서 풍기는 이미지와 달리 신중하고 기품이 있었다. 그 짧은 인연으로 나는 그녀와 친분을 쌓았다. 교대 근무로 평일 비번이 있었던 나는 비번 날이면 종종 그녀가 장을 보러 가는 시간에 맞추어 그녀를 분위기 좋은 카페로 데려가 세상 돌아가는 이야기를 들려주었다. 그녀는 우리가 만나는 것을 남편이 알면 싫어한다며 절대 비밀에 부쳐달라고 신신당부했다. 그녀는 시댁의 귀에 들어갈까 봐 결혼 후 동창생들도 만난 적이 없다고 했다. 나는 그녀의 처지를 충분히 이해하고 철저히 비밀을 지켰다. 그녀는 나와 만나는 시간이 쌓이자 나에 대한 경계심이 무너지고 마음이 열렸는지 하루는 찻집에서 눈물을 글썽이며 깊은 속내를 털어놓았다. 첫마디가 집을 나가고 싶다는 것이었다.

그녀의 이야기를 요약하면 이렇다.

그녀가 결혼하기 직전에 제법 큰 사업을 하던 친정아버지의 회사가 완전히 무너졌다. 그때 그녀는 남편과 캠퍼스 커플로 만나 열렬히 연애 중이었다. 밀어붙이기 선수인 남편이 아내의 집안 형편은 개의치 않고 결혼을 강행했다. 그녀는 시댁의 강한 반대를 무릅쓰고 남편의 호기에 힘입어 빈 몸으로 시집을 오게 되었다. 그녀는 남편과 비교하여 외모, 직업, 학벌, 집안 등에서 어느 한 가지도 내세울 것이 없었다. 시댁 식구들의 냉대는 처음부터 각오했던 일이었다. 그러나 시간이 흐르며 열렬히 연애해서 결혼한 남편까지 사사건건 그녀를 무시했다. 가뜩이나 기죽어 사는데 남편이 자주 언어 폭력까지 퍼부어 자존감이 무너졌다. 완전히 주눅이 들어 사람들을 만나는 것도 겁이 날 지경이 되었다. 그녀의 유일한 낙은 애들 뒷바라지였다. 하지만 애들마저 사춘기가 되자 엄마의 뒷바라지가 숨

막힌다며 매사에 짜증을 내기 일쑤였다. 그녀도 나처럼 아들만 둘이었다. 두 아들 모두 머리가 커지면서 아빠처럼 엄마를 무시하고 깔아뭉갰다. 그녀에게는 더 이상 부서질 자존심조차 남지 않은 것 같았다. 그녀는 이렇게 말했다.

"요즘에는 '내가 더 살 필요가 있을까?'라는 생각이 들곤 해요."

남편의 직장 부하인 나에게 그런 말을 털어놓을 정도로 그녀의 고통은 절박해 보였다. 그녀의 이야기를 들으면서 '요즘에도 이렇게 사는 사람이 있단 말이야?'라는 생각이 들면서 괜히 화가 치밀었다. 다혈질인 나는 목소리를 높여 권했다.

"그러지 말고 헤어스타일도 좋은 숍에 가서 바꾸고 옷도 멋진 것으로 사 입고 미술 대학 동창생들의 그림 동호회 같은 데 가입해서 다시 그림을 그려보세요"

그녀는 피식 웃으며 말했다.

"아마 내가 그러겠다고 말하면 집안이 발칵 뒤집힐걸요. 남편이 날 정신병원에 가둘지도 몰라요."

"한 번은 크게 부딪쳐야 결론이 나지요!"

나는 마치 그녀의 언니라도 되는 듯 힘주어 말했다.

그 후로 그녀는 이 핑계 저 핑계를 대며 나와 만나는 것을 피했다. 그녀의 남편이 다른 지역의 다른 부서로 전입되는 바람에 그녀와의 연락은 저절로 끊겨버렸다. 그리고 몇 년이 흘렀다. 그녀의 존재는 이미 내 머릿속 뒤편으로 까마득히 넘어가 있었다. 그때, 회사로 한

장의 초청 엽서가 왔다. 그녀의 개인전 초대장이었다. 나는 마치 오래 기다리던 연인의 소식을 들은 것처럼 가슴이 두근거렸다. 근무 스케줄을 조정하고 그녀의 개인전 개막식에 찾아갔다.

놀랍게도 그녀의 남편이 잘 차려 입은 모습으로 싱글벙글하며 손님들을 맞고 있었다. 그녀는 나에게 조용히 다가와 웃으며 말했다.

"제가 한번 크게 사고를 쳤어요. 전에 해주신 말씀을 듣고 에이, 죽기 아니면 살기다 하는 생각으로 크게 들이받았지요. 처음에는 잡아먹을 것처럼 무섭게 나왔는데 그래도 죽을 각오로 버텼더니 포기하데요. 이를 악물고 열심히 그림을 그려서 개인전을 연다고 하자 나를 자랑스러워하기까지 하더라고요. 그때 나한테 용기를 내도록 말해주셔서 정말 고마워요."

잘 꾸며놓은 그녀는 촌스럽고 잔뜩 주눅 들어 있던 예전의 모습이 아니었다. 나는 자식들과의 관계는 어떤지 궁금해서 "애들은요?" 하고 물었다.

"우리 엄마가 화가라고 자랑하고 다녀요. 내가 개인전을 연다고 했더니 가족들이 나를 바라보는 눈빛이 확 바뀌더군요. 우리 애들, 저쪽에서 자기네 친구들 맞고 있네요."

그녀는 흐뭇한 표정을 지으며 말했다.

나는 그녀의 변신을 지켜본 후로 살림보다 다른 것에 재능이 많은 엄마들이 육아를 위해 재능을 포기하는 것을 적극적으로 말리고 싶어졌다. 육아를 제대로 못할 바에야 아예 아기를 낳지 않겠다는 엄마들의 이야기도 너무나 가슴이 아프다.

엄마가 더 희생하고 더 완벽한 뒷바라지를 해서 자식이 잘되는 세상은 이미 지나갔다. 아이들에게는 적당한 결핍을 경험하게 하고 스스로 깨지고 넘어질 기회를 주어야 더 단단하게 잘 자랄 수 있다. 지금은 그런 단단한 아이들이 쓸 만한 인재로 발탁되는 세상이다. 엄마가 타고난 재능을 포기하고 살림살이와 자녀 뒷바라지를 위해 자신의 재능을 희생할 필요가 없는 좋은 세상이 왔다.

물론 자식들이 아주 어릴 때는 씻기고 먹이고 다치지 않도록 감시만 하려고 해도 엄마는 세수할 시간도 쪼개 써야 할 만큼 바쁜 것이 사실이다. 그러나 그런 기간은 그리 길지 않다. 유치원생, 길어야 초등 저학년이면 끝낼 수 있다. 아예 어릴 때부터 혼자 알아서 사는 방법을 훈련시키면 더 일찍 아이들의 뒤치다꺼리에서 해방될 수 있다. 그때부터는 엄마도 자기 재능을 갈고닦을 수 있다.

돈이 문제라면 자식들이 가기 싫다는 학원을 한두 개만 그만두게 해도 충분할 것이다. 엄마들 대상의 저렴하지만 수준 높은 강좌가 공공기관마다 열리고 있다. 자랑스러운 엄마 되기가 그리 어려운 것도 아니다. 자식을 자랑스러운 인간으로 만들기보다 엄마 자신이 자랑스러워야 아이들이 더 훌륭히 성장할 수 있음을 잊지 말자.

02

학원비를 아껴
자신에게 투자하라

내 친구 중 몇 명은 대학 졸업 후 곧바로 결혼했다. 이미 자녀가 중학생인 친구도 있었다. 두 아들이 초등 3, 4학년 때였다. 그녀들은 항상 내게 이렇게 경고했다.

"너 그러다가 애들 4년제 대학도 못 보낸다. 수리사고력은 어릴 때 길러주지 않으면 나중에 수학 성적 절대 따라잡을 수 없어."

당시만 해도 직장 때문에 강원도 소도시에서 살던 나에게는 고급 육아 정보를 얻을 방법이 없었다. 그런 나에게 정보를 전해주는 친구가 있다는 것은 행운이었다. 나는 그녀들의 경고를 아예 무시할 수가 없었다. 하지만 두 아들은 수학이라면 학교에서 배우는 것만도 아주 지겨워했다. 그래서 학원까지 다니며 수학을 배우는 것은 끔찍한 일이라며 학원 수강 신청을 강력히 거부했다. 나는 아이들을 직접 알뜰히 돌보지 않는 대신 강제로 무엇인가를 시키지도 않는다는 원칙을 가지고 있었다. 무엇보다 나는 강제로 공부시키는 것의 부작용을 막내 동생을 통해 뼈아프게 경험했다.

일찍 어머니를 여읜 탓에 막내 동생은 내가 결혼하고 얼마 되지 않아 우리 집에서 함께 살았다. 그때 막내 동생은 공부에는 도통 열의를 보이지 않았다. 그중에서도 막 시작된 영어 공부를 무척 싫어해서 나를 불편하게 만들었다. 돌아가신 친정어머니는 맏이인 내 손을 붙들고 두 동생을 남부럽지 않은 사람으로 키워달라는 간곡한 유언을 남기셨다.

그 당시만 해도 좋은 대학에 입학하는 것이 성공의 지름길이었다. 그런저런 이유로 나는 막내 동생의 학업 성적에 민감했다. 바닥을 기는 영어 성적을 어떻게든 끌어올려야 한다고 다짐했다. 나는 동생의 영어 성적 향상을 위해 학교 숙제와 별도로 영어 숙제를 내주었다. 새로 배울 단원의 새로 나오는 단어를 미리 외우도록 하는 일이었다. 막내 동생은 학교 숙제도 벅차다며 내가 낸 숙제에는 손도 대지 않았다. 하는 수 없이 특단의 조치를 내렸다. 만약 다음 날 등교 전까지 내가 낸 숙제를 하지 않으면 30센티미터 자로 손바닥을 단어 한 개당 세 대씩 때리겠다고 엄포를 놓았다. 물론 약속은 일방적으로 이루어졌다. 막내 동생은 나의 일방적 지시에 반발하듯 단어를 단 한 개도 외우지 않았다.

그날따라 새로 나온 단어가 100여 개나 되었다. 나는 약속대로 막내 동생의 손바닥을 못 외운 단어 한 개당 세 대씩 총 300여 대나 때렸다. 팔이 아파서 나 스스로 그만 때리고 싶을 정도였다. 그러나 생각의 유연성이 전혀 없었던 나는 약속을 했으면 반드시 지켜야 한다는 생각에 갇혀 아픈 내색을 하지 않고 끝까지 때렸다. 다 때리고 보니 동생의 연약한 손바닥이 터져서 피가 고여 있었다. 마음은 아팠지만 그런 일로 학교를 결석하면 안 될 것 같아 "책가방 팔뚝에 끼고 학교 다녀와."라고 단호히 말한 뒤 등교를 시켰다.

그 일로 막내 동생은 아예 영어 공부와 담을 쌓았다. 영어로 쓰인 글씨를 보는 것도 싫다고 했다. 얼마 후 막내 동생은 친정아버지와 형이 사는 집으로 옮겨갔다. 여전히 막내 동생의 영어 점수는 간신히 낙제를 면하거나 낙제점에 머물렀다. 훗날 대학 재학 중에 사법 고시를 볼 때도 다른 시험에 비해 쉽게 출제되던 영어를 선택하지 않고 독일어를 선택했다. 나중에 알게 된 일이지만 막내 동생은 언어적 재능이 뛰어나 독일어 같은 경우 특별히 공부하지 않고도 거의 다 맞혔다고 한다.

그 사실을 알게 되었을 때 나는 그때 내가 했던 행동들이 후회로 다가와 가슴을 때렸다. 정말 미안한 생각이 들었다. 어쩌면 막내 동생은 내가 억지로 영어 공부를 시키면서 영어에 대한 부정적 인식을 심어주지 않았다면 누구보다 영어를 잘할 수 있었을 것이다. 하지만 다행히도 막내 동생은 성인이 된 후 필요에 따라 영어 공부에 독을 품더니 금세 따라잡아 지금은 국제 변론도 언어 장애 없이 능숙하게 처리하는 유능한 변호사가 되었다.

그런 뼈아픈 기억으로 나는 두 아들에게는 학원 수강과 성적 향상을 위한 억지 공부는 강요하지 않겠다는 원칙을 지키려 노력했다. 다른 엄마들의 충고에 흔들려 학원 공부를 시킬 생각을 하기도 했지만, 두 아들이 싫다고 강력하게 거부하면 더 이상 강요하지 않고 금세 포기했다. 나의 그런 태도를 답답하게 여긴 서울 친구들은 "네가 시골에 너무 오래 살아 아이들 미래에 대해 안일해진 것이다." "그러다가 큰코다칠 거다."라는 식의 독한 경고장을 서슴없이 날렸다. 그럴 때면 나도 자식을 잘 키우고 싶은 엄마에 불과했던지 친구들의 독한 경고가 끊이지 않자 마음이 완전히 흔들려버렸다.

"다 좋은데 너희가 수학을 못하는 것은 아닌데 계산을 못해서 시험 문제를 많이 틀리니까 억울하잖아. 수학 학원은 안 다녀도 좋은데 주산 학원에 가서 계산하는 방법은 꼭 배워야 해."

주산 학원 수강을 강요했다. 두 아들은 엄마의 느닷없는 강요에 놀란 듯했다. 그러나 워낙 단호한 엄마의 말에 겁을 내며 더 이상 거부하지 못했다. 나는 그제야 안심하고 인근에서 가장 잘 가르친다고 소문난 주산 학원을 찾아 두 아들을 등록시켰다. 며칠 동안은 별다른 불평이 없었다. 나는 '의외로 적응을 잘하나 보다'라고 착각하고는 서울 친구들에게 "너희 말 듣기를 잘했어. 애들이 별 투정 없이 주산 학원에는 잘 다니는 것 같아."라는 보고까지 마쳤다.

그런데 단 일주일 만에 사단이 났다. 두 아이가 동시에 "주산 학원에 더 이상 못 다니겠어요.”라며 반기를 든 것이다. 나는 친구들에게 장담해둔 바도 있고 해서 아들들의 이런 반응에 나도 모르게 “왜 또~오?”라는 불만 섞인 목소리로 짜증을 냈다. 그러자 두 아들은 동시에 “선생님이 우리에게 저능아래요.”라고 말했다. 나는 정신이 번쩍 들었다.

“학원 선생도 엄연히 애들을 가르치는 교직자인데 앞길이 구만리 같은 애들에게 저능아라고 했다고? 그럼 당장 그만둬!”

나는 성질 급한 값을 치르느라고 두 아들이 한 말의 진위조차 확인하지 않은 채 학원을 그만두라고 말하고 말았다. 아마도 아이들이 주산 배우는 것이 싫어 선생님이 시키는 것은 하지 않고 엉뚱한 짓만 하니까 선생님이 화가 나서 그렇게 말했을 것이다. 상황은 충분히 이해되었다. 하지만 선생님이라면 학생들에게 말을 가려서 할 줄 알아야 한다는 것 또한 내 신념이었다.

그 후로 두 아들의 산수 점수는 당연히 중하위권에서 꼼짝도 하지 않았다. 하지만 두 아들을 설득해 다시 주산 학원에 보낼 의지는 생기지 않았다. 그래서 학원을 보내야 한다고 잔소리하는 친구들을 피하는 쪽을 택했다. 두 아들이 다 자란 다음에 돌이켜보니 친구들이 아닌 내 자식들의 의견을 받아들인 것이 백번 잘한 일이라고 생각된다. 가기 싫다는 학원을 억지로 보내 산수나 계산 공부에 질리게 했다면 막내 동생이 영어 공부를 싫어했듯 두 아들도 영영 산수 공부를 포기했을 것이다. 다행히 두 아들은 훗날 스스로 필요성을 느끼니까 수학 공부를 열심히 해서 둘 다 대학 전공을 이과로 선택했다.

그때 내게 아이들의 수리 능력을 미리 키워주라고 신신당부하던 친구들 중에 딱 한 명만이 자식을 명문대학에 보냈다. 나머지는 학년이 올라갈수록 성적이 떨어져 재수 삼수 끝에 마음에도 안 드는 대학에 입학시켰다. 나는 나 자신을 비롯한 주변 학부모들의 경험을 통해 자식에게 억지로 공부시키는 것의 한계를 분명히 안다. 빈틈없는 스케줄로 하기 싫은 공부를 억지로 강요당한 아이는 진정으로 자기가 무엇을 좋아하는지 모른다.

그 친구들은 이제 와서 애들 학원비를 차라리 자신에게 투자할걸 그랬다며 후회한다. BBC 등 외신을 보면 최근 아프리카 여성들 중에는 구호 단체에서 준 기금 20달러로 구슬 공예 같은 것을 개발해 기업으로 키운 사람들이 많다고 한다. 그녀들은 매 맞고 구박받는 이내에서 돈 잘 버는, 오히려 남편을 고용하는 사장이 되어 자식들을 좋은 교육자에게 보내 교육시키고 있다. 서방 세계에서 지금 아프리카를 떠오르는 대륙이라며 주목하는 것은 바로 그런 엄마들의 힘이 서서히 빛을 발하기 때문일 것이다. 결국 빈곤 속에서도 자기 계발에 투자한 엄마들이 자식 교육에도 성공할 수 있음을 보여준 예라고 하겠다.

엄마의 꿈을 자식에게 투영해서 대리만족하려고 하면 자식에 대한 과잉 투자로 자식의 잠재력을 차단하기 쉽다. 이뿐 아니라 많이 투자한 것에 비해 큰 효과를 거두지 못해 정신적, 물질적 손해만 떠안는 일만 하게 된다. 돈을 투자하는 것에도 분산 투자가 낫듯 자식을 위한 정신 투자에도 분산이 필요하다. 자식에게 쏟아 부을 교육비와 뒷바라지 투자 비용을 조금 떼어 엄마 자신에게 쓰면 자식에게는 자유를 안겨주고 엄마 자신도 보람 있는 인생을 살 수 있다.

인간은 누구나 밥은 굶어도 자신이 하고 싶은 일을 할 때, 그것을 더욱 연마하려는 의지가 생겨 기쁜 마음으로 그 분야의 전문가가 될 수 있다. 글로벌 노마드 시대는 이처럼 한 분야의 권위자들만이 기득권층으로 올라설 수 있다. 기존의 기득권층도 그런 사회 변화를 읽어내지 못하면 소외 계층으로 전락할 수밖에 없다.

지금은 엄마들이 무조건 자식 교육 투자에 올인할 필요가 없는 시대이다. 그러니 부모들도 더 이상 자기희생을 감수하며 자식의 사교육비에 몽땅 투자하지 말고 그중 일부를 자기계발비로 쓰겠다는 결심을 하루라도 빨리 내리는 것이 현명하다.

밥을 못 지어도
멋진 엄마가 될 수 있다

나는 종갓집에서 자라 요리를 못하는 편은 아니다. 그러나 좋은 요리는 테크닉보다 시간과 정성이 중요하다. 나는 항상 시간에 쫓기며 살았다. 진득하게 요리에 전념하지 못하다 보니 자연히 요리 실패율이 높았다. 전기밥솥이 대중화되기 전에는 압력밥솥이 대세였다. 그런데 나는 압력밥솥을 사용하면서도 일하는 아주머니가 자리에 없을 때는 자주 삼층밥을 지었다. 그래서 두 아들은 지금까지도 엄마의 요리 솜씨를 좀처럼 믿지 않는다. 아주머니가 안 계시면 으레 "그냥 나가서 먹어요. 괜히 삼층밥 주지 마시고요."라고 말하곤 했다.

두 아들이 대학에 다닐 때 어쩌다 내가 아이들의 자취집을 찾아가면 오히려 자기들이 스파게티 같은 간단한 요리를 해서 함께 나눠

먹곤 했다.

두 아들이 어렸을 때 내가 정말로 부러워했던 한 엄마가 있었다. 비슷한 또래의 같은 회사 행정직 직원이었다. 그녀는 내가 감히 흉내 낼 수조차 없는 뛰어난 살림꾼이었다. 그녀도 나처럼 맞벌이였지만 아이들이 잘되게 하려면 압력솥 김을 이제 막 뺀 밥을 먹여야 한다고 말해 내 기를 죽이곤 했다. 그녀는 아무리 바빠도 아이들의 준비물을 빈틈없이 잘 챙겼다. 멋진 요리로 아이들의 영양 공급도 소홀히 하지 않았다. 조금이라도 틈이 나면 아이들 담임선생님을 만나 자식들을 특별히 대해달라고 부탁하는 것도 잊지 않았다.

공교롭게도 그 집 아이들이 우리 두 아들과 같은 학교에 다녔기 때문에 나는 늘 비교가 되었다. 그 집 아이들은 선생님의 특별 관심으로 학교 생활이 매우 순조로웠다. 반면 우리 두 아들은 준비물을 번번이 빠트리고 밥도 일하는 아주머니 손에서 정성이 들었건 안 들었건 투정도 못하고 얻어먹고 살아 그 애들과 비교할 때마다 내심 우리 아이들이 안됐다는 생각을 하곤 했다.

그녀의 자식들은 엄마의 뒷바라지에 보답이라도 하듯 아들은 중학생이 되자 전교 일등을 하였다. 딸도 상위권이었다. 그러자 공부 잘하는 아이들의 뒷바라지에 올인하려고 미련 없이 사표를 냈다. 그녀의 두 자식은 내가 알고 있는 엄마들 중에서도 최고의 서비스를 받으며 자란 셈이었다. 그러나 결과는 그다지 만족스럽지 못했다.

그녀의 두 자녀는 중학교 때까지는 공부를 꽤 잘했다. 엄마가 시키는 대로 학원도 충실히 다녔다. 그러나 고등학생이 되자 교과 내용이 확 바뀌며 성적이 크게 떨어졌다. 암기 위주의 시험이 추론을 요구하는 주관식 시험으로 변했던 것이다. 그녀의 두 자녀는 이러한 변화에 대응하지 못해 성적이 한없이 추락했다.

그 모습을 지켜보며 그녀는 몹시 예민해졌다. 이성을 잃기라도 한 듯 벌어놓은 돈을 모조리 쏟아 부으며 두 자녀에게 족집게 과외와 서울에서 가장 좋다는 학원에서 학원으로 내몰았다. 엄마가 직접 차를 태워 학원 순례를 시키며 연예인 못지않은 스케줄을 만들어 관리했다. 그러나 자식들은 엄마의 극성이 심해질수록 학업에 몰두하지 못했다. 결국 서울에 있는 대학에도 들어가지 못하고 삼수 끝에 집에서 아주 먼 지방 대학에 간신히 입학했다는 소식을 들었다.

대학에 들어간 후에도 아들은 만화방에서 세월을 보냈다. 딸은 방 안에 틀어박혀 음악반 들으며 시간을 보낸다는 소문도 들려왔다. 나는 미국으로 건너간 후에도 그녀에 대한 소문을 전해 들으며 문득 문득 그녀의 거룩한 희생이 빛을 보지 못한 것이 너무나 안타깝다는 생각이 들었다. 귀국 후 우연히 그녀를 만났을 때는 자존심도 버리고 나에게 "우리 애들은 왜 꿈이 하나도 없는지 몰라. 내가 그렇게 잘해주었는데 뭐가 부족해서 그러는 걸까?"라며 한숨 섞인 푸념을 늘어놓았다.

그녀보다 더 많은 것을 희생하고 더 기막힌 결과를 얻은 엄마도 있다. 이 엄마는 뉴욕에 있을 때 같은 유학생 학부모로 알게 된 사이

다. 그녀 부부는 국내 최고 민간 기업 연구소의 촉망받는 연구원이
었다. 늦게 딸 하나를 두었는데 유치원 때부터 음악적 재능이 뛰어
났다.

그래서 레슨 선생님의 도움으로 고등학교 과정의 프리 줄리아드
음악학교에 입학했다. 그녀는 어린 딸을 혼자 미국으로 보낼 수 없
어 고심 끝에 그 아까운 직장도 그만두고 뉴욕으로 건너와 딸아이의
뒷바라지를 했다. 딸은 일하던 엄마가 전업주부가 되자 간섭이 너
무 심해졌다며 불평을 해댔다. 그 때문에 딸과 자주 다투었지만 몇
년은 그럭저럭 잘 지냈다.

사건은 딸이 대학 과정인 줄리아드 본과에 들어간 후 일어났다.
딸의 재능을 알아본 세계적인 음반 회사가 딸과의 계약을 원했다.
계약은 순조롭게 성사되었다. 그런데 계약을 마치자 음반 회사는
더 이상 엄마의 매니지먼트가 필요 없다며 엄마가 딸에게서 손을 떼
고 귀국하기를 권했다. 엄마는 큰 충격을 받았다. 절대로 받아들일
수 없는 일이었다. 그녀는 엄마인 자신만이 딸아이를 제대로 뒷바
라지해줄 수 있다고 고집을 피웠다. 그러자 음반 회사는 그녀의 딸
에게 전문 매니저를 붙여 다른 아파트로 이주시키고 엄마와의 접촉
을 차단시켜버렸다. 엄마는 점차 스토커가 되어갔다. 딸은 그런 엄
마를 냉정하게 뿌리치지 못했다. 그러나 딸이 음반 회사가 정해준
매니저의 눈을 속여가며 엄마를 만나고 오면 마음의 안정을 잃어 연
주가 흐트러졌다. 결국 음반 회사 관계자는 딸에게 엄마를 사적으

로 만나면 계약을 파기하겠다고 경고했다. 딸은 이를 핑계 삼아 엄마와의 연락을 끊어버렸다. 엄마는 계속해서 딸에게 연락을 취했지만 번번이 중간에서 거절당했다.

어쩌다 딸과 통화가 되어도 딸의 매정한 말만 들어야했다.

"이제 내 걱정 마시고 아빠에게 돌아가서 아빠나 잘 돌보세요."

딸은 생활비 일체를 음반 회사에서 지원받게 돼 부모의 경제적 지원마저 필요 없게 되었다. 엄마 자신의 꿈도 접고 딸의 뒷바라지에 매달려온 엄마로서는 청천벽력 같은 일이었다. 그녀가 아까운 직장도 그만두고 딸아이의 뒷바라지에 전념하며 가진 유일한 희망은 딸을 유명한 연주자로 만들어 자신이 매니저로서 세계 순회공연을 다니는 것이었다. 하지만 꿈이 산산조각 난 그녀는 깊은 마음의 병을 얻었다. 마냥 뉴욕에서 혼자 버틸 수 없어 귀국은 했지만 곧 우울증이 왔다. 다행히 남편의 정성스런 간호로 우울증은 어느 정도 벗어났지만 일하던 사람이 갑자기 일 없이 멍하니 지내게 되어 비관적이고 불행한 삶을 산다고 들었다. 나는 그녀의 근황을 들을 때마다 몹시 가슴이 아팠다.

나는 비록 삼층밥을 짓는 엄마이지만 자식을 위해 특별히 희생한 것이 없어 끝까지 좋은 관계를 유지할 수 있음에 감사한다. 가장 좋은 인간관계는 피차 보상을 바라지 않는 범위 안에서 희생을 주고받는 관계라고 생각한다. 엄마가 자식의 성공을 위해 너무 많이 희생하면 자기도 모르게 일종의 보상을 기대하게 된다. 그런 마음이 생기면 부모 자식 간이라도 좋은 관계가 지속되기 어렵다. 게다가 엄마의 지나친 희생은 자식이 반드시 길러야 할 자립심 형성도 방해한다.

세상은 결코 만만한 곳이 아니다. 언제, 어디서, 누군가에게 공격받을지 모르는 무섭고 어두운 터널을 수없이 통과해야 하는 곳과 같다. 때문에 부모가 아이를 보살피는 것에도 한계가 있다.

『반지의 제왕』『해리 포터』등의 영화와 소설이 세계적 반향을 일으킨 것은 어쩌면 한 작품 안에 다양한 인생 험로를 압축적으로 보여주기 때문일 것이다. 자식들이 인생에서 여러 험로를 지날 때 미리 자기 앞가림에 필요한 전투력을 길러놓지 못하면 엄마의 희생은 오히려 자식의 패배를 돕는 독약이 된다. 자식이 또래들과 어울려 놀다가 얻어맞고 선생님에게 억울한 일로 야단을 맞는 등의 경험도 생존을 위한 전투력 향상에 반드시 필요하다. 가끔은 입에 맞지 않는 음식도 먹어야 한다는 것, 두렵고 무서워도 갑자기 공격을 당하면 혼자 공격자와 맞서 싸워야 한다는 것 등의 경험도 자기 앞가림에 꼭 필요한 전투력 향상에 보탬이 된다.

내 경우는 어머니가 일찍 돌아가시며 남들보다 빨리 부모님의 가르침을 동생들에게 적용시켜보았기 때문에 이 모든 것을 깨달을 수 있었다. 그래서 나는 내가 삼층밥 짓는 엄마인 것이 그다지 부끄럽지 않았다. 내 삼층밥 짓는 실력을 보며 두 아들은 직접 요리하는 법을 배웠다. 어떤 종류의 것은 요리사 못지않을 정도로 요리를 잘한다. 그래서 나는 만약 당신이 완벽하지 못한 엄마라면 주변의 완벽한 엄마에게 절대 기죽지 말라고 말하고 싶다. 자식에게 남다른 자립심을 길러줄 수 있으니 조바심을 낼 필요도 없다. 자식의 스펙을 쌓기 위한 희생도 마찬가지이다. 진정 자녀의 미래를 위한다면 하루빨리 자식의 뒷바라지하는 시간을 줄여 엄마 자신의 삶을 가꾸는 것이 엄마와 자녀 모두에게 유익하다.

04
자신을 위해 투자하는 것에
두려워하지 마라

두 아들의 유치원 선생님의 결혼식 날이었다. 그날 주례 선생님은 못 입고 못 먹으며 우리를 뒷바라지해주신 부모님의 은공을 잊으면 안 된다는 말씀을 하셨다. 장내 분위기가 숙연해졌다. 유치원 학부모들 몇 명이 눈물을 찔끔거렸다. 결혼식의 주인공은 두 아들을 담당했던 유치원 보육교사였다. 그런데 여섯 살이었던 작은아들이 엄숙한 분위기를 깼다. 하객들이 거의 다 들을 수 있는 큰 목소리로 말했다.

"그런데 우리 엄마는 옷이 너무 많아요. 세탁소에서 가져오는 옷이 트럭으로 하나예요."

순식간에 주변 사람들의 시선이 내 얼굴에 꽂혔다. 민망하고 쑥스러워 얼굴이 화끈화끈 달아올랐다. 항상 정직하게 자기의 생각을 말하는 작은아들은 가끔 너무 정직한 말로 나를 당황시키곤 했다. 큰아들은 내 당황하는 표정을 보고는 소처럼 입을 다문 채 내 눈치를 살폈다. 큰아들은 항상 작은아들보다 눈치가 빨랐다. 나는 큰아들에게 괜찮다는 시선을 보냈다. 그러면서 작은아들의 귀에 대고 말했다.

"네가 그렇게 생각한다고 해서 그런 말을 다른 사람들이 모두 들을 수 있는 큰 소리로 말하면 엄마가 뭐가 돼?"

작은아들의 폭로를 듣는 순간 나는 무슨 엄청난 잘못을 저지른 것 같아 반성 모드로 변했다. 그러나 결혼식이 채 끝나기도 전에 '내가 뭘 잘못한 거야?'라는 반발심이 일었다. '엄마라고 왜 항상 못 먹고 못 입어야 하지?'라는 생각도 들었다. 나는 처음부터 자식들 때문에 타고난 내 기질과 자아를 위장하거나 바꾸거나 반성하거나 꾹꾹 눌러 참으며 살 생각은 조금도 없었다. 내가 부당한 방법으로 돈을 벌어 옷만 사는 것도 아니고 부모님에게 엄청난 유산을 물려받아 그 돈을 탕진하느라 옷을 많이 사는 것도 아니지 않은가?

'방송인이지만 지방에서 일하기 때문에 협찬을 받을 수 있는 것도 아니고 지방 근무자라고 해서 아무렇게나 입고 방송할 수는 없지 않은가?' 등등 내가 옷이 많은 것에 대한 정당성을 찾아냈다. 헤아려 보니 이유는 제법 많았다. 그래서 나는 두 아들에게 있는 그대로의 엄마를 이해시키는 편이 낫겠다고 생각했다.

그 당시 나는 우리나라 사람들이 가난을 지나치게 미화한다는 생각을 하곤 했다. 그 유치원 선생님의 결혼식뿐만 아니라 대부분의 결혼식 주례사는 기둥뿌리 뽑아 잘 키워주신 부모님의 희생을 언급함으로써 축하 분위기를 우울 모드로 바꾸곤 했다.

매스미디어는 지독한 고난을 이기고 성공한 사람만을 영웅 취급했다. 그것으로 끝이 아니었다. 가난하지 않은 사람은 성공을 해도 그 성공에 큰 가치를 두지 않았다. 부자는 대부분 악덕한 이미지로 소개되었다. 물론 너나 할 것 없이 나라 전체가 지독하게 가난하던 시절이었다. 부자가 되려면 탈세와 불법 등으로 부를 축적해야만 했으니 부자들이 존경받기는 어려운 분위기였다. 나 역시 우리의 사회 환경이 만든 고약한 부자가 많았다는 것을 부인하지는 않았다. 그러나 한편으로는 부자를 무작정 부정적으로만 바라보아서는 절대 부자가 될 수 없다고 생각했다. 그래서 사회 분위기가 어떤 방법으로 가난을 미화하건 나까지 동참하기는 싫었다. 우리 두 아들에게 가난을 비난하고 부자만 경배하는 태도를 갖게 할 생각은 없었지만 가난을 미화해서 부자가 되는 것을 거부하게 만들고 싶지도 않았다.

가난하지만 자기 삶에 만족하며 사는 사람은 아름답다. 그러나 가난을 지독하게 싫어하면서 부자를 근거 없이 폄훼하는 모습은 안쓰러워 보인다. 나는 우리 조부모로부터 "돈은 자기를 좋아하는 사람을 따라 온다"는 말을 귀에 못이 박히도록 들으며 성장했다. 그래서 나는 두 아들에게 엄마가 옷을 많이 사는 것을 부끄러워하도록 놔두면 안 되겠다고 생각했다.

나는 두 아들에게 엄마가 옷을 많이 사는 것의 정당성을 차분히 이렇게 설명했다.

"엄마가 남의 돈을 훔쳐서 옷을 많이 산 것도 아니고 부당한 방법으로 돈을 벌어 사는 것도 아니다. 돈을 꾸어서 옷을 사는 것은 더욱 아니다. 엄마는 남들보다 몇 배 더 노력해서 들어가기 어려운 직장에 들어갔다. 남들보다 몇 배 어려운 일을 한 대가로 다른 사람보다 많은 돈을 받는다. 엄마는 너희도 알다시피 몸도 허약한데 회사에 다니며 가끔 자리를 비우는 도우미 아주머니 대신 집안일도 해야 한다. 엄마는 그렇게 번 돈의 일부로 옷을 사는 거다. 남보다 탁월한 능력을 길러 돈을 더 많이 번다면 그 돈으로 자기가 좋아하는 것을 사는 것은 오히려 칭찬받을 일이다."

그렇게 말하고 보니 가사 도우미 구하기가 너무나 어려웠던 그 시절 양가 부모의 무료 육아 도움 없이 지냈다는 서러운 생각이 들었다. 그래서 부모의 유산은커녕 친정 동생 뒷바라지와 양가 부모님의 생활비 보조까지 해온 나는 오히려 옷을 좀 더 살 자격이 있다는 생각마저 들었다.

물론 나는 재테크를 잘하거나 허리띠 졸라매고 저축해서 자식들에게 물려줄 돈을 모으지는 못했다. 나는 그때그때의 삶을 즐기는 타입이다. 친정어머니는 항상 돈은 남에게 빼앗기기 쉽지만 머리에 든 것은 목숨을 거두기 전에는 빼앗을 수 없는 것이라고 강조하셨다. 그래서 돈이 있으면 그 돈으로 지금 경험하고 배우라고 말씀하시곤 했다. 내가 자라온 친정 분위기는 나중을 위해 지금 지나치게 궁핍하게 살지는 말자는 것이었다.

하지만 저축을 미덕으로 아는 남편은 그런 내 가치관을 상당히 못마땅해했다. 결혼 초기에는 그 문제로 자주 다투기도 하였다. 그러나 나는 끝까지 내 방식을 고수했다. 나는 내가 누구의 엄마이기 때문에, 또는 누구의 아내이기 때문에 내 방식을 억지로 상대방에게 맞추느라 스트레스에 찌들어 살 생각이 없었다. 내가 좋아하는 방식대로 회사에서 보너스가 나오면 두 아들을 최고급 레스토랑에 데리고 가 미각을 길러주고 디자인이 좋은 옷을 골라 입히며 패션 감각을 길러주었다. 음악회나 미술 전시회도 열심히 데리고 다녀 예술적 안목도 넓혀주었다.

두 아들의 육아를 마치고 나름의 결산을 해보니 나의 그런 육아 방법이 그다지 나쁘지 않았다는 생각이 들었다. 긍정적 결과가 많이 나타났기 때문이다. 두 아들은 해외 각지로 떠돌며 성장하고 직업을 갖게 되면서, 내가 어릴 적 두 아들에게 알게 모르게 경험시키고 가르친 패션과 미적 안목, 미식가적 감각, 그리고 글로벌 스탠더드에 맞는 테이블 매너를 익힌 것이 글로벌 인재에게 꼭 필요한 덕목이 되어 있었던 것이다.

두 아들의 학교 성적에 연연해하지 않고 내 마음이 가는 대로 아이들의 생활 미학적 안목을 길러준 결과 두 아들은 해외에 나가 살며 우리 집의 재력과 상관없이 교양 있고 존경받는 부자 자제들도 많이 사귈 수 있었다. 서양의 부자들은 어릴 때부터 몸에 익힌 테이블 매너, 미각, 패션상식이 통해야 친구로 받아들인다. 어느 정도 그들과 통한 것이다. 이러한 모습들을 지켜보며 나는 두 아들에게 은행 잔고를 높여 많은 돈을 물려주는 것보다 더 값진 유산을 물려준 셈이라는 자부심을 갖게 되었다.

나는 직업상 꽤나 성공한 사람들을 많이 만나보았다. 그런데 가진 돈만큼 마음이 넉넉하고 교양까지 갖춘 사람은 매우 드물었다. 돈만 쌓아놓고 마음은 가난하고 상식 이하의 교양을 내보이는 사람들이 정말로 많다.

나는 자식들을 그러한 부자로 만들고 싶지는 않았다. 돈은 많이 벌었어도 조금도 삶을 즐기지 못하고 전시효과적인 소비에 물 쓰듯 낭비하는 것은 마음이 가난한 탓이다. 그런 마음 가난한 부자를 만들 바에야 가진 것은 많지 않아도 마음이 넉넉한 사람을 만드는 것이 낫다고 생각했다.

물론 모든 엄마들에게 나처럼 행동하라고 권하려는 것은 아니다. 자식들에게 엄마 자신의 고유성을 당당하게 보여주기를 권하려는 것이다. 그렇게 하면 엄마의 보이지 않던 장점이 아이들에게 흡수되면서 자식의 장점으로 극대화될 수 있을 것이다.

단지 엄마라는 이유로 이것도 참고 저것도 참으며 힘들게 사는 엄마들을 보면 진심으로 말리고 싶다. 참는 자에게 복이 있다는 것은 이미 옛말이다.

인간은 본능적으로 무언가를 지나치게 참으면 스트레스가 내면을 채우게 된다. 내면의 스트레스는 방출시켜야 살아갈 수 있다. 방출시키지 않으면 폭발력이 생겨 엉뚱하게 자식들이나 배우자 등 가까운 사람들을 괴롭히는 방식으로 터져 나오기 쉽다. 자기를 너무 억제하면 훨씬 부정적인 결과를 초래하는 것이다. 그러니 엄마들이여, 자기를 위한 약간의 사치에 너무 큰 죄책감을 갖지 말자.

05

실수하는 엄마가
더 멋있다

"엄마가 준비물 챙기면서 색연필을 빠트려서 공부도 못하고 선생님한테 혼났어요."

"그럴 리 없어. 내가 꼼꼼하게 챙겼는데?"

"여기 색연필이라고 씌어 있잖아요."

"저런, 하도 준비물이 많아서…… 색연필만 못 챙겼구나. 왜 내가 그걸 못 봤지? 네가 봤으면 좀 챙기지 그랬어?"

초등학교 2학년인 큰아들이 나에게 볼멘소리로 불평하다가 내 입에서 미안해하지도 않고 대수롭지 않은 반응이 나오자 입을 꾹 다물면서 조용히 나를 응시했다.

나는 그 아이가 무언으로 "다른 엄마들은 준비물을 척척 잘 챙겨주는데 엄마는 도대체 뭐예요?"라고 항의하고 있음을 알았다. 그러나 짐짓 모른 척했다. 나는 태연한 표정으로 아들의 얼굴을 한번 힐 끗 보고 나서 전혀 아무 일도 없었다는 듯 "우리 피자 시켜 먹을까?" 라고 말했다. 아이들은 역시 순진하다. 불평을 금세 잊고 좋아서 펄 쩍펄쩍 뛰었다.

두 아들은 초등학교 때부터 엄마가 챙겨주는 준비물을 못 믿었다. 엄마 혼자 챙기면 뭔가 하나라도 빠져 학교에 가서 야단을 맞는다고 불평했다. 학년이 올라가면서 엄마를 믿느니 차라리 직접 챙기겠다 는 태도를 보였다. 나는 아이들 준비물을 빠트려도 전혀 미안해하 지 않았다. 다음에는 더 잘 챙겨주려고 애쓰지도 않았다. 연인들도 처음 만날 때는 상대방에게 잘 보이려고 지나치게 내숭을 떨거나 자 신을 꾸며 나중에는 서로 지치고 본색이 드러나 실망만 남긴 채 헤 어지듯이 자식에게 있어서도 엄마가 빈구석을 보여야 자기 일을 스 스로 처리하는 능력을 기르게 된다.

나는 결혼 전부터 어린아이들을 썩 좋아하지 않았다. 골목에서 동 네 아이들이 떠들거나 울면 반드시 쫓아가 으름장을 놓아서 조용해 지도록 했다. 주렁주렁 동생이 많아 아주 어릴 때부터 아이들 떠드 는 소리에 질려서 그렇게 되지 않았나 싶다. 그래서 결혼 전에는 집 안 행사에 참석한 친척 아이들이 항상 내 눈치를 살피곤 했다. 아이 들의 목소리가 조금이라도 높아지면 반드시 내 매같이 매서운 눈초 리와 날카로운 목소리가 아이들을 주눅 들게 했으니 말이다. 그러 다 사촌 오빠들의 자녀들에게 인심을 잃어 새언니들이 "아가씨 나중에 애 낳으면 어떻게 할 건지 두고 보겠어요"라는 가시 돋친 말도 많이 들었다.

그들 중 누구도 내가 나중에 자식들을 잘 길러 부러움을 살 거라고 상상한 사람은 없었다. 그러나 친정아버지로부터 맹수의 왕인 사자는 새끼를 낳으면 일단 절벽에서 밀어내고 자력으로 기어오르는 놈만 기른다는 말을 귀에 못이 박히도록 듣고 자랐다. 그래서 나는 자식 뒷바라지에 올인하지 않는 것을 이상히 여기는 주변 사람들의 눈총에도 꿋꿋하게 냉정한 태도를 유지할 수 있었다. 두 아들이 다 자란 후 다른 엄마들이 "어쩌면 애들을 그렇게 잘 키우셨어요? 정말 엄마가 공을 많이 들이셨겠네요."라는 찬사를 보내면 나는 희생적으로 한 것은 없다고 자신 있게 말하곤 한다. 나도 어릴 때는 아버지의 사자 새끼 이론을 정말로 싫어했지만 다 자라고 보니 자식이 자력으로 자기 일을 처리할 수 있는 힘을 길러주는 것이야말로 최고의 가정 교육임을 새삼 깨달을 수 있었다. 그래서 나는 두 아들을 아주 어릴 때부터 의도적으로 방치해서 일정한 가이드라인 안에서는 마음껏 자유를 누리도록 해주었다. 그것이 부모에게 기대봤자 보호받을 가능성이 없다고 믿어 자립적으로 사는 방법을 스스로 찾게 하는 비결이 되었다.

두 아들이 각각 중1, 2학년 때 내 공부 때문에 함께 미국으로 가게 됐다. 국내에서 마땅히 아이들을 돌봐줄 사람이 없었기 때문에 마지못해 두 아들은 나를 따라 미국까지 동반해야 했다. 미국에 온

후 당시 미국에서는 열여섯 살이면 자동차 운전 면허증을 딸 수 있었다. 두 아들도 미국에 온 지 2년 만에 고등학생이 되어 운전을 시작하게 되었다. 그때부터 나는 주차할 때마다 아들의 잔소리를 들었다.

"엄마! 승용차를 그렇게 삐딱하게 세우시면 어떻게 해요? 옆 차가 들어오다가 옆구리 긁기 딱 좋겠네요. 제가 세울 테니 내리세요."

나는 살아가는 데 필요한 잡다한 스킬이 매우 부족하다. 그중 가장 서툰 것이 주차다. 물론 지금도 차를 세워놓고 밖으로 나와 보면 자동차가 주차선 밖으로 나와 있거나 심하게 비틀어진 모양으로 서 있어 다시 운전대를 잡고 차를 앞으로 뒤로 왔다 갔다 해서 바로 세워야 할 때가 많다. 어떤 때는 빌딩 주차장에서 서툰 주차 실력 때문에 주차 관리 아저씨들의 구박을 받기도 한다.

우리 두 아들은 엄마가 주차를 잘 못할 뿐만 아니라 길도 잘 잃는다는 것을 잘 안다. 그래서 우리끼리 미국으로 건너오자 내가 차를 몰고 외출하려고 하면 출발 전에 길 찾기와 주차 요령 등에 대한 브리핑을 해주곤 했다.

맞벌이로 평생을 보낸 나는 밥 짓고 빨래하는 것도 상상 이상으로 미숙했다. 빨래를 색상별로 분류하거나 드라이어를 사용하지 말아야 할 것과 사용할 것을 구분하지 않고 마구 집어넣어 멀쩡한 옷도 많이 상하게 했다. 미국에서는 빨래를 널 곳이 마땅치 않아 대부분 세탁기와 드라이어를 함께 사용한다. 이런 것에 익숙하지 않아 멀쩡한 옷을 많이 버린 것이다. 그렇다 보니 두 아들의 머릿속에는 엄마인 나를 의지하면 안 되겠다는 생각이 단단히 굳어졌던 모양이다. 그래서 어쩌다 귀국할 때면 엄마가 해준 집밥과 고향을 그리워하는 대신 엄마와 삼팔선 휴게소 넘을 때 먹었던 허름한 가정식 백반이 그립다며 가보자고 한다.

작은아들은 대학생이 되자 말했다.

"제가 유치원 다닐 때는 엄마가 뭐든지 다 할 수 있는 신god인 줄 알았어요. 초등학생 때는 마음껏 기댈 수 있는 크고 튼튼한 기둥 같아 보였어요. 중학생이 되니 엄마도 우리처럼 덤벙대다가 실수도 할 수 있는 그냥 사람이더라고요. 고등학생이 된 다음에는 엄마가 실수 많은 어리바리한 친구 같아 보였고, 대학생이 되고 보니 엄마가 정말 말 더럽게 안 듣는 여동생같이 보여요."

나는 워낙 물건이나 길을 잘 잃어버리고 건망증으로 자동차 열쇠를 손에 들고서도 열쇠가 없다며 온 집 안을 발칵 뒤집은 적도 많았다. 그러나 아이들 앞에서 그렇지 않은 척 가장하거나 억지로 완벽해 보이려고 스트레스 받으며 살 생각은 없었다. 아이들이 충분히 엄마의 부족한 점을 보완하며 엄마를 능가하는 삶의 스킬을 배울 것임을 이미 친정 부모님의 양육 방법에서 배웠기 때문이다.

큰아들은 유치원 때부터 내가 가끔 창문을 제대로 잠그지 않고 잠자리에 들까 봐 문을 다 잠갔다고 말해도 기어이 자신이 일일이 창문을 흔들어보고 점검한 다음 "잘 잠겼네요."라고 말한 후 잠자리에 들곤 했다.

우리는 결혼 초기부터 주말 부부였다. 나 혼자 연년생 두 아들과 집안일 대부분을 챙겨야 했다. 당시만 해도 집안일을 맡아줄 도우미 아주머니를 구하기가 정말 어려웠다. 생활비 벌이가 급한 아주머니들도 막노동을 하면 했지 남의 집안일을 해주는 도우미는 되기 싫다는 것이 당시의 분위기였다. 그러다 보니 육아와 가사를 맡길 사람을 구하는 것이 하늘의 별 따기만큼이나 어려웠다. 아주 어렵게 구한 사람이 갑자기 개인 사정이 생겨 그만두면 다음 사람을 구할 때까지 나 혼자 가사 노동과 직장 일을 도맡아야 했다. 나는 친정어머니도 안 계시고 더구나 맏이여서 부탁할 언니도 없어 응급 상황이 닥쳐도 육아와 가사를 부탁할 곳이 없었다. 시어머니는 주로 맞벌이를 하는 손위 시누이 집으로 비상 차출을 당해 우리 집 일까지는 거들지 못하셨다.

두 아들은 13개월 터울의 연년생에 타고난 체력은 약했다. 겨우 밥을 챙겨 먹이고 아이들 창피하지 않을 만큼 씻기고 회사에 지각하지 않고 출근하는 것도 너무 힘에 벅차 자주 몸살을 앓았다. 두 아들이 초등학교에 입학한 후에는 집안일을 맡아줄 아주머니가 공석일 때가 많아 24시간 내내 긴장 상태였다. 당연히 아이들의 학교 준비물을 제대로 챙겨주지 못해 선생님의 호출을 받는 일이 잦아졌다. 처음 몇 번은 아들이 학교에서 그런 사소한 일로 야단을 맞아 기가 죽으면 안 된다는 주변 엄마들의 충고에 마음이 흔들려 몸이 부서지도록 열심히 챙기려고 노력해보기도 했다. 그러나 한번 그렇게 무리수를 두면 반드시 후유증으로 병이 나 직장 일까지 큰 지장을 받을 것이 분명했다. 그리고 친정아버지의 "부모가 만능 박사일 필요는 없다. 돕지 못할 일은 애초부터 못한다고 말해야 애들이 알아서 채워나간다"는 말씀에 힘입어 나는 살림살이와 육아를 직장 일보다 잘할 자신이 없으니 직장 일에 전념하고 집안일은 적당히 하면서 넘어가는 방법을 선택할 수 있었다.

그 결과, 두 아들은 엄마에 대한 기대치를 한없이 낮추어야 자신들이 생존할 수 있음을 아주 어린 나이에 터득했던 것 같다. 잠자리에 들기 전 문단속, 집 안 정리, 잃어버린 물건 찾아놓기, 큰 물건을 옮겨 실내 동선을 수월하게 만들기, 책상 및 서랍 정리 등 다른 엄마들이라면 아이들이 곁에 오지도 못하게 하고 혼자 후닥닥 처리해주는 자질구레한 일들도 우리 두 아들은 엄마에게 절대 안심하고 맡길 수 없다는 태도를 갖게 되었다.

그런데 신기한 것은 두 아들이 엄마의 무능함을 인정하자 자기 일은 스스로 처리하는 능력을 갖추게 되었다.

사람은 의지할 곳이 생기면 금세 긴장감을 내려놓는다. 반면 어린 아이들도 엄마가 도와주지 않을 것이 확실하면 스스로 생존의 길을 찾는다. 그래서 단단해진다.

물론 나도 엄마이기에 마음속으로는 자식들을 위해 멋진 간식을 만들어주고 적은 예산이나마 방을 예쁘게 꾸며주어 정서를 안정되게 해주고 싶었다. 아이들의 스케줄 관리까지 꼼꼼하게 잘 해주는 엄마들을 보며 부러워한 적도 많았다. 그러나 엄마의 적당한 방치가 아이들을 더 단단하게 만든다는 믿음이 있었기에 흔들리지 않았다.

욕구의 5단계설로 유명한 심리학자 매슬로 박사는 결핍의 심리학 이론에서 아이들은 엄마가 자신의 욕구를 미리 충족시켜주면 스스로 일할 필요성을 못 느끼기 쉽다는 점을 강조했다. 이 이론을 접한 이후로 나는 자식의 앞날을 위해 의도적으로 방치를 하는 나 자신을 확고히 믿을 수 있게 되었다.

아이들이 다 큰 지금 나는 더욱 자신만만하게 엄마들에게 말하고 싶다. 엄마 노릇은 다소 미숙해도 진정으로 자식을 사랑한다는 것만 알게 해주면 자식은 스스로 세상일을 해결해나갈 수 있는 능력을 기르게 된다고 말이다.

06

매력적이고 품위 있는
엄마가 되어라

영화 「친정 엄마」에 이런 장면이 나온다. 아침을 굶고 간 딸이 걱정돼 도시락을 싸 들고 학교를 찾은 엄마에게 딸이 불같이 화를 내고 폭언을 퍼붓는다. 사춘기 딸은 남루한 옷차림을 하고 온 엄마가 몹시 창피했던 것이다. 물론 딸도 돌아서서 자신의 태도를 반성하며 눈물을 흘렸지만 아마 그 딸은 같은 일이 벌어지면 똑같은 행동을 반복할 것이다.

요즈음 젊은 엄마들은 저렴한 의상으로도 코디를 잘해 멋스럽게 차려 입고 학교를 방문한다. 어린아이들은 친구나 선생님에게 자신의 엄마가 멋쟁이라는 말을 듣고 싶어한다. 어린아이들에게 학교는 라이벌인 친구들과 체면치레가 필요한 선생님이 계시는 곳이다. 그래서 엄마를 공개하는 것은 자신의 감춰진 자존심을 내보이는 것과 같다. 비록 동네 슈퍼마켓일지라도 자기 엄마가 무릎 나온 트레이닝복, 목 늘어진 셔츠, 부스스한 파마머리 차림으로 돌아다닌다면 아이들은 자존심을 다치게 된다. 그런데 집에서도 엄마의 그런 차림에 익숙해지면 성공한 사람에게 꼭 필요한 미적 안목이 길러지지 않는다. 어떻게 하루 종일 사람을 긴장시키는 차림으로 살 수 있느냐고 반문하는 엄마들도 있을 것이다. 하지만 의복 착용도 습관이다. 처음에는 다소 불편한 옷도 계속 입다 보면 어느새 습관이 되어 불편함을 못 느끼게 된다.

살림의 여왕 마사 스튜어트는 인터뷰마다 이렇게 강조했다.

"삶을 아름답게 만드는 것은 멋진 접시에 어우러지게 잘 담은 맛있는 음식, 휴지 하나도 미적으로 놓인 아름다운 주거 환경, 안목 있는 차림새다."

그렇다고 그녀가 대대로 잘사는 집 자녀였던 것은 절대 아니다. 그녀는 지독히 가난한, 폴란드에서 이민을 온 미국인이다. 당시 미국에서 폴란드인 이민자들은 아프리카 이민자 못지않게 무시당했다. 화장실에서 오물을 푸는 사람들을 싸잡아 폴리시(polish, 폴란드인)라고 부를 정도였다. 그런 그녀가 지방의 작은 대학을 졸업한 후 살림법을 사업화해 월스트리트의 주가를 출렁이게 만드는 거물이 되었다. 지금은 미국 동북부 메인 주에 있는 자동차의 왕족 가문인 헨리 포드 3세의 저택을 사들여 아름답게 개조해서 세계적인 명사들이 오래 머물고 싶어하는 집으로 뽑힐 만큼 잘 꾸며놓고 산다. 그녀의 사업 아이템은 요리 그릇, 각종 조리 기구, 세면대 장식품과 실내 인테리어 제품 및 직접 손으로 만들 수 있는 도구들이다. 대부분 주거 환경과 먹을거리를 아름답게 만들어주는 제품이다.

그녀는 자신의 살림 솜씨를 부모에게서 배웠다고 말한다. 아무리 형편이 어려워도 밥을 허겁지겁 먹지 않고 우아하게 먹는 태도, 부족한 식재료를 사용하더라도 아름다운 데커레이션으로 멋지게 상을 차리는 방식 등은 엄마에게 배웠고 셋집에 살면서도 손바닥만 한 크기의 빈터만 있어도 아름다운 정원을 만들고 가꾸는 습관은 아버지에게 배웠단다.

전 세계 어디서나 인간은 기본적인 식생활 문제가 해결되면 자신이 살고 있는 주거 환경을 아름답게 꾸미고, 먹을거리에 모양을 내고, 안목 있는 패션 감각으로 코디를 하는 등 삶의 질을 높이는 것에 열정을 쏟는다. 그런데 미적 안목은 어릴 때부터 기르지 않으면 돈을 아무리 많이 투자해도 어색하고 촌스럽다. 많은 사람이 졸부들을 우습게 여기는 이유는 돈을 아무리 퍼부어도 안목이 초라하면 거액을 투자해도 아름답지 않기 때문일 것이다. 엄마가 돈이 있으면 있는 대로 없으면 없는 대로 가급적 아름답고 매력적인 여인의 모습을 보여주어야 자녀에게 품격 있는 미적 안목을 길러줄 수 있다.

나는 집안일이나 아이들의 준비물 챙기는 것에는 재능이 없었지만 찻잔 하나를 사더라도 까다롭게 고르고 집에서도 무릎이 나온 바지나 목 늘어진 셔츠는 입지 않았다. 이러한 태도 역시 친정어머니에게 배웠다. 친정어머니는 아무리 더워도 집 안에서조차 매일 새하얀 동정을 바꿔 단 단정한 한복을 입고 지내셨다. 친정아버지 역시 여름에도 매일 해체해서 세탁하고 다시 꿰매야 하는 모시 한복을 입고 지내셨다. 그런 모습을 보고 자란 덕분에 나는 집에서도 가급적 옷을 품위 있게 입고 지내는 것이 몸에 배었다. 두 아들 역시 이런 내 모습을 보고 자랐기 때문에 자기도 모르게 패션에 관심이 높아져 미국이나 프랑스에서도 무시당하지 않고 잘 지낼 수 있었다. 음식 기호 또한 까다롭게 길렀더니 세계적인 부호들 앞에서도 전혀 꿀리지 않았다.

아이들을 다 키워놓고 되돌아보니 학력보다는 언제 어디서나 사람 됨됨이를 파악할 수 있는 식탁 예절, 기호품의 종류와 그에 관한 지식, 패션 안목 등이 더 중요하다는 확신이 든다. 모든 엄마가 완벽한 현모가 될 수는 없다. 살림보다 모양 내기를 더 좋아하는 엄마도 있을 수 있다. 만약 이 글을 읽는 당신이 살림에 서툴다면 자책은 거두길 바란다. 자신이 잘하지 못하는 것에 스트레스받으며 애쓰는 대신 자식들에게 미적 안목을 키워주는 데 힘쓰면 된다.

영상 미디어 시대인 지금은 딸뿐만 아니라 아들에게도 자기 연출 능력이 대단히 중요하다. 뉴욕과 파리에 사는 두 아들은 현지인 친구들의 영향으로 고등학교 때부터 지금까지 남성 패션 잡지를 정기 구독한다. 미국 등 서구 선진국은 기본 식생활을 해결한 지 오래돼 이미 오래 전부터 자기 연출 능력으로 사람 됨됨이를 판단한다. 그래서 빈티지를 입더라도 미적 감각을 살려 연출해야 대접을 받을 수 있다.

오프라 윈프리 쇼에 출연한 『해리 포터』작가 조앤 롤링은 익히 알려진 대로 영국인이다. 그녀는 오프라 윈프리 쇼에 나와 이런 말을 했다.

"갑자기 떼돈을 번다고 해서 패션 안목이 생기는 것은 절대 아니다. 어릴 때부터 감각을 키워야 가능한 것이다."

국제적인 분위기가 이런 만큼 자식이 국경을 넘나들어도 환영받는 인재로 만들려면 엄마가 미리 미적 안목을 기를 수 있는 기회를 만들어주어야 한다. 대부분의 부모들이 공부는 때를 놓치면 못한다며 아이들에게 공부하라고 닦달한다. 그러나 삶의 격을 높이는 미적 안목 역시 몸에 익히는 시기를 놓치면 아무리 노력해도 인위적인 티가 나서 크게 성공을 해도 졸부 취급을 받기 십상이라는 사실은 간과한다.

사람들은 첫 만남에서 상대편과 어디까지 관계를 맺을 것인지 생각하게 마련이다. 알게 모르게 상대편에게 오디션을 받는 셈이다. 이때 평가 점수가 낮으면 인간관계가 진전되지 않는다. 국제적인 비즈니스에서는 일일이 학력, 집안, 인품을 따지지 않는다. 만나는 순간의 말씨, 식탁 매너, 차림새 등 겉으로 풍기는 기품으로 사람을 판단하는 것이다.

유럽인들은 입맛과 기호 그리고 복장 선택이 매우 까다롭다. 와인은 기본이고 치즈니 향료니 칵테일이니 내용과 맛의 미묘한 차이를 설명하지 못하면 원시인 취급을 하기도 한다. 맥주 하나를 마셔도 그냥 마시기보다 종류, 유래, 맛의 미묘한 차이에 대해 설명할 줄 알아야 한다. 조앤 롤링처럼 한때 국가 지원금으로 살다가 작가로 거부가 된 사람도 어릴 때부터 패션 감각을 기르지 않으면 졸부 티가 난다는 것을 공개적으로 이야기하는 것만 보아도 미적 감각에 대한 중요성은 여러 번 강조해도 부족함이 없을 것이다.

한편 미적 감각에 예민한 유럽에서 건너온 사람들이 주류를 이루는 미국에서도 사정은 비슷하다. 일본 등 동양의 선진국도 마찬가지다. 그들과 경쟁하고 협력하려면 엄마는 자식이 아주 어릴 때부터 생활 미학적 안목을 키워주어야 한다.

나는 자식이 공부를 잘해서 명예로운 직업을 갖고 폼 나게 사는 것 못지않게 일상생활에서 품위를 지키며 사는 것이 중요하다고 생각한다. 한 번쯤 곰곰이 생각해보자. 자식이 좋은 학교를 나와 좋은 직업을 가지고, 많은 돈을 벌기를 희망하는 것은 결국 질 높은 삶을 위함이 아닌지를 말이다.

07

엄마가 집을 비운 사이
아이는 성장한다

"엄마, 가지 말고 나랑 놀아요. 가지 마세요, 엄마."

우리 아이들도 말을 배운 후부터 엄마의 출근을 결사반대했다. 출근하는 엄마를 발견하면 온 힘을 다해 다리를 붙들고 놔주지 않았다. 적어도 5분 이상 실랑이를 벌이곤 했다. 놀아달라고 떼쓰는 자식을 억지로 떼어놓고 돌아서는 엄마의 심정은 겪어본 사람만이 이해할 수 있을 것이다.

맞벌이 엄마들은 자식 이야기만 나오면 목이 멘다. 입만 열면 애들에게 너무 미안하다며 모기만 한 목소리로 반성한다. 아직 엄마가 기둥이요 수호신인 어린 자식이 엄마를 붙잡고 가지 말라고 애절하게 매달리는데 그 뜻을 받아주는 대신 억지로 떼놓아서 미안해 한다. 또 다른 집 엄마들처럼 맛있는 간식 하나 못 만들어주니 미안하고 같이 놀아주며 정서와 감성이 풍부해질 기회를 만들어주지 못해 미안하다는 등 미안한 것 투성이라고 입을 모은다. 그러나 엄마가 일하느라고 직접 돌볼 수 없는 것에 대해 자식에게 미안하다며 쩔쩔 매는 태도를 보이는 것은 자식의 사람 됨됨이를 작게 만들 뿐이다.

나는 그 부분에 있어서 상당히 뻔뻔했다. 어린 자식들을 떼어놓고 출근하며 미안하다는 말을 해본 적이 없다. 마음으로부터 미안해한 적도 거의 없었던 것 같다. 내 성격이 지독하게 냉정해서일까? 어쩌면 그럴지도 모른다. 그러나 나의 그런 태도가 아이들의 자립심과 세상을 향한 자신감을 길러줄 수 있다고 굳게 믿었다. 이런 신념은 아이들을 다 키운 다음에 더욱 확고해졌다.

나는 겨우 말을 배우기 시작한 어린 두 아들이 출근을 방해하면 엄마가 놀러 가는 거 아니라고 단호히 말했다. 아직 어린아이들이 지만 엄마의 추상같은 서슬에 놀라 멈칫 물러설 정도로 내 태도는 냉정했다. 그 대신 상황을 이해할 수 있게 자세히 설명해주었다. 그 래서 엄마가 부재중이어도 엄마는 다른 엄마들처럼 너희를 사랑한 다는 사실을 알게 했다. 나는 이렇게 말했다.

"엄마도 하루 종일 너희하고 놀 수만은 없어. 일을 해야 해. 너희 도 하루 종일 엄마만 바라보고 있을 수는 없어. 엄마가 옆에 있어도 장난감 가지고 놀아야 하잖아. 너희는 장난감 가지고 놀면 되지만 어른들은 노는 것보다 더 열심히 일을 해야 해. 그래서 집에서 너희 하고 있을 수만은 없는 거야. 밖에 나가서 일을 하고 돈도 벌어야 너희 장난감도 더 많이 사고 음식도 더 맛있는 것을 살 수 있어."

물론 이제 막 말문을 뗀 어린 아기들이 엄마의 설명을 이해할 거라는 기대는 안 했다. 엄마의 서슬에 멈칫하다가 다시 발버둥을 치며 도리질하는 아기들에게 엄마의 구구절절한 설명이 귀에 들어올 리 만무하다는 것도 모르지는 않았다.

그러나 나는 엄마가 아이들에게 떳떳한 이상 죄인처럼 굴 필요는 없다고 생각했다. 그래서 아이들의 생떼에 밀리지 않는 차분하지만 단호한 목소리 톤으로 "자, 이제 그만 엄마 가야지, 뽀뽀."라고 일방적으로 말하고 서둘러 출근하곤 했다.

그러던 어느 날 그런 내 태도가 너무 차가워 보였는지 도우미 아주머니가 출근하는 나를 붙들고 부탁했다. 내가 아기들 눈에 안 띄게 집을 나가면 별말 없이 하루 종일 놀게 할 테니 그렇게 해달라는 것이었다. 엄마가 아기들 감정을 들쑤셔놓고 출근하면 자신이 아기들 달래는 것에 진이 빠져 너무 힘들다는 것이다. 그러나 나는 아이들을 그런 식으로 기만하는 것은 좋지 않다고 말했다. 오히려 아주머니를 설득했다. 조금만 참으면 곧 괜찮아질 거라며 약간의 보너스를 드리고 마음을 돌리게 한 것이다. 나는 어린 아기들에게도 사람 사는 데서 일어나는 대부분의 현상을 있는 그대로 알려주는 것이 옳다고 믿었다. 그래야 나중에 세상에서 벌어지는 놀랍고도 충격적인 여러 사건에 대처할 능력이 생길 것 아닌가.

그런 내 신념은 고3 때 친정엄마가 돌아가시고 동생들의 양육을 떠맡으면서 확고해졌던 것 같다. 여섯 살짜리 막내 남동생은 엄마가 돌아가시던 날 동네 아이들하고 딱지치기를 하느라고 집 안에서 무슨 일이 벌어지는지는 전혀 관심이 없었다. 막내는 잡기에 능해서 서너 살 위인 동네 형들을 휘어잡으며 골목대장 노릇을 했다. 그날따라 초등 3~4학년 형들에게 엄청나게 많은 딱지를 땄다.

그 당시의 장례식은 보통 매 시간 곡을 하는 유교식이었다. 곡을 할 때마다 막내에게 억지로 흰 도포와 머리에 짚 똬리를 입혀 참여시켰다. 촌수가 가까운 친가 쪽 사촌들이 골목에서 노는 막내를 데려오는 전담반이 되었다. 막내를 데려오려는데 한창 따는 중인데 왜 방해하느냐 소리치며 거세게 항의했다. 일부 친척들이 그 모습을 지켜보며 우리 아버지에게 말했다.

"차마 눈 뜨고는 못 보겠네. 어린애에게까지 굳이 엄마가 돌아가신 것을 각인시킬 필요가 있는가? 그냥 놔두지그래."

그러나 우리 아버지는 충고한 사람들이 무색해할 정도로 "그게 무슨 못 배워먹은 소리야! 나이가 어리건 많건 자식은 자식이야. 엄마가 저세상으로 가시는데 예의를 갖추는 것이 자식 된 도리인데 감추기는 뭘 감춰? 당장 데리고 와."라고 불호령을 내리셨다. 아버지의 그런 훈육 방침 때문에 우리 막내는 애써 따 모은 딱지를 흰 도포 자락에 싸안고 돌아오는 조건으로 제사상 앞으로 끌려와 나오지도 않는 울음소리를 내며 곡을 해댔다. 그 덕분인지 막내 동생은 사춘기 때 나만 엄마가 없느니 어쩌니 하며 말썽을 피운 적도 없다. 오히

려 엄마가 멀쩡히 살아 있는 다른 집 아이들보다 더 조용하게 사춘
기를 넘겼다.

아마 나는 그런 결과를 지켜볼 수 있어서 어린아이들에게도 부모
가 처한 현실을 정직하게 공개하는 것이 옳다는 확신을 갖게 되었
던 것 같다. 개인적인 우리 집 사정을 일반화하기에는 무리한 주장
일 수도 있다. 그러나 해외에 나가 살면서 어릴 때 자립적으로 자란
사람들이 쉽게 어려움을 극복한다. 또 실패에 굴하지 않고 실패를
해도 반드시 일어서는 사례를 많이 접하면서 내 확신은 더욱 공고
해졌다.

우리 두 아들은 한동안 엄마 출근 저지에 올인하더니 그래봤자 안
통한다는 판단이 섰는지 슬그머니 엄마의 출근 저지를 포기했다.
그 대신 출근 때마다 간곡하게 빨리 오라는 작별 인사를 했다. 그랬
던 애들이 초등학교 입학 후로는 내가 회사 그만둘까하고 슬쩍 물으
면 그러실 필요 없다며 펄쩍 뛰며 말렸다. 어쩌다 엄마가 집에 머물
때면 자기들과 같이 놀아주는 것이 아니라 감시자로 변하는 것이 부
담스러웠던 것 같다.

나의 이러저러한 경험들을 통해 맞벌이 엄마들에게 이야기해주고
싶은 것은 엄마의 부재를 미안해할 것이 아니라 아이들이 자랑스럽
게 느낄 수 있도록 이해시켜야 한다는 것이다. 엄마의 사회생활은
미안한 것이 아니라 자랑스러운 것이 되어야 한다. 엄마가 프로페
셔널이건 파트타임으로 일을 하건 집안일과 사회생활을 동시에 한

다는 점은 분명 자랑스러운 일이다. 엄마가 자식에게 특별히 잘못한 것이 없음에도 쩔쩔매고 미안해하면 자식은 우유부단한 길잡이를 믿고 망망한 사막 길을 여행해야 하는 것과 같은 불안감을 안고 세상살이에 나설 것이다.

세상은 수많은 변수로 이루어진 곳이다. 인간은 그런 모든 변수들을 스스로 극복해야만 살아남는 무서운 탐험의 연속선상에 서 있다. 아직 어리고 판단 능력이 생기지 않아 인생이 무엇인지 전혀 모르는 아기들에게는 예측하지 못할 온갖 상황에서도 꿋꿋하게 든든한 길잡이 노릇을 해줄 부모가 필요하다. 망망한 인생의 바다로 떠나는 자식의 든든한 길잡이가 되려면 부모가 떳떳한 일을 하면서 자식에게 미안하다며 쩔쩔매지 말아야 한다. 부모가 떳떳한 일을 하면서도 괜스레 미안해하면 자식은 도대체 무엇을 목표로 미안하지 않게 살아야 할지를 배울 수 없게 된다.

엄마가 맞벌이로 고생하면서 단지 자식을 직접 돌보지 못한다는 이유로 미안해하다 보면 자식의 요구를 돈으로 보상하기 쉽다. 자식에게 필요 이상의 돈을 주는 것은 독이 된다.

어릴 적부터 돈의 힘에 기대면 꿈이 필요 없어진다. 뚜렷한 삶의 목표도 불필요한 것으로 느끼게 된다. 자잘한 욕구가 바로바로 돈으로 충족되기 때문이다. 그로 인해 한없이 게을러지기까지 한다. 게다가 엄마가 아이들을 직접 돌본다고 해서 양육 노하우가 많은 할머니나 전문가에게 맡기는 것보다 더 잘 기른다는 보장도 없다. 물론 모자라는 가계 수입 또는 여러 가지 형편상 자식을 할머니나 전문가에게 맡기지 못하고 이 사람 저 사람의 손에 맡길 경우 어린 자식의 인성, 습관, 태도, 도덕관 등이 어떻게 변질될지 걱정되는 것도 무리는 아니다. 그러나 내 경우, 아이들을 다 길러놓고 보니 자식은 부모와 얼마나 오랜 시간을 같이 지내느냐보다 부모와 어떤 가치관을 공유하느냐에 더 큰 영향을 받는다는 것을 알게 됐다. 부모가 온종일 돌보지 못해도 만날 때마다 관심과 애정을 충분히 쏟으면 아이들은 엄마들이 생각하는 외부 영향을 엄마들이 생각하는 것보다 훨씬 적게 받는다.

나는 부모가 짧은 시간이지만 일관되게 심어준 관심과 애정, 가치관, 그리고 아이의 자율성을 위한 의도적 방치는 어떤 어려운 문제도 자기 스스로 해결해야 한다는 의지를 아이의 뇌에 깊이 각인시킨다고 생각한다. 실제로 여섯 살, 아홉 살의 어린 나이에 엄마를 잃었지만 엄마 곁에서 애지중지 보살핌을 받으며 성장한 다른 아이들과 비교하여 손색없이 자란 내 남동생들을 보며 더욱 굳게 믿게 되었다.

사실 부모가 온갖 정성을 다해 돌본 아이 중에도 누구도 손댈 수 없는 반항아로 자라는 경우가 있고 부모의 손길이 부족하게 자랐지만 타의 모범이 되는 청소년으로 자라는 아이도 많다. 결국 부모가 자식을 얼마나 오래 직접 돌보는가가 아니라 짧은 대면이지만 얼마나 깊은 관심과 사랑, 공감, 그리고 아이의 자립심을 위한 의도적 방치가 자식에게 제대로 전달되었는가에 달려 있다는 반증이 아니겠는가.

창의적인 아이디어로 이른 나이에 성공하고 일자리 걱정을 전혀 할 필요가 없는 인재들은 대부분 부모가 있어도 어린 나이에 다른 대륙으로 옮겨가 살거나, 부모의 감시와 보살핌이 미치지 않는 낯선 곳으로 떠나 자기만의 세계를 일구어낸 사람들이다. 이들이 세계 경제의 주류 그룹이 되면서 사람들은 이 시대를 '글로벌 노마드 시대'라고 부른다. 인류가 한곳에 정착하지 못하고 떠돌이 생활을 하던 시절의 유목민들을 '노마드'라고 부른 데서 현재보다 나은 정착지를 찾아 떠도는 사람들을 '뉴 노마드'라고도 부르기도 한다.

앞으로는 점점 더 한곳에 정착하지 않고 자유롭게 떠돌며 새로운 시장을 만들어나가는 사람들이 중산층 계급 군을 두텁게 차지할 것이다. 엄마의 살뜰한 보살핌보다 적당한 간격을 두고 자립심을 길러준 아이들의 시대가 오는 셈이다. 맞벌이하는 것에 대해 자식에게 쩔쩔매지 않고 오히려 사회생활을 하는 자신을 당당하게 여기는 엄마가 자식을 진정한 경제 주역으로 기를 수 있는 시대가 온다는 것은 정말 반가운 일이지 않은가.

08

가정의 경제상황을
아이에게 알려라

"졸업식에 가려면 참가비만 750달러 내야 해요. 졸업 가운 대여비 250달러, 참가비 500달러거든요. 그 돈이면 한 달은 굶지 않을 수 있어요. 그러니 엄마! 졸업식 참석은 안 하는 게 좋겠어요."

작은아들이 대학을 졸업할 무렵에 우리 집의 경제 형편은 최악이었다. 국가 경제가 움츠러들면서 출간한 책들이 잘 팔리지 않았고 강의 요청도 크게 줄었다. 게다가 경영을 잘 알지 못한 상태에서 덩그러니 규모가 큰 회사를 차려 매달 경상비 지급조차 쪼들리는 경제적 악순환이 거듭되었다. 공직자로 오래 머물다가 독립해서 사업을 시작하고 보니 수입 지출 균형을 맞추는 방법을 몰라 엄청난 손실이 발생했다. 그 결과 두 아들의 대학 등록금도 제때 내지 못해 아이들이 학교 건물 출입이 차단돼 창피함을 겪은 적도 있다. 두 아들 모두 미국에서 유학 중이었기 때문에 제때 학비를 내기에도 허리가 휘청였다. 사업이 흔들리자 돈이 생기기 무섭게 직원들의 봉급으로 지출해야 했다. 당연히 아이들의 학비를 보낼 여력이 없었다. 그런 상황이 작은아들의 대학 졸업식 직전까지 이어졌다. 결국 작은아들은 졸업식에 참석하지 못했다. 그때는 정말로 가슴이 많이 아팠다.

작은아들은 엄마인 내가 그 일로 많이 속상해하자 나를 위로했다.

"엄마, 그러실 필요 없어요. 우리 학교 애들은 원래 졸업식에 반 정도밖에 참석 안 해요. 졸업식을 단과 대학별로 하기 때문에 졸업식 의미도 별로 없어요." 그리고 덧붙였다.

"늦었지만 등록금도 내고 졸업장을 받게 된 것만 해도 정말 다행이에요. 그깟 졸업식 참석이야 나중에 대학원 때 해도 되잖아요."

그러나 마음이 편치 않았다. 나는 아들에게 이것저것 꼬치꼬치 캐물었다. 같은 과에 다니는 룸메이트 알렉스는 이미 졸업 가운을 빌려 세탁소에 맡겼다고 했다. 한 집에서 지켜보는 아들의 심정이 오죽할까 싶어 가슴이 더욱 아팠다. 하지만 회사 운영이 급선무여서 아들의 졸업식 경비 750달러를 끝내 마련해줄 수 없었다. 작은아들은 대학 졸업식에 참석하지 못했기 때문에 졸업은 했으나 졸업 사진은 남기지 못했다.

살다 보면 가정 경제가 흔들리고 커다란 시련에 빠질 수 있다. 지금 잘나간다고 해도 영원불변하지는 않은 법이다. 대체로 부모는 가정 경제가 흔들리면 자식에게까지 충격을 주지 않으려고 최대한 알리지 않고 버틴다. 그러나 내 생각은 다르다. 지금까지 내가 겪은 경험에 의하면 가족에게 일어난 좋은 일, 안 좋은 일 모두 자식과 공유해야 한다고 생각한다.

방송국에 다닐 때 알고 지낸 대기업 임원 한 분이 있었다. IMF 금융 위기 전까지 정말로 잘나가던 분이셨다. 그분은 해외 출장이다, 주재원 근무다 해서 거의 외국인처럼 살았다. 회사의 대우도 최상급이었다.

그에게는 아들과 딸, 이렇게 두 자녀가 있었다. 미국 지사 근무 시절 데리고 나가 현지에 두고 귀국했다. IMF 한파가 오기 전까지는 자식들이 현지에서 적응을 너무나 잘해 모두들 부러워했다. 그러나 경제 위기가 오면서 회사에서 크게 인정받던 그가 해고를 당했다. 모아둔 재산은 없지만 탁월한 능력으로 고소득을 올려 그때그때 풍족하게 살아온 그는 봉급이 끊기자 금세 경제적인 어려움에 처했다. 당장 두 자식의 미국 유학비와 생활비가 만만치 않았지만 자식들에게는 아버지의 해고 사실을 알리지 않았다.

한동안은 퇴직금으로 아이들의 학비와 생활비를 예전만큼 보내주었다. 그러나 목돈을 뽑아 쓰다 보니 통장은 금세 바닥이 드러났다. 그는 워낙 오랫동안 탁월한 능력을 인정받아온 터여서 '조금만 지나면 재취업이건 뭐건 새로운 수입원을 찾을 수 있겠지'라는 막연한 기대로 하루하루를 버텼다. 그러다가 미국에서 공부하는 자식들의 학비는커녕 귀국할 비행기표를 끊을 돈조차 보낼 수 없는 지경에 이르렀다. 전업주부인 아내는 그때까지 남편만 바라보며 살았고, 남편은 땅에 떨어진 자존심과 위상에 절망했지만 속수무책이었다.

달라진 집안 형편을 전혀 모르던 자식들은 아버지에게 전화해서 따졌다.

"우리를 국제 미아로 만드실 거예요? 언제 돈 부치실 거예요?"

대꾸할 말이 없어 전전긍긍하던 그는 마침내 수면제를 잔뜩 입에 털어 넣고 말았다. 그러나 다행히 목숨을 잃지는 않았다. 그 사건 이후 가까운 친척들에게 집안 형편이 알려져 약간의 도움을 받아 자식들의 귀국 비행기표를 구할 수 있었다. 그러나 급히 귀국한 자식들은 달라진 집안 형편에 적응하지 못하고 온갖 짜증과 투정으로 부모를 괴롭혔다. 아이들은 추락한 가정 경제에 적응할 겨를 없이 현실과 맞부딪혀 큰 충격을 받은 것 같았다. 나는 그 집 사정을 전해 들으면서 그가 차라리 회사에서 잘리자마자 자식들에게 형편을 알려 마음의 준비를 시키고 귀국시켰다면 자식들이 좀 더 성숙한 태도를 갖게 되지 않았을까 하는 아쉬운 생각이 들었다.

가족은 공동체이다. 부모로서도 어떻게 해볼 수 없는 재앙이 가정을 덮칠 수 있다. 부모가 그 모든 짐을 책임질 수 있다면 좋겠지만 대부분의 재앙은 그 정도를 훨씬 초월한다. 그런 상황에서도 많은 부모들은 자식들에게 시련을 안겨주지 않기 위해 그 사실을 비밀에 부친다. 그러고는 스스로를 희생하려는 모드로 돌아선다. 그러나 옛말에 '호미로 막을 것 가래로 막는다'는 말이 있듯 그런 문제일수록 발생 초기에 자식들에게 알리고 함께 해결책을 찾는 것이 낫다. 이러한 사실을 알리는 데 있어 자식의 나이는 중요하지 않다. 한시라도 빨리 가정의 형편을 알려야 회복을 빨리 앞당길 수 있다.

2011년 우리나라 방송 프로그램 중에는 유난히 조연급 배우들의 인터뷰 내용이 많았다. 그중 탤런트 안내상 씨는 한 번의 TV 토크쇼 출연에 인터넷 검색어 1위 인물로 급부상했다. 지독한 가난과 고난을 이겨낸 감동 스토리 때문이었다. 잠시 인터뷰 내용을 소개하겠다.

그는 일곱 살 무렵 아버지의 사업 실패로 노인들이 고기 대신 쥐를 잡아 구워 먹는 동네에서 자랐다고 한다. 그의 지독한 가난 체험은 신세대 MC에게 "정말이세요?"를 연발하게 만들었다. 악역 전문 배우 김정태 씨 역시 한 예능 프로그램을 통해 부각되자 대형 토크쇼 프로그램에 초대되었다. 부유하던 집안의 갑작스런 몰락과 함께 병으로 세 번의 죽을 고비를 넘기면서도 연기자의 길을 걸어온 그의 사연 역시 단번에 검색어 1위를 장식했다. 성공이란 시련에 얹혀서 오는 법. 세상에 혜성처럼 나타난 유명인사는 없다. 보이지 않는 곳에서 꺾어지고 무너지기를 수십 번 반복하다가 우뚝 설 기회를 잡는 것이다.

세계적인 성공 인물 중에 우리가 잘 아는 스티브 잡스나 스티븐 스필버그, 오프라 윈프리 같은 사람들도 입양아, 부모의 이혼, 고아 등 남다른 성장 과정 속에서 숱한 시련과 좌절을 이겨내고 우뚝 선 사람들이다.

나는 두 아들에게 집안 형편이 매우 힘들다는 사실을 감추기보다 솔직히 알리고 협조를 요청했다. 그랬더니 스스로 졸업식 참가비로 한 달 식비를 해결하겠다고 말했다. 당시에는 가슴이 많이 아팠지만 지금 생각해보면 그런 과정에서 인생 공부를 많이 했을 것이라고 생각한다. 그런 일을 겪고 난 후 두 아들은 돈의 중요성과 가정 경제에 자신들도 기여해야 한다는 책임감을 갖게 되었다.

세상에는 항상 위기와 기회가 공존한다. 잘나가던 회사가 하루아침에 남의 손에 넘어가고 대기업에서 인정받던 임원이 직장에서 해고당하는 일은 끊임없이 존재한다. 풍요롭게 살던 아이들이 경제적 위기를 겪으면 더 크게 좌절한다. 그러나 마음의 준비만 있으면 극복이 불가능한 것은 아니다. 우리 두 아들 역시 맞벌이 부모 덕분에 경제적으로 큰 어려움 없이 성장하다가 대학 졸업 무렵 부모의 사업이 어려워져 제때 학비도 못 내고 끼니를 걱정하는 상황에 처하기도 했다. 심지어 졸업식 참가비를 아껴서 먹을 것을 사야 했다. 만약 내가 두 아들에게 집안 형편이 어렵다는 사실을 곧바로 알리지 않았다가 문제가 더 커진 후 알렸다면 두 아들은 더 큰 좌절을 겪어야 했을 것이다. 그래서 나는 집안 형편이 어려워지면 부모만 희생하지 말고 자식들에게 알려 희생을 조금씩 나누어야 빨리 회복될 수 있다고 이야기해주고 싶다.

엄마가 여유를 갖고 행복을 되찾으면 아이도 덩달아 마음이 편안해지고 활기가 생긴다. 아이들은 그런 마음이 유지되어야 하고 싶은 일을 찾아 열정을 다 바칠 수 있다. 이제는 엄마가 자신을 먼저 챙기고 자신의 행복을 추구할 때 아이를 잘 키울 수 있는 시대다.

4장

당당하고 똑똑한 아이로 키우는 엄마의 습관

당당하고 똑똑한 아이로 키우는 엄마 습관은 무엇일까? 아이들은 엄마의 습관을 보고 배우며 자란다. 엄마가 어릴 때부터 공부를 즐길 수 있는 습관을 길러주면 된다. 학교 성적과 입시제도, 그리고 기업의 사원 선발에서 과목별 성적보다 다양하고 광범위한 지식에 높은 점수를 주는 추세다. 풍부한 지식과 인성, 창의력, 협업과 인간관계 스킬 등이 학과 점수 못지않게 중요시되고 있다. 그런 것들은 엄마가 아이에게 어떤 습관을 어떻게 심어주느냐에 달렸다.

이 장에서는 자녀가 아주 어릴 때부터 스스로 공부하는 즐거움을 느끼도록 머리를 세팅해준 후 반항기가 오기 전에 자율권을 주는 미래형 좋은 엄마의 노하우에 대해 알아보자.

01
냉정한 방목으로 독립심을 키워라

"우리 딸들은 자기 방을 통 치울 줄 몰라. 창피하니까 그 방은 안 보여줄게, 선배."

결혼과 동시에 퇴직한 방송국 후배가 큰 집을 사서 이사했다며 집들이에 초대했다. 집 구경을 시켜주며 고교생 딸들 방 앞에서 딸들 방은 방이 아니라 쓰레기통이라는 말을 했다. 10대 자녀를 둔 엄마치고 자식과 방 청소 때문에 싸우지 않는 경우는 없을 것이다. 미국도 사정은 마찬가지다.

그러나 내가 아는 한 미국 부모들은 그 문제로 자식과 다투는 일이 극히 드물다. 보통 자식이 10대쯤 되면 지저분한 방에서 살든 깨끗한 방에서 살든 그것은 아이 스스로 결정할 일로 여긴다. 그 대신 공동 공간에서는 철저히 자기가 어지럽힌 것은 자기가 정리하도록 하게 한다. 또 자기가 식사한 접시는 반드시 깨끗이 씻어 제자리에 두도록 훈련시킨다. 거실을 자기 물건으로 어지르거나 세탁기 앞에 빨래를 늘어놓는 행동도 절대 용납하지 않는다. 대신 자기 방은 돼지우리처럼 사용하건 호텔처럼 깨끗하게 사용하건 절대 부모가 상관하지 않는다.

미국으로 건너간 지 얼마 안 되어 두 아들의 학교 친구들을 집으로 초대했다. 나는 미국 아이들에게 한국 음식도 소개할 겸 갈비를 맛있게 구워 대접했다. 그런데 마치 누가 시킨 것처럼 아이들은 자기가 쓸 그릇을 알아서 찾아내어 덜어 갔다. 식사 후에는 접시를 깨끗이 씻어 제자리에 두고 나갔다. 괜찮으니 그냥 싱크대에 두고 가라고 말하자 내가 먹은 접시이니 내가 처리하겠다며 뒤처리를 마치고는 자리를 떴다. 솔직히 10대 청소년들을 한꺼번에 여러 명 초대해서 설거지할 일이 걱정되기는 하였다. 그런데 아이들 스스로 자기가 사용한 그릇을 처리해주니 한결 수월하게 마무리할 수 있었다.

한국에 있을 때도 나는 맞벌이를 이유로 줄곧 남의 손에 집안일을 맡겼다. 으레 아주머니가 빨래와 청소 등을 해주었기 때문에 두 아들은 어릴 때부터 자기가 할 일을 스스로 처리하는 훈련이 되어 있지 않았다. 음식 먹은 그릇이나 공동 공간을 어질러도 아주머니가 얼른 치워주고는 했다. 그 때문에 미국에 와서도 혼자서 자기 방을 정리할 줄을 몰랐다. 그래서 미국 친구들에게 "너는 침대 정리하는 법도 안 배웠니?" "너는 네가 먹은 접시를 왜 안 씻니?" 등의 놀림을 많이 받았다. 스스로 자기 뒤치다꺼리를 할 수 있게 되기까지 꽤 많은 고통과 갈등의 시간이 필요했다. 그때 나는 두 아들에게 자기 스스로 뒤치다꺼리하는 방법을 가르치지 않은 대가를 정말로 톡톡히 치르고 있다는 것을 알게 되었다.

우리가 막 미국에 건너간 1990년대 중반 미국 학교에서는 남자애들도 예사롭게 가사 수업을 받았다. 가사 수업에서 요리는 물론 배수구, 하수구 청소법, 싱크대 사용법, 찬장에 그릇을 정리하고 쓰레기를 처리하는 법까지 가르쳤다. 두 아들도 가사 수업에서 제법 많은 살림법을 배울 수 있었다. 그 덕분에 자기 뒤치다꺼리는 스스로 해결하는 태도를 꽤 어릴 적에 배운 편이다.

그 과정을 지켜보면서 나는 자식들이 아주 어릴 때부터 스스로 자기 뒤치다꺼리를 하는 훈련을 시키면 엄마의 육아 부담을 크게 줄일 수 있을 뿐만 아니라 자식들에게 생활 기술을 익힐 수 있는 기회를 만들어주는 일석이조의 결과를 가져온다는 것을 깨달았다.

미국에서 같은 아파트에 살아 친해진 한 유학생 부부가 있었다. 아이를 미국에서 낳았는데 둘 다 학생이어서 아기를 학교 탁아소에 맡겨야 했다. 대학 내 탁아소는 아기가 아장아장 걷기 시작하면 자기 뒤치다꺼리를 스스로 하는 훈련부터 시킨다. 탁아소의 낮잠 시간이 끝나면 이불을 직접 잘 접어서 제자리에 보관하도록 시킨다. 간식 접시도 직접 닦아서 제자리에 두도록 시킨다. 장난감들 역시 수업을 마치자마자 개인 바구니에 담아 보관하도록 시킨다. 그때

익힌 습관으로 아기는 집에 돌아가서도 자기 물건은 스스로 정리한다. 어느 날은 그 유학생 부부의 집을 방문했는데, 아기가 있는 집이라고는 믿을 수 없을 만큼 깨끗해서 깜짝 놀랐다.

몇 년이 지나 그 아기 엄마를 서울에서 만났다. 그녀는 서울의 한 국책연구소에서 근무하고 있었다. 서로 반기며 이런저런 이야기를 나누었다. 아기가 벌써 초등 3학년이 되었다고 했다. 그런데 스스로 자기 뒤치다꺼리를 하지 않아 자주 다툰다고 했다. 세 살 버릇 여든까지 간다던데 미국에서 기른 그 좋은 습관들은 다 어디로 간 거냐고 물었다. 그녀가 씁쓸하게 웃으며 저간의 사정을 털어놓았다. 남편은 외아들이었는데 공부를 마치고 귀국할 무렵 시아버지가 돌아가셔서 시어머니와 합가해야 했다.

시어머니는 전형적인 현모양처로 자식을 위한 종노릇을 자처하는 분이셨다. 손자들이 자기가 덮었던 이불을 스스로 개키려고 하면 할머니가 할테니 너희는 공부나 열심히 하라며 이불을 빼앗아 대신 갰다. 장난감과 학용품을 치우는 것도 같은 식이었다고 한다. 처음에는 시어머니에게 그러지 말고 아이들이 알아서 정리하도록 해달라고 간곡히 부탁했다. 그러자 시어머니가 화를 내며 말하셨다.

"어린것들이 뭘 안다고 그런 일까지 시켜? 나는 그런 거 하는 데 하나도 힘 안 든다."

자신이 집안일을 맡을 처지도 아니고 시어머니가 집안일을 도맡아주시는 것만 해도 감지덕지하다 싶어 입을 봉했단다. 그러는 사이에 집 안은 어지르는 사람 따로 치우는 사람 따로 식의 시스템이 만들어졌다. 자식들이 버릇없는 왕자와 공주로 변하는 것이 걱정되었지만 뾰족한 방법이 없다고 했다.

미국 사람들은 아이들 교육을 잘 시키고 우리는 그렇지 않다는 이야기를 하는 것이 아니다. 미국은 개인주의가 보편화된 나라이다. 성인이 된 자식이 노부모를 돌보지 않고 부모 역시 열여덟 살이 지난 자식을 돌보지 않는다. 대부분의 자식은 대학에 입학할 나이에 집을 나오게 된다. 물론 부모로부터 경제적 지원도 끊긴다. 결혼을 하고 아기가 생겨도 부모의 원조는 기대도 하지 못한다. 웬만한 부자가 아니면 고액의 육아 대행 도우미를 구하는 것은 꿈도 꾸지 못한다. 주부의 80퍼센트 이상이 맞벌이다. 아이이건 어른이건 남의 뒤치다꺼리를 해줄 처지가 못 된다. 그런 사회적 배경을 통해 아기가 아주 어릴 때부터 자기 뒤치다꺼리를 스스로 처리하는 문화가 정착된 것 같다.

미국에 비해 우리나라는 할머니 할아버지가 육아를 대신해주는 경우가 많았다. 외부에 맡기더라도 미국에 비해 육아 대행 비용이 낮은 편이다. 자연스럽게 어린아이들은 어른들의 뒤치다꺼리 서비스를 충분히 받을 수 있었다. 게다가 미혼이라면 나이가 서른이 넘어도 부모와 한집에 살며 용돈 타는 것을 부끄러워하지 않아도 되었다. 우리 사회는 정 중심의 문화이기 때문이다.

과거에 비해 이제는 우리나라도 꽤 잘살게 되었다. 맞벌이도 나날이 늘고 있는 추세다. 친할머니, 외할머니 등 친인척 노인들도 더 이상 자기희생을 원하지 않는다. 따라서 무료로 육아 대행을 맡길 곳이 드물다. 외부 육아 대행 도우미 비용도 계속 치솟고 있다. 엄마가 웬만한 고임금의 직장인이 아니면 도우미의 봉급을 감당하기 어려울 정도다. 우리나라도 정 중심의 사회 문화에서 점차 개인주의적인 미국을 닮아가고 있다.

세계의 글로벌화는 정 문화를 급격히 무너뜨리고 있다. 자녀들이 교육을 마치고 중산층 이상의 경제력을 갖추려면 국적을 불문하고 자기 재능을 필요로 하는 타국에서 취업할 줄도 알아야 한다. 그러려면 반드시 자기 뒤치다꺼리를 스스로 처리하는 능력을 키워야 한다.

아기의 뒤를 온종일 따라다니며 일일이 밥을 떠먹여준다거나 이불을 대신 개켜 장롱에 넣어준다. 어질러놓은 장난감을 대신 치워주면 자기 뒤치다꺼리를 스스로 처리하는 능력이 생기시 않는다. 아무리 높은 스펙을 쌓더라도 나라 밖으로 떠나 자신의 가치를 제대로 인정받을 용기조차 기를 수 없다.

부모가 자식의 학교 성적을 조금이라도 올려보려고 경제적 어려움을 감수하면서 고액의 사교육비 지출을 하는 이유는 자식의 사회적 경쟁력을 높이고 평생 대접받으며 살게 해주고 싶어서일 것이다.

지금은 자기 뒤치다꺼리를 남에게 미루지 않는 자립적 태도가 학과 점수 몇 점보다 훨씬 더 중요한 경쟁력이 되었다. 자기 뒤치다꺼리를 누군가에게 의존하는 사람들의 그룹에 속하면 매사를 뒤로 미루게 된다. 부자가 되더라도 뒷바라지해주는 사람에게 의존하게 돼 약점이 쉽게 잡힌다.

미국의 탁아소나 가정 교육에서 보듯 아주 어린 아기들도 어떻게 훈련시키느냐에 따라 자기 물건을 정리하는 등의 자기 뒤치다꺼리를 스스로 처리하는 일에 금세 익숙해진다. 제때 밥을 먹지 않는 아이도 생존에 위협을 느끼면 찾는다. 엄마가 일일이 따라다니며 먹이지 않아도 알아서 챙겨 먹는다. 아이가 자기 뒤치다꺼리를 잘하게 하려면 어릴 적부터 엄마의 훈련이 중요하다는 것을 잊지 말자.

02

부모의 일방적인 희생을 과감히 멈춰라

"엄마, 「아이 앰 러브 I am Love」라는 이태리 영화 같이 보실래요? 엄마랑 같이 보기는 좀 민망한 영화지만……. 뭐 그런 영화 엄마랑 함께 안 봤던 것도 많고…… 하여간 이태리 분화를 이해하는 데 도움이 되는 영화예요."

작은아들은 유럽에서 약 5년간 공부하며 유명 경영 컨설턴트 회사에 다녔다. 군 입대 연령 상한선에 여권 만료 시점이 되어 서둘러 귀국했다. 입대까지 5개월 정도 서울에서 대기했다. 이 나라 저 나라를 떠돌며 자유롭게 살던 작은아들이 조국이라고는 하지만 친구 하나 없는 서울에서 긴 백수의 시간을 갖게 되었다. 젊은 남자아이가 여자 친구도 유럽에 두고 와 뚜렷한 할 일 없이 지내는 것이 안쓰러웠다. 미흡하기는 하지만 내가 여자 친구를 포함한 친구 대행이 되어주기로 했다. 그러나 엄마의 한계는 분명히 있었다. 기껏 아들과 함께 즐길 수 있는 것이 간단한 외식과 영화 보기 정도였다. 다행히 두 아들은 어릴 때부터 나와 많은 영화를 같이 보았다.

내가 아이들과 미국으로 공부하러 가자마자 연년생인 두 아들에게도 사춘기가 찾아왔다. 사춘기의 첫 징후는 부모와의 대면 회피였다. 내가 거실로 나오면 두 아들은 마치 못 볼 것을 본 것처럼 얼른 자기 방으로 들어갔다. 방문까지 걸어 잠갔다. 내가 안방으로 들어가면 거실로 나와 TV를 보았다. 가끔 오가며 거실이나 주방에서 마주치면 "숙제 했니?" "네." "간식 먹어라." "안 먹고 싶어요." 정도의 간단한 말만 오갔다. 그런 일이 반복되자 미국이라는 낯선 나라까지 와서 자식들과 벽을 쌓고 지내는 내가 한심했다.

나는 수강 중인 대인 커뮤니케이션 과목의 교수님께 고민을 털어놓았다. 처방은 간단하고 명쾌했다. 아이들의 뒷바라지를 잘 해주는 것보다 함께 공유할 수 있는 문화를 만드는 것이 중요하다는 것이었다. 일단 극장에 같이 가면 각기 다른 영화를 보지 말고 같은 영화를 보라고 하셨다.

1990년대 중반 우리가 미국에 갔을 때 미국의 영화관은 이미 멀티콤플렉스 형태로 되어 있었다. 나는 평소 영화 보는 것을 좋아했는데 장르는 한정적이었다. 서정적이고 감동적인 멜로드라마 「트로이」 같은 서양 역사극만 좋아했다. 액션물은 볼 생각조차 안 했다. 그런데 막 중학생이 된 두 아들은 총알과 피가 난무하고 화면 전환이 빠른 액션 영화를 좋아했다.

그 당시 두 아들은 아직 만 15세 미만이었다. 만 16세가 넘어야 운전면허 시험을 볼 수 있는 자격(지금은 17세 이상으로 나이 제한이 높아졌다)이 주어졌기 때문에 당연히 두 아들에게는 운전면허가 없었다. 그런데 미국의 소도시는 대중교통 사용이 정말로 불편하다. 시내버스 노선이 다양하지 않아 거의 사용이 불가능하다고 봐야 한다. 택시는 미리 예약을 해야 사용할 수 있고, 요금도 무척 비싸다. 운전면허가 없는 청소년들은 좋으나 싫으나 부모 차를 얻어 타야 쇼핑도 하고 영화도 볼 수 있었다. 두 아들도 엄마와의 대면은 내키지 않아 했지만 영화를 보려면 하는 수 없이 엄마 차를 얻어 타야 했다.

나는 두 아들이 엄마에게 아쉬운 소리 하는 것을 꺼린다는 것을 눈치 채고 먼저 영화 보러 가자고 말하곤 했다. 그러나 도착하면 두 아들은 액션 영화를, 나는 비슷한 시간에 끝나는 멜로 영화를 보았다. 우리가 살던 미국의 소도시에는 대부분의 영화관이 쇼핑몰 안에 있었다. 극장 앞 쇼핑몰에는 으레 핫도그나 햄버거를 파는 간이 식당이 있었는데 각각의 영화가 끝나면 나는 두 아들과 그곳에서 만났다.

그러고는 아이들이 원하는 간식을 골라 사 먹이고 집으로 돌아오는 것이 정해진 일과였다. 하지만 두 아들과 각기 다른 영화를 보았기 때문에 간식 먹는 중에도 "재밌었니?"라고 물으면 "네." "아니요." 정도의 대화만 나눌 수 있었다. 두 형제는 영화 속 액션 명장면과 배우들이 사용하던 무기 등에 대해 신바람이 나서 대화를 나누었다. 나는 그에 관해서 아는 바가 없으니 대화에 끼어들 여지가 없어 입을 다물 수밖에 없었다. 사춘기 사내아이들이 무엇을 좋아하고 무엇을 지겨워하는지도 잘 몰랐기 때문에 괜한 말을 꺼냈다가 잔소리 취급이나 받을 것이 빤했다. 나는 가뜩이나 엄마와의 대면을 피하려 하는 애들의 심기를 자극하지 않으려고 가급적 말을 아껴야 했다.

그러나 대인 커뮤니케이션 교수님의 조언에 따라 내가 좋아하는 영화는 비디오로 빌려다 보기로 하고 두 아들이 좋아하는 액션 영화관을 따라다녔다. 처음에는 장면 전환이 너무 빨라서 영화를 보고 나면 멀미와 구토가 날 정도였다. 하지만 자식들에게 해줄 수 있는 거의 유일한 엄마 노릇이 같은 영화 보기이니 그 정도는 참아야 한다며 나 자신을 타일렀다. 그러나 액션 영화를 숙제처럼 보다 보니 영화의 재미를 말하기보다 비판만 늘어놓게 되었다. 그러자 두 아들은 엄마와 같이 영화를 보는 것도 껄끄러워하는 눈치였다.

미미하기는 하지만 한 가지 고무적인 변화는 있었다. 내가 비판이나 부정적 견해를 말해서 두 아들을 화나게 하기도 했지만 아이들과의 대화 시간이 약간 길어진 것이었다. 인간은 적응의 동물이라 했던가. 열심히 액션 영화를 보았더니 차츰 액션 영화가 좋아졌다. 그 때부터는 거의 10대들이 선호하는 액션 영화만 보았다. 생각해보니 그 당시의 유명한 액션 영화는 거의 다 본 것 같다. 아무튼 함께 본 영화를 소재로 이야기를 나누다 보니 두 아들과의 대화가 점차 길어졌다. 그러한 계기로 우리 두 아들은 나이가 든 후에도 엄마와 세간의 화제가 되거나 평이 좋은 영화를 같이 보는 것을 당연시하게 되었다.

큰아들은 대학 졸업 후 뉴욕에서 작은아들은 파리에서 살게 되었지만 온 가족이 같은 영화를 감상하고 영화에 관한 대화를 나누는 행사는 지속되었다. 좋은 영화는 어느 나라에서나 거의 동시 상영을 했기 때문에 각자 자기가 사는 도시에서 같은 영화를 본 다음 인터넷 전화로 영화에 대한 이야기를 나누기도 하였다. 지금은 미술 전시회, 음악회, 뮤지컬 등 공연 시사 문제까지 그런 방법으로 동시에 보고 그것을 소재로 대화를 나누게 돼 대화의 소재 폭도 넓어졌다. 그러다 보니 작은아들이 군 입대 때문에 오랜만에 엄마와 긴 시간을 함께 보내게 되자 같이 볼 영화가 많았다. 아직 국내에서 상영하지 않은 영화는 뉴욕에 사는 형이나 파리에 사는 친구들에게 부탁해 동영상 파일이나 DVD를 받아 같이 보았다.

그중 「아이 앰 러브」라는 이태리 영화가 기억에 남는다. 영화의 대략적인 줄거리는 엄마가 바람이 나서 아들을 죽게 만들고 집을 뛰쳐나가는 내용이었다. 유럽 영화답게 작은아들이 엄마와 같이 보기 민망하게 느낄 정도로 정사장면도 많았다. 당시 작은아들의 여자친구가 이태리 아가씨여서 엄마에게 이태리 문화를 알게 하려고 고른 영화 같았다. 나는 새삼 민망할 게 뭐 있느냐며 뻔뻔하게 다 큰아들과 정사 장면이 많은 그 영화를 끝까지 같이 보았다.

영화 내용을 요약하면 이렇다. 한 러시아 여성이 전통 있는 이태리 집안의 며느리가 된다. 남편은 몇 대를 이어온 사업가 집안의 장남으로 항상 바쁘다. 시어머니를 비롯한 친인척 여성들은 결속력이 대단하여 이방인 며느리에게 곁을 주지 않는다. 차츰 그녀의 소외감은 극에 달한다.

그러던 중에 아들이 러시아 요리사와 친구가 된다. 그녀에게 러시아 요리사의 음식을 시식할 기회가 생긴다. 그녀가 어릴 때 늘 먹던 맛이었다. 그녀는 결혼 후 처음으로 향수병이 치유되는 기분을 느낀다. 그 후로 러시아 요리를 맛보고 싶어 종종 그 요리사를 만나다가 둘은 사랑에 빠진다. 그런데 이 사실을 아들에게 들키게 된다. 아들과 옥신각신하다가 흥분 상태의 아들이 크게 다쳐 사망한다.

이 영화는 스토리 못지않게 이태리 사람들의 문화적 디테일 묘사가 뛰어나다. 다혈질, 전통 중심, 가부장적 가족 제도, 가족 간의 결속, 그것이 가져온 이방인 며느리의 극심한 소외감 등을 아주 세밀하게 잘 표현했다.

나는 이 영화를 통해 이태리 중산층 가정의 문화를 좀 더 이해할 수 있게 되었다. 그래서 아들과 이태리 문화에 대해 많은 이야기를 나눌 수 있었다.

아들이 군에 입대한 후 나는 자식들에게 어학 공부를 더 많이 하고 학교 성적을 올리라고 잔소리하는 대신 함께 음악회나 전시회에 자주 갔다. 다 자란 후까지 영화를 함께 감상하고 공감대를 만들어 대화할 수 있게 된 것이 얼마나 다행인가라는 생각을 하곤 했다. 내가 만약 아이들의 학업 성적을 높이고 스펙 쌓기에 올인하도록 했다면 이미 두 아들과의 대화는 단절되었을 것이라는 생각만 해도 오싹한 기분까지 들었다.

요즘에는 나처럼 자식들이 성인으로 자란 엄마들의 고민을 자주 듣는다. 엄마의 노력으로 스펙만큼은 최고 수준으로 갖추어 사회적 성공을 이룬 경우에도 자식에 대한 고민이 사라지지 않는다고들 한다. 자식이 부모의 바람대로 성공은 하였지만 이제는 부모를 거추장스러워한다는 것이다. 자식들의 그런 태도가 어느 정도는 이해가 된다. 부모 의견을 좇기에는 세상의 변화가 너무 빠르고, 부모의 말에 귀 기울이기에는 대화의 소재가 너무 빈곤할 테니 말이다. 나처럼 자식들을 다 길러놓은 사람들 중 상당수가 자식의 스펙에 전 새산과 가진 에너지를 다 퍼부은 것을 가장 많이 후회하는 것 같다.

게다가 지금은 고득점을 받아도 외국인과의 원활한 대화가 불가능한 토익 토플 점수는 직장에서 별로 쓸모가 많지 않다는 사실도 검증되었다. 오히려 업무에 필요한 센스와 순발력을 길러두지 않으면 높은 학업 성적을 가지고도 기업 발전에 도움을 주지 않는다고 한다. 그럼에도 대부분의 부모들이 평생 안정적이라는 이유로 자녀들을 공직으로 몰아대는 바람에 공부를 뛰어나게 잘하는 청년들은 모두 공직 응시자로 변해 그쪽의 취업 관문은 더욱 좁아지게 되었다. 자녀가 취업 걱정 없이 모셔 가는 인재가 되길 바란다면 다른 부모들이 관심 갖는 분야가 아닌 자기 자식이 정말로 좋아하는 분야를 개발하도록 투자해야 한다.

만약 자식이 원하지 않는데 부모가 밀어붙여 자식이 높은 성적을 거두고 사회적으로 잘된다고 해도 그 과정에서 부모에게 상처를 많이 받으면 자식은 부모를 회피하려고 할 것이다. 성공한 자식의 외면은 부모를 더욱 서글프게 한다.

나는 자식을 정말로 잘 기르고 싶으면 과감히 자기희생을 멈추고 부모의 능력 범위 안에서 뒷바라지를 해주는 것이 최선이라고 생각한다. 그래야만 자식과의 관계도 손상시키지 않고 자식이 자기 주도적으로 성공하는 방법을 터득하게 될 테니 말이다.

호기심도
훈련이 필요하다

"오늘 큰애 때문에 숨넘어갈 뻔했어요."

퇴근해서 현관문을 들어서자마자 가사 도우미 아주머니가 사색이 되어 말했다. 나는 덩달아 호들갑을 떨면 안 될 것 같아 마음은 불안했지만 가급적 침착하게 이유를 되물었다.

"글쎄 큰애가 플라스틱 통을 연탄불에 올려서 시커먼 연기가 집 안을 온통 다 뒤덮었어요. 이웃집 사람들이 불난 줄 알고 쫓아오기까지 했다니까요."

아주머니는 눈물까지 글썽였다. 이야기를 들으니 사태가 짐작되었다. 순간 큰아들 쪽을 돌아보았다. 놀란 얼굴로 나와 아주머니의 대화를 엿듣고 있는 큰아들의 모습이 바짝 긴장한 것처럼 보였다.

나는 큰아들이 상처받지 않도록 가능한 한 침착한 목소리로 말했다. 나는 아주머니의 놀란 마음도 어루만져주어야 했다. 가급적 부드럽게 불이 번지지 않았는지 말을 이었다.

"물을 들이부어도 잘 꺼지지 않아서 아주 집 다 타는 줄 알고 혼쭐이 났어요."

아주머니는 그날 자신이 겪었던 고통스런 상황을 이해해달라는 듯 애절한 표정을 지었다.

"아이구, 정말 혼나셨구나. 고생 많으셨어요. 나머지 집 안 정리는 제가 할 테니 얼른 퇴근하세요."

하루 종일 마음고생했을 아주머니에게 미안하여 조기 퇴근을 시켰다. 아주머니는 그래도 마음이 안 풀린 듯 우리 큰아이를 사납게 돌아보며 아이를 아주 혼내달라고 못을 박았다. 순간 큰아들의 얼굴에 공포감이 스쳐 지나갔다. 그때 큰아들의 나이는 겨우 일곱 살이었다.

아주머니가 간 뒤 큰아들은 내 얼굴을 두려운 표정으로 바라보았다. 나는 아주머니 못지않게 놀랐을 아들을 달래주는 것이 급선무라고 생각했다. 이리 와보라고 하자 아들이 엉거주춤 다가왔다. 나는 힘껏 끌어당겨 꼭 안아주었다. 그리고 부드러운 목소리로 왜 그랬는지 물었다.

큰아들은 엄마의 부드러운 말투에 마음이 놓여 긴장이 풀린 듯 갑자기 흐느껴 울며 왜 연탄불에 쇠붙이로 된 그릇들만 쓰는지 궁금해서 그랬다고 말했다.

1980년대만 해도 가정의 주된 연료는 연탄이었다. 프로판가스를 사용하기도 했지만 웬만하면 연탄아궁이에 요리를 했다. 큰아들은 아주머니가 이런저런 요리를 하면서 솥이 모자라다고 중얼거리는 소리를 듣더니 플라스틱 통을 쓰라고 말했다. 아주머니는 아이의 호기심을 무시하고 안 된다며 손사래만 쳤다. 그 순간 아이는 왜 쇠붙이로 된 솥은 연탄아궁이에 올리면서 플라스틱 통은 안 된다고 하는지 너무 궁금했다. 그래서 아주머니가 연탄아궁이 곁을 잠시 떠나 빨래를 널러 마당으로 나간 틈에 연탄아궁이 위에 문제의 플라스틱 통을 얹었다.

플라스틱 통은 아궁이에 얹자마자 무섭게 찌그러지고 시커먼 연기가 솟구쳤다. 아이는 너무나 놀라 비명을 질렀다. 놀란 아주머니가 후다닥 달려왔다. 하지만 이미 주방은 연기로 가득했다. 플라스틱 통은 액체로 변해 아궁이 주변으로 제멋대로 흘러내렸다. 큰아들의 설명을 듣고 보니 아주머니가 화를 냈던 이유가 충분히 이해되었다.

그러나 나는 그 일로 아이의 순수한 호기심을 무너뜨려서는 안 된다고 생각했다. 나는 큰아들에게 일렀다.

"궁금한 것은 엄마 있을 때만 확인해. 그리고 불이나 화학약품은 엄마한테 물어보고 손대. 오늘처럼 위험한 일이 생길 수 있고 아주머니는 마음이 약해서 너무 놀라셔."

그 후로도 큰아들은 새로 사온 시계나 전기밥솥 등 멀쩡한 기기를 제 마음대로 뜯어서 재조립하다가 못 쓰게 만든 적이 많았다. 아빠가 실험용으로 지하실에 둔 약품을 섞다가 불을 낼 뻔한 적도 여러 번 있었다. 큰아들은 유난히 위험한 실험을 좋아했다. 그러나 누구도 큰아들의 호기심을 강제로 틀어막지 않아서인지 열여섯 살에 운전면허를 딴 이후로 웬만한 자동차 문제는 큰아들이 다 해결했다. 집 안의 가전제품도 문제가 생기면 따로 AS를 신청할 필요 없이 큰아들이 고쳤다.

반면 작은아들은 기계에 대한 관심이 별로 없어 형처럼 사고를 치지는 않았다. 그러나 궁금하면 반드시 확인을 해야 직성이 풀리기는 마찬가지였다. 몰래 사고를 치는 대신 꼬치꼬치 캐물어서 어른들을 진 빠지게 하기 일쑤였다. 아이들 아빠는 종종 커서 뭐가 되려고 그렇게 끝도 없이 물어보느냐며 짜증을 내기도 했다. 작은아들은 점차 아빠에게 질문하지 않고 다른 사람에게 질문을 하며 답을 구했다. 나는 그 모습을 보며 부모가 자식의 호기심에 찬물을 끼얹으면 안 된다고 생각했다. 답변하기 힘든 질문은 아이 스스로 찾아내도록 하면 되었다. 그래서 나는 아이들에게 사전 찾기를 가르쳐 주고 현장에 같이 가서 찾아보는 방법을 적용했다.

두 아들이 초등학교 4학년과 5학년이 되던 때인 1990년 여름, 우리 가족은 유럽으로 배낭여행을 다녀왔다. 우리나라에서는 88올림픽 이후 국민들에게 처음으로 일반 여권이 발급되었다. 그 전까지는 해외로 출장을 가는 사람에 한해서 단수 여권이 발급되었다. 나는 일반인들에게 여권이 발급된다는 정부 발표와 동시에 가족 유럽 배낭여행을 기획했다. 남편은 극구 말렸다. 비용 때문이었다. 그러나 나는 두 아들에게 예산이 넉넉하지 않으니 각자 자기 짐을 지고 다닐 것, 유스 호스텔이나 캠핑장에서 자는 것에 불평하지 말 것 등을 약속받고 저렴하고 알찬 가족 배낭여행 프로그램을 기획했다.

그렇게 떠난 여행에서 두 아들의 호기심은 부쩍 더 자랐다. 두 아들은 파리 시내에서 지하철을 기다릴 때마다 파리의 지하철 바퀴가 고무로 된 것과 그 이유, 낙서가 많은 것과 그 이유 등에 대해 열띤 토론을 벌이곤 했다. 지하철에서 만난 프랑스 사람들과 여행자들의 생김새, 옷차림, 표정, 그 안에 숨겨진 의미 등에 대해서도 끊임없이 이야기를 나누었다.

큰아들은 당시 수많은 한국 대학생들이 유럽으로 배낭여행을 와 노숙하는 것을 보고 자기도 노숙을 해보고 싶다고 했다. 의논 끝에 허약 체질의 작은아들과 나는 호텔로 가고 큰아들은 아빠와 둘이서 굴다리 밑에서 노숙을 했다. 노숙하면서 안방에서 하듯 안경을 머리맡에 벗어두었다가 행인이 밟는 통에 안경 코가 부러졌다. 임시방편으로 대충 스카치테이프로 동여서 여행을 다녀야 했지만 궁금한 것은 꼭 해보아야 직성이 풀리는 큰아들은 마냥 즐거워했다.

내가 아이의 호기심을 없애지 않도록 조심해야 한다는 경각심을 갖게 된 데에는 동기가 있다. 늦은 밤, 회사에서 퇴근하던 중이었다. 젊은 아버지가 서너 살 정도 된 딸을 자전거 뒷자리에 싣고 천천히 가고 있었다.

딸이 왜 달이 자꾸만 자기를 따라오는지 물었다. 참 아름다운 질문이라는 생각이 들었다. 그런데 아빠의 사납고 무뚝뚝한 목소리가 들려왔다.

"그걸 내가 어떻게 알아?"

딸은 아빠의 화가 잔뜩 난 목소리에 놀라 입을 다물었다. 아빠가 왜 그럴까 되묻기만 했어도 그 아이는 무한한 상상력을 키울 수 있었을 것이다. 만약 아빠가 딸이 조금만 더 호기심을 유지하도록 대답해주었다면 세상 사람들이 우러러보는 작가가 되었을지 누가 아는가?

『해리 포터』의 작가 조앤 롤링도 어린 시절 지독한 몽상가였다고 한다. 그녀는 아주 어릴 때부터 "우리가 ~이 되었다고 상상해보자!"라는 말을 입에 달고 다녔다. 그 상상력이 『해리 포터』라는 전 세계를 깜짝 놀라게 한 작품이 되어 나온 셈이다. 역시 부모가 호기심을 키우도록 도와준 덕분이었다. 그녀는 어릴 적 고향 근처에 있는 쳅스토 고성을 바라보며 호기심을 키웠다고 한다. 그녀의 부모님은 모두 해군이었는데 그녀가 호기심을 무한히 발전시킬 수 있도록 도와주었다. 그것이 『해리 포터』 시리즈 저술의 원동력이라고 한다.

친정 부모님도 비교적 자식들을 통제하지 않고 자유롭게 호기심을 키울 수 있도록 해주셨다. 두 남동생은 법학도였지만 둘 다 풍부한 감수성을 지녀 대학 재학 중에는 학교 연극 무대에 서기도 하였다. 부모님이 자식들의 호기심 충족을 위해 집 안의 기물을 부수고 망가뜨리는 것은 웬만하면 눈감아주셨기 때문에 남동생은 일찍 엄마를 잃었지만 상상력도 풍부하고 반듯하게 자란 것이 아니었나 싶다.

친정아버지의 훈육 방법이 몸에 밴 나도 부모가 되자 부모님들처럼 자식들의 호기심을 최대한 보호해주고 싶었다. 친정 동생들과 달리 우리 두 아들은 가사 도우미의 보살핌으로 자라 호기심을 많이 키워주지는 못한 편이다. 하지만 나는 최대한 아이들에게 호기심을 충족시킬 수 있는 자유를 주려고 노력했다. 그렇게 키운 호기심은 깊은 탐구심으로 발전했다. 무엇을 하건 깊이 있게 공부하는 태도가 만들어진 것이다.

최근에는 두 형제가 취미 활동으로 경주용 자전거 타기를 시작했는데, 자전거 타기와 자전거 관리, 세계적으로 유명한 자전거 여행 코스 등에 대해 끊임없이 공부하고 의견을 나누어 나를 흐뭇하게 했다.

공부는 죽을 때까지 해야 하는 것이다. 호기심이 사라지면 공부할 의지도 사라진다. 그래서 나는 부모가 자식의 호기심을 지켜주기에 힘쓰는 것이 공부, 공부 하고 입버릇처럼 되풀이하는 것보다 훨씬 유용한 것이라고 믿는다.

긍정적인 마음이
위대한 유산이다

"어떡하니? 너 같은 약골이 낙하산 강하 훈련을 받아야 하다니."

열다섯 살 때부터 해외살이를 하던 작은아들이 매우 늦은 나이에 통역병으로 군에 입대했다. 작은아들은 나이의 핸디캡을 메우려고 열심히 훈련에 참가했다. 그 결과인지는 몰라도 특수전 사령부로 배치되었다. 논산 훈련소 담당자로부터 아들의 부대 배치 결과를 문자로 받은 나는 너무 놀랐다. 작은아들은 어릴 때부터 유독 몸이 허약했기 때문이다. 체육 시간에 달리기를 하다 쓰러져 학교와 집 안을 발칵 뒤집은 것도 한두 번이 아니었다.

그런 아이가 중2 때 해외로 나가 약 16년 만에 귀국하여 입대했다. 규율이나 간섭에 적응하지 못할 것이 분명했다. 그런데 낙하산 강하와 엄격한 규율로 소문난 특수전에 배치되었다니 놀라지 않을 수 없었다. 주특기는 통역, 소속은 행정병이지만 낙하산 강하 훈련은 반드시 받아야 한다고 했다. 나는 아들이 유치원에 다닐 때도 하지 않았던 우는 소리를 아들 앞에서 하고야 말았다.

아들은 그런 엄마에게 적응이 잘 안 된다는 듯 말했다.

"엄마 별 걱정을 다 하시네요."

미국에서는 낙하산 강하를 가르쳐주는 학원의 교육비가 일주일에 보통 2,000달러가 넘는다. 한 번 낙하할 때마다 500달러 정도의 실습비도 내야 했다. 아들은 자신있게 말했다.

"여기서는 모든 것이 무료예요. 분기별로 네 번씩 강하하니까 다른 부대 병사들은 꿈도 못 꾸는 돈을 버는 셈이에요. 게다가 저같이 비리비리한 애가 이런 상황이 아니면 낙하산 강하를 꿈이나 꾸겠어요? 형이 얼마나 부러워한다고요."

큰아들은 작은아들과 달리 극한 스포츠를 즐겼다. 그 때문인지 작은아들은 형에 비해 허약한데도 형을 라이벌로 생각해왔었던 듯했다. 작은아들의 말에 나는 마음이 푹 놓였다.

내가 아주 젊었을 때 친정어머니가 일찍 돌아가시는 바람에 어린 동생들의 성적을 두고 호되게 야단을 많이 쳤다. 나는 학창 시절에 망친 시험을 두고 엄마가 마구 야단을 치면 일부러 그랬느냐며 분개하던 것을 지금도 생생히 기억한다. 그런데도 젊을 때는 동생들을 엄마처럼 들볶았다. 살아생전 우리 어머니가 그랬듯이 나도 그래야 한다고 믿었던 것이다.

문제는 아무리 야단을 쳐도 전혀 소용이 없다는 것이었다. 그것을 일찍부터 경험한 터여서 두 아들이 학교 시험을 망쳐 터무니없는 성적을 받아 와도 나는 웬만하면 야단치지 않는 배짱을 가질 수 있었다. 오히려 두 아들이 스스로 자기 점수에 만족하지 못하고 점수가 낮다고 투덜대면 "그렇게 짜증 낼 시간에 다음 시험 공부를 시작하는 게 어때? 이미 지나간 것을 가지고 동동거려봤자 시험 점수가 달라지는 것도 아닐 텐데."라고 말할 수 있는 여유도 생겼다.

나의 이런 태도는 순전히 동생들을 돌보며 부모 노릇을 미리 연습해본 결과라고 할 수 있다. 누구나 부모 노릇을 미리 연습해볼 수 있다면 자식을 훨씬 더 잘 기를 수 있겠지만 그럴 수 있는 사람은 드물다. 하지만 방법은 있다. 연습 대신 경험자의 말을 의심 없이 받아들여 실행에 옮기면 연습한 만큼의 효과를 거둘 수 있다.

나는 아이들의 학교 성적에 연연하지 않게 되면서 두 아들이 친구와 싸우고 돌아와 분하다며 징징거리면 "그러면서 크는 거야. 그 친구가 너한테는 세상을 가르쳐준 선생님이다."라고 말하는 식으로 아이들이 비관적 상황에 처했을 때 낙관적으로 해석할 수 있도록 이끌어주었다.

나는 어릴 때 시험 점수를 못 받아 오면 이유도 묻지 않고 일방적으로 야단치시던 어머니가 속으로 몹시 싫었다. '시험 점수가 떨어져 창피하고 속상한 사람은 바로 나인데 왜 엄마가 더 열받아 할까?'라는 반항심으로 울컥하곤 했다. 우리 어머니는 자식들 성적에 정말로 일희일비하셨다. 시험 점수가 마음에 안 들면 입을 꾹 다물고 말을 안 하시거나 눈 맞춤도 피하시며 자식을 은근히 고문하시곤 했다. 나는 엄마의 그런 점이 정말로 못마땅했다. 그런데도 막상 동생들의 양육을 떠맡게 되었을 때는 어머니 방식으로 훈육해야 동생들이 탈선하지 않을 것이라고 굳게 믿었다. 그런 나를 말린 것은 친정아버지였다. 아버지는 동생들이 시험 점수 때문에 내게 호되게 야단을 맞고 있으면 다음에 잘 보면 된다고 마음만 먹으면 그 정도 점수도 못 올리겠냐고 쿨하게 말씀하셔서 내가 스스로 입을 닫고 상황을 종료하도록 만들곤 하셨다. 내가 두 아들의 학교 성적에 대범할 수 있었던 것은 동생들을 통한 부모 노릇 연습과 친정아버지에게 배운 쿨한 태도가 합해진 결과일 것이다.

인간은 알게 모르게 부모 혹은 조부모의 세상 보는 관점을 그대로 답습하며 성장한다. 내가 대화 전문가가 된 것노 순전히 우리 외할머니 덕분이다. 외할머니는 구한말에 태어나셨는데 학교 문턱에도 가보지 못하셨다. 두 분의 오라버니들에게 한문과 한글만 간신히 익혀 겨우 문맹을 면하신 정도였다. 그러나 철학적 깊이는 대학을 나온 아들딸들과 견주어 전혀 뒤지지 않으셨다.

우리 외할머니의 중심 철학은 언어와 품성 일치였다. 친정어머니가 몸이 너무 약해 주로 외할머니 손에 자란 내가 그 영향을 가장 많이 받았다. 외할머니는 허약한 내가 친구들에게 괴롭힘을 당하고 집에 와서 그 친구를 비난하거나 거친 욕을 하면 "네가 지금 한 그 말은 어디로 날아가지 않고 먼지 속에 저장이 된다. 먼지가 잘 보관하고 있다가 네가 잘못을 저지르면 바로 너한테 뱉어낼 거다. 네가 한 욕은 그 사람한테 가는 것이 아니라 너한테 되돌아오는 거란다. 그러니 말을 가려서 해야지."라고 타이르곤 하셨다. 나는 초등학교 3학년 때까지 할머니의 말씀을 사실로 믿었다. 마치 어린아이들이 산타클로스를 실제 인물로 믿는 것처럼. 아이들이 자라면 산타 할아버지가 가상의 인물임을 저절로 알게 되듯 할머니 말씀이 모두 지어낸 것이라는 것을 나중에는 저절로 알게 되었다. 그러나 워낙 어릴 때부터 말에 대한 중요성이 뇌에 각인돼 결국은 말의 본질을 공부하게 되었고 그것을 널리 전파하는 전문가가 되었다.

나중에 미국에 가서 공부를 할 때도 우리 할머니의 이론이 세계적인 석학들의 주장과 일치했음을 알게 되었다. 1890년대에 태어난 미국 하버드대 심리학 교수 제임스 윌리엄은 여러 실험을 거쳐 어떤 말을 반복하는가에 따라 삶의 관점과 태도가 달라진다는 말을 남겼다.

최근에는 뇌 과학의 발달로 자신이 한 말이 상대방의 뇌만 자극하는 것이 아니라 발화자인 자신의 뇌도 자극해 부정적인 말을 입에 달고 살면 부정적인 사고방식이 고정된다는 이론이 나왔다. 즉, 부모가 자식을 자주 비난하고 질책하면 아이만 상처를 받는 것이 아니라 말하는 부모 자신에게도 부정적 사고가 만들어진다는 것이다. 이들 석학이 최근에 내놓은 이론이 무학자였던 우리 할머니의 '공기

속의 먼지가 네가 한 나쁜 말을 보관한다'는 주장과 조금도 다르지 않았다.

자식들이 공부하기를 좋아하는지 성공 습관을 만드는지 자식들의 책임이 아니다. 그것은 전적으로 접촉 빈도가 높은 부모 혹은 조부모의 언행이 가져온 결과라는 것을 잊지 말아야 한다.

"덜렁대지 마라.""또 그 비싼 것을 깨다니 언제까지 그럴래?""밥을 왜 그따위로 먹느냐?""똑바로 못 앉아? 너 때문에 내가 정말 못 살겠다.""공부는 안 하고 쓸데없는 짓만 하다가 쓸데없는 사람 되고 싶어?" 등의 협박과 비난은 자식의 자존감을 무너뜨린다. 그리고 세상을 비관적으로 보는 부정적 사고를 심어준다.

가끔 "우리 아이는 너무 하고 싶은 일이 없어서 걱정이에요.""우리 아이는 꿈이 없다네요."라며 긴 한숨을 쉬는 부모들을 만난다. 그런 부모들과 대화를 나눠보면 자기도 모르게 자식들에게 자존감을 짓밟는 말을 많이 해서 무수히 많은 상처를 주며 길렀다는 공통점을 어렵지 않게 발견할 수 있다. 그 상처들이 자식의 자존감을 무너뜨리고 세상을 비관하는 부정적 사고를 만들어 꿈도 희망도 없어진 것을 부모인 그들만 모르고 있는 것이다.

반면에 가정 형편, 부모의 뒷바라지 정도에 관계없이 자존감이 높고 자기 일을 알아서 처리할 줄 아는 아이들은 부모의 "너같이 영리한 아이가 왜 그 정도 것을 못해? 너는 충분히 잘할 수 있어.""나는 네가 내 아들, 딸이라는 것이 자랑스러워""그런 생각을 하다니 정말로 기특하구나." 등의 말을 자주 들으며 성장한다는 공통점이 있다. 그러한 긍정적인 말들이 자녀로 하여금 세상을 긍정적으로 바라보는 사고방식을 만들어주어 꿈과 희망이 저절로 자란 셈이다.

나는 자녀의 학교 성적을 오르게 하기 위해서는 무엇보다 부모의 입으로 자식의 자존감부터 높여주어야 한다고 믿는다.

몇 년 전 우리나라에서 호주 출신의 방송국 PD 린다 번의 『시크릿』이라는 책이 초베스트셀러가 되었다. 이 책의 핵심 내용은 단 한 가지이다. 자신이 원하는 바를 반복적으로 말하면 말한 대로 이루어진다는 것이다. 그 후로 긍정의 말로 긍정 마인드를 만들면 저절로 성공한다는 주제의 체험담들이 줄줄이 출간되었다. 뇌 연구가들도 긍정의 말이 긍정의 마인드를 만들고 긍정의 마인드가 긍정의 태도와 습관을 만든다는 사실을 여러 방법으로 증명해내기도 하였다.

나는 타고난 허약 체질과 맞벌이, 조실부모 등의 핸디캡으로 자식들에게 결코 친절하지 못한 엄마였다. 그러나 할머니와 아버지에게서 배운 대로 아이들이 세상을 긍정적 시선으로 바라보도록 키울 수는 있었다. 좋은 엄마는 아이들의 뒤치다꺼리를 열심히 처리해주는 것이 아니라 자녀가 스스로 자기의 앞길을 헤쳐나갈 수 있는 힘을 기를 수 있도록 긍정적 마인드를 심어주는 엄마라는 것을 기억하자.

즐겁게
공부하게 하라

"우리 애는 성적은 그런대로 괜찮은데 글씨를 너무 못써요."

한 강의에서 만난 엄마가 아이를 글씨 쓰기 학원이라도 보내야 하는지 내게 물었다. 아이를 성인과 비슷한 완벽한 인간으로 만들려는 엄마들이 얼마나 많은지 다시 한 번 확인할 수 있었다. 그 후로 「개그 콘서트」의 '사마귀 유치원'이라는 코너에서 '공부 잘하기 어렵지 않아요'라는 콩트를 보았다.

콩트의 내용은 이랬다.

"공부 잘하기 어렵지 않아요. 못하는 과목은 학원에 가서 배우면 돼요. 운동을 못하면 운동 학원에 다니면 돼요. 음악을 못하면 음악 학원에 다니면 돼요. 부모님이 숨만 쉬고 돈 벌어서 학원비 내시면 돼요. 그러다가 잠잘 시간이 없을 것 같다고요? 괜찮아요. 그러면 수면 학원에 다니면 돼요. 부모님은 더욱 숨만 쉬면서 학원비를 벌면 돼요."

부모들의 학원 의존도가 얼마나 높은지를 알게 해주는 콩트였다.

학교 성적이 아이의 미래와 직결된다고 굳게 믿는 부모들의 오래된 믿음이 아이들을 무작정 학원으로 밀어 넣어 공부를 부담으로 느끼게 만드는 것 같다. 학원이 아무리 좋아도 본인 스스로 공부에 대해 부정적이면 그냥 멍하니 앉아만 있다 오기 십상이다. 돈만 낭비하는 것이다. 사람은 내키지 않으면 무엇이든 최고로 잘하기는 어렵다. 공부는 운동이나 예술과 마찬가지로 인내심과 고통이 따르는 것이어서 마음이 내켜서 몰입하지 않으면 결코 잘할 수 없다. 아이에게 마치 말에 채찍질을 하듯 '공부' 타령을 해대면 아이는 '공부'라는 단어에 부정적 인식을 갖게 돼 더욱 공부에 몰입할 수 없게 된다.

공부라는 단어 자체가 친근하고 긍정적이어야만 공부에 애착이 생기는 것이다. 세상은 다양한 스펙트럼을 유지할 수 있는 사람 간의 조합이 필요하다. 그래서 누구는 공부 머리를 타고 나지만 누구는 예능, 스포츠, 기술 머리를 타고나게 마련이다. 그런 것은 일절 고려하지 않고 무조건 엄마가 완력으로 아이에게 공부를 밀어붙이면 아이는 공부를 제대로 해보기도 전에 질려버리게 된다. 그래서 부모가 무서워 공부하는 척할지라도 절대 자발적 의지로 공부하지는 못하게 된다.

부모가 이토록 공부를 강조하는 것에 대해 아이들은 어떤 생각을 갖고 있을까? 여러 청소년 상담 인터넷 사이트에서 발췌한 것을 소개해본다.

중2 남학생 K의 이야기다.

"중간, 기말고사를 치렀습니다. 시험은 그런대로 잘 치른 것 같습니다. 그런데도 시험 전날부터 잠이 잘 안 오더니 시험 기간에는 몸 상태도 안 좋았습니다. 시험 때만 되면 늘 그렇습니다. 시험을 잘 쳐도 수행 평가에서 망치면 어떡하나 고민이 많습니다. 엄마가 제가 시험을 잘 쳐도 항상 다음 시험을 더 준비해야 한다고 강조하셔서 시험을 잘 봐도 마음을 놓아본 적이 없는 것 같습니다."

다음은 중3 여학생 Y의 이야기다.

"저는 어렸을 때부터 부모님이 의사가 되라고 말씀하셨어요. 저도 특별히 되고 싶은 것이 없어서 그냥 누가 장래 희망에 대해 물으면 의사가 되겠다고 말하곤 했어요. 그런데 중3이 되니 걱정이 많이 됩니다. 공부를 어느 정도는 하지만 의대에 갈 정도로는 어림없거든요. 의대에 들어가더라도 공부만 해야 된다던데 저는 공부에 큰 취미가 없어서 생각만 해도 머리가 아픕니다. 이제 중3이 되었고 진로를 확실하게 정해야 할 것 같은데 너무 막연합니다. 저는 솔직히 말하면 공부는 중간 정도로만 유지하고 컴퓨터를 잘해서 컴퓨터 기술자가 되고 싶은데 부모님은 절대 안 된다고 하시네요."

중2 남학생 J는 이렇다.

"학년이 올라갈수록 성적이 떨어지고 있어서 고민입니다. 우리 부모님은 과외도 시켜주시고 부족한 것 없이 모든 뒷바라지를 해주십니다. 그런데도 성적이 떨어지니 부모님 뵙기가 정말로 민망합니다. 그러나 사실은 공부가 정말로 하기 싫습니다. 집에서는 간신히 숙제만 하고 학교 수업시간에도 너무 지루해서 항상 졸아요. 부모님을 봐서라도 공부를 열심히 하고는 싶은데 공부가 안 되니 세상 사는 것마저 너무 재미가 없습니다.”

고1 남학생 S는 이런 이야기를 했다.

“저희 엄마는 친구들하고 노는 것을 너무 싫어하십니다. 딱딱한 교실에서 매일 8~9교시 수업을 마치고 바로 야간자율학습을 해서 너무 지치고 힘들 때는 잠깐이라도 친구들과 놀면 스트레스가 풀리는데, 엄마는 부모님 세대에도 모두 그렇게 공부했다며 저더러 정신 차리라며 절대 친구들하고 못 놀게 하십니다. 엄마가 그렇게 말씀하실 때마다 저는 너무나 화가 나고 우울하고 속이 상해서 가출을 하고 싶습니다.”

다음은 중1 남학생 W다.

“초등학교 때는 학원에 안 다녀도 공부를 잘했어요. 그런데 중학교에 오니 공부해야 할 과목이 너무 많아 중요 과목 점수까지 내려갔어요. 저는 나름대로 공부를 열심히 하고 있는데 부모님은 제가 공부를 하는 척만 해서 점수가 내려가는 것이라며 저를 싹 무시하세요. 어떤 때는 너무 기분이 상해서 부모님께 대들곤 해요. 그런데 부모님에게 대들면 기분이 정말 안 좋아요. 그래서 저는 시험이 끝나는 날이면 집에 들어가기가 싫어요. 시험을 못 보면 제가 먼저 제 자신에게 화가 나는데 엄마까지 잔소리를 하시니 미칠 것 같아요. 엄마가 너무 많은 학원에 등록을 시키셔서 학교 행사에도 대부분 참석을 못 해요. 다른 학생들도 학원에 다니지만 학교 행사 때는 학원 빠지고 학교 행사 준비를 거드는데 저희 엄마만 학원 빠지면 안 된다며 학교 행사 준비하는 데 얼씬도 못하게 하세요. 한번은 학원 빠지고 학교 행사 준비했다가 엄마가 학교까지 찾아와 친구 앞에서 망신을 주셔서 더 이상 그렇게 할 수도 없어요. 그러다 보니 친구가 거의 없어서 많이 외로워요.”

나는 이런 사연들을 접하며 체질이 허약해 가사 노동과 직장 일만으로도 벅차 아이들의 부족한 학업 성적에 신경 쓸 겨를이 없었던 나의 처지를 오히려 행운으로 여겼다.

결혼 전 친정 동생들에게 공부 부담을 주어 부작용을 일으킨 후로는 두 아들을 무작정 학원에 밀어 넣을 용기조차 사라졌다. 그러나 나 역시 학교 성적에 민감한 주변 엄마들의 열성적인 태도를 못 본 척할 수만은 없었다. 다른 집 애들 모두 선행 학습을 시키느라고 야단인데 마냥 놀게 하면 아이를 바보로 만들 것만 같아 불안했다. 여러 궁리 끝에 자투리 시간에라도 두 아들과 공부 놀이를 해보는 것으로 위안을 삼기로 했다.

나 역시 학창 시절에 억지로 하는 공부는 절대 머리에 안 들어오고 내켜서 하는 공부만 재미있어했던 기억이 나 그것으로도 아이들의 호응만 얻으면 공부에 도움이 될 것 같았다. 그래서 두 아들 모두 이해가 더뎠던 수학을 놀이로 만들어보기로 했다.

초등 2학년 2학기가 되자 분수가 나왔다. 두 아들 모두 어찌나 분수 개념을 이해 못하던지 '내가 머리가 좀 모자란 애들을 낳은 것은 아닐까?'라는 불길한 생각까지 들었다. 내가 할 수 있는 최고의 인내심을 발휘해 두 아들이 이해할 때까지 분수 놀이를 했다. 분수 개념을 이해하기까지 거의 한 달 이상이 걸렸던 것 같다. 놀이 방법은 귤을 잔뜩 사다가 그중 1개를 탁자 위에 올려놓는다. 두 아들을 둘러보며 "여기 귤이 하나 있지?"라고 말한다. 아이들은 "네." 하고 대답한다. "그럼 지금부터 귤껍질을 벗겨봐. 안에 알맹이가 여러 개 들어 있지? 그 알맹이들을 하나씩 차례로 꺼내봐. 모두 몇 개?" 그러면 두 아들은 "12개요." 혹은 "13개요." 라고 즐겁게 대답했다.

"맞아. 귤 하나를 이렇게 12개나 13개로 쪼갠 다음에 그 쪼가리 하나를 12분의 1 또는 13분의 1이라고 말하는 거야. 그 말은 1개를 12개나 13개로 쪼개서 그 한 조각만 먹는다는 말이야. 분수란 1개를 여러 개로 쪼개는 놀이야."

그런 방식으로 이해를 시켰더니 점차 두 아들이 산수 시험에서 여전히 계산 문제는 잘 틀렸지만 개념 문제는 대부분 맞혔다.

그러나 우리 두 아들은 정말로 생각이 단선적이었다. 분수를 배우고도 8분음표, 4분음표를 이해 못하는 것이었다. 나는 다시 나뭇잎을 주워 오라고 해서 자를 대고 일정한 간격으로 금을 긋고 4개 또는 8개로 나눈 다음 악기로 그 길이만큼 소리를 내보도록 해서 겨우 이해시켰다. 이때 나는 '이 머리 나쁜 아이들을 어쩌면 좋아'라는 생각을 참 여러 번 했다. 그러나 나중에 알고 보니 내 성질이 급한 것이 문제였다. 두 아들의 이해력이 더뎠던 것은 아직 유사 정보를 연결하는 응용력이 길러지지 않아서였던 것이다.

수학 놀이 덕분인지 두 아들은 다른 공부도 지겨워하지 않았다. 초등학교까지 수학을 어려워했던 두 아들 모두 대학에 갈 때는 이과 전공을 선택했다. 큰아들은 건축과에 다녔고 작은아들은 경영학과를 다녔다(미국은 경영학과가 이과에 속한다). 두 아들은 어려워하던 수학을 놀이로 배워 수학에 대한 긍정적 접근 방식을 알게 된 덕분에 다른 과목들도 놀이처럼 재미있게 공부할 수 있었다. 그러다 보니 학교 성적 문제로 속을 썩인 적은 한 번도 없었다.

사실 아이들을 미국과 프랑스로 유학 보내며 만나게 된 엄마들은 대부분 아이들에게 공부를 긍정적 이미지로 받아들이도록 노력하고 있었다. 아이가 공부를 싫어하면 자기가 좋아하는 분야만 공부하도록 허락해서 다른 공부에까지 자발적인 흥미를 가질 수 있게 도와주는 식이었다. 그래서 선진국에서는 학교 공부 이외의 다양한 분야에서 두각을 나타내는 사람들이 많은 것이 아닐까 하고 생각하게 되었다. 아이들의 학교 성적에 민감해지지 않으려면 아이가 공부를 부담이 아닌 즐거움으로 받아들이도록 해야 한다.

06
참을성은 아이를
단단하게 만든다

정말로 더웠다. 어떤 찜질방도 그렇게 땀이 많이 나오지는 않을 것 같았다. 오래된 석조 건물에 연일 폭염이 내리쬐었다. 방 안에 에어컨은커녕 선풍기도 없었다. 뉴욕대학 재학 중 등록금을 못 내 휴학 중인 작은아들의 방이 그랬다. 기울어진 가정 형편으로 아들의 학비를 제때 못 챙겨 휴학시키고 생활비조차 제때 못 보내주었다. 그러다가 간신히 비행기표를 끊을 정도의 돈이 생겼다.

아들에게 엄마의 위로가 필요할 것이라 생각되어 먼저 막내아들이 사는 뉴욕으로 달려갔다. 가보니 방이 펄펄 끓는 찜질방이 되어 있었다. 아들 걱정을 하기에 앞서 나조차 단 몇 분도 앉아 있을 수가 없었다. 호흡 곤란을 느낄 정도로 실내 온도가 높았다.

내 표정을 살피던 작은아들이 말했다.

"엄마 그렇게 더우시면 센트럴파크로 나갈까요? 거기는 항상 바람이 불어서 시원해요."

나는 "그러지 말고 당장 중고 에어컨이라도 하나 사다가 달자. 그 정도 돈은 있어. 매일 공원에 나가서 지낼 수는 없잖니?"라고 말했다. 아들은 "여름이라고 해봤자 두 달 정도만 바짝 덥잖아요. 곧 선선해질 텐데 에어컨은 왜 달아요? 지금 형편에 에어컨 구입에 돈 쓰면 안 되지요."라고 단호히 말했다.

나는 꽤나 무안했다. 아들의 말이 대견하면서도 한편으로는 부모로서 너무 고생을 시키는 것 같아 가슴이 찡하니 아팠다. 물론 그보다 더한 고생도 더 오래 참으며 사는 청년들도 많은데 무슨 호강에 겨운 소리냐고 반문하는 분도 계실 것이다. 하지만 그때의 심정은 여태껏 고생 한 번 안 해본 아들이 갑자기 고생하는 것이 정말 마음 아팠다.

"어쩌면 냉장고가 이렇게 텅텅 비어 있니?"

뉴욕을 거쳐 큰아들이 사는 집으로 갔다. 큰아들도 형편이 어렵기는 마찬가지였다. 큰아들은 미국의 미시간 주 앤아버에 있는 미시간대학 건축과에 다니다가 동생과 마찬가지로 휴학 중이었다. 냉장고를 열어보니 물 한 통, 큰 고추장 한 통이 전부였다. 그리고 거의 바닥이 드러난 쌀 한 봉지가 보였다.

큰아들이 명랑한 목소리로 말했다.

"엄마, 그래도 고추장하고 쌀만 있으면 배고프지는 않아요. 그 통에 있는 것으로 한 달은 살 수 있어요."

큰아들은 덩치가 커서 배도 아주 크다. 그래서 제때 못 먹으면 어지럼증이 생긴다. 그런데 집에서 보내주는 생활비가 끊기자 약 반년간 매일 고추장에 비빈 쌀밥 한 끼를 먹으며 겨우 생존하고 있었다.

그해 미국에서는 9.11 사태가 터졌다. 온 국민이 유학을 온 외국인 학생들에게 곱지 않은 시선을 보냈다. 유학생 비자 거절 비율도 매우 높아졌다. 일단 본국으로 나가면 명문대학 재학생도 비자 재발급을 거절당해 중퇴하는 경우가 많다는 흉흉한 소문이 돌았다. 당시의 나는 자식들이 이미 유학을 갔으니 중퇴하면 이도저도 안 될 것 같았다. 내 능력 범위 안에서 해줄 수 있는 유일한 뒷바라지가 두 아들이 가정 경제 사정이 풀릴 때까지 귀국하지 않고 미국에 머물게 해주는 것이라고 믿었다.

건축을 공부하느라 넓은 공간이 필요했던 큰아들은 학교에서 좀 떨어진 곳의 아파트에서 혼자 살았다. 생활비 입금이 끊기자 자동차 운행도 할 수 없어 외출도 못 하고 외딴 아파트 안에서 혼자 시간을 보내야 했다. 20대 초반의 피 끓는 청춘이 사람들과의 소통도 단절하고 지낸 것이다. 단절된 외로움이 얼마나 고통스러울까 생각하니 무조건 귀국을 시키고 싶은 마음이 굴뚝같았다. 그러나 큰아들은 조금 더 힘들더라도 가정 형편이 나아질 때까지 현지에서 머물게 해달라고 간곡히 부탁했다. 하루 종일 집에서 뭘 하고 지내냐고 물으니 인터넷으로 비행기 만들기 동아리에 가입해 열심히 비행기를 만드느라 그럭저럭 지낼 만하다고 천연덕스럽게 말했다.

큰아들은 워낙 탈것을 좋아해 공항을 지으려고 건축과에 들어갔다. 아들은 말했다.

"비행기를 실제로 설계하거든요. 시간 가는 줄 몰라요. 제가 경쟁 때마다 상위권을 차지해서 동아리 사람들한테는 제법 유명해요."

나는 일단 더 버텨보겠다는 큰아들의 부탁을 받아들였다. 나중에 두 아들이 성인이 되니 청소년기에 그 정도 고생쯤은 시켜야 했다는 생각이 들었다. 만약 두 아들이 그 정도의 고생을 극복해보지 못했다면 세상을 만만하게 보고 까불다가 더 큰코다쳤을지도 모른다고 생각한다.

나는 우리 형제 중에서 가장 참을성이 없다. 그래서였는지 공부도 가장 못했다. 나는 책을 읽어도 진득하니 끝까지 읽지 못하고 끝까지 읽어보나마나 빤한 내용이라는 거만한 생각으로 중도에 접는 경우가 많았다.

이 버릇은 나중에 사업을 하며 왕창 깨져본 후에야 겨우 바로잡을 수 있었다. 내 바로 아래 여동생은 성격이 나와 정반대이다. 잘 참고 지켜보는 것이 지루할 만큼 신중하다. 나는 동생의 성격이 답답했지만 동생은 학교 성적이 항상 일등이었고 당시로서는 보기 드문 서울대 여학생이 되었다. 그리고 서른이 되기 전에 대학 전임교수도 되었다. 당시에는 여교수가 드물어 주변의 부러운 시선을 독차지하기도 했다. 나는 그때까지도 내가 동생보다 머리가 안 좋게 태어났다고는 생각하지 않았다. 우리 부모님이 항상 "머리는 맏이가 더 좋은데 노력을 너무 안 해. 진득하니 책상 앞에 붙어 있는 것을 본 적이 없으니……."라며 혀 차는 소리를 여러 번 들어서였다.

나는 부모가 되고서야 알았다. 대부분의 부모가 "우리 애가 머리는 좋은데 노력을 안 해서요."라고 말한다는 것을 말이다. 그리고 그 말은 엉터리라는 것도 알게 되었다. 공부는 머리로 하는 것이 아니라 지루한 기초 과정을 통과하는 인내심으로 해야 잘한다는 것을 안 것이다. 거의 전 인류가 공부 잘하는 사람을 선호하는 이유는 인생사가 그런 지난한 인내의 과정을 통과해야 겨우 완성 단계에 이를 수 있기 때문일 것이다.

초등학교 저학년 때 어머니를 잃은 친정 남동생들은 경제적 어려움과 부모의 애정 결핍 등을 겪으며 참을성을 기른 것 같다.

두 남동생은 부모님이 살아 계실 때 길러진 공부 습관과 환경적 요인으로 길러진 인내심 덕에 나란히 사법시험에 합격했다. 사람들은 나를 이른 나이에 어머니를 잃은 두 형제를 나란히 사법시험에 합격시킨 누나라며 칭찬했다. 하지만 나는 그것이 절대 내 공이 아님을 잘 안다. 어쨌든 형제 중 내가 가장 공부를 못했다는 사실은 늘 내 마음에 앙금으로 남았다. 그래서 나는 부모가 되자 일찌감치 두 아들에게 인내심부터 길러주겠다고 결심했다.

두 아들의 인내심을 길러주기 위한 첫 단계는 두 아들의 질문에 대답해주기 전에 사전을 찾아보도록 한 것이었다. 어린아이들에게 사전 찾기는 엄청난 인내심이 요구된다. 어른이 말로 뚝딱 가르쳐 주면 금방 끝날 일도 사전에서 찾으려면 단어를 가나다순으로 찾아 설명을 읽어보는 과정을 거쳐야 한다. 다행히 두 아들은 막 한글을 깨친 후부터 사전 찾는 방법을 가르쳐주었더니 호기심이 많아 큰 거부감 없이 쉽게 익숙해졌다. 스스로 찾아보는 성취감을 알게 되어서인지 나중에는 억지로 시키지 않아도 알아서 찾아보았다.

두 아들은 그때 길러진 습관으로 새로운 일을 시작하거나 궁금한 일이 생기면 일단 관련 서적은 물론 전 세계의 웹사이트를 뒤져 사전 조사를 철저히 한다. 사전 조사를 많이 하다 보니 아는 것이 많아져 따로 공부하지 않아도 학교 성적이 저절로 올라갔다.

두 아들의 참을성을 길러주기 위해 다음으로 한 일은 모든 공연의 안내 책자를 처음부터 끝까지 읽게 한 것이다. 나는 공연과 미술 전시회 등에 가는 것을 좋아해 아이들을 자주 데리고 다녔다. 그때마다 나는 두 아들에게 말했다.

"엄마는 눈이 나빠서 그렇게 작은 글씨를 읽으면 눈이 시리고 눈물이 나. 그러니까 눈이 건강한 너희가 읽어보고 엄마에게 설명해줘."

내 의도도 모른 채 두 아들은 엄마에게 뭔가를 가르쳐줄 수 있다는 즐거움에 빠져 열심히 안내 책자를 읽었다. 사전 찾기와 안내 책자 읽기 습관은 깨알처럼 작은 글자도 놓치지 않고 읽는 습관으로 발전했다. 어디를 가든지 여기저기 널려 있는 안내 책자를 허술히

보아 넘기지 않고 반드시 읽었다. 당연히 재미있는 이야기의 보고인 책 읽기는 아예 중독 상태가 되었다.

자식이 공부를 잘하면 부모는 무조건 흐뭇하다. 그래서 공부 이외의 타고난 재능도 무시하고 학과 공부에 몰두하라고 강요하기 쉽다. 그러나 어떤 아이는 춤만 추면 밥을 안 먹어도 생기가 돌고 어떤 아이는 노래만 부르면 신바람이 난다. 또 어떤 아이는 그림을 그리는 재능을 타고난다. 물론 가끔은 공부밖에 다른 것은 할 줄 아는 것이 없는 아이도 있다.

부모가 자식의 미래를 밝혀주려면 자식의 타고난 재능을 발굴해서 길러주어야 한다. 그러나 학과 공부뿐만 아니라 타고난 재능을 전문가 수준으로 연마하는 데에도 지루하고 힘든 공부 과정은 거쳐야 한다. 인내심이 없으면 공부는 물론 어떤 재능도 가치 있는 것으로 만들어내기 어렵다. 자식이 공부건 뭐건 잘하도록 해주려면 엄마가 희생정신을 발휘해서 TV를 치우고 고양이 걸음으로 걸어 다녀야 한다. 또 공부할 분위기 만들어주기보다, 편안한 마음으로 그저 알아서 하도록 놔두어 스스로 인내심을 기르도록 해주어야 한다.

07

아이에게
꾸준함을 가르쳐라

"엄마, 이 카드 좀 보세요."

작은아들은 대학 재학 시절 하루에 5개의 불어 단어 카드를 만들어 지하철을 타고 등하교를 하면서 외웠다. 한 1년쯤 지나고 보니 쌓인 카드가 책장만큼 높아졌다. 내가 뉴욕을 방문했을 때 작은아들은 자신이 그동안 공부한 단어 카드를 자랑하려는 듯 탑처럼 쌓아놓은 것을 보여주었다.

"와, 정말 대단하구나. 언제 그렇게 많이 외웠어?"

나도 모르게 탄성이 나왔다.

"한꺼번에 저만큼 외우려면 질려서 못해요. 하지만 하루에 외국어 단어 5개씩 외우는 것은 식은 죽 먹기지요. 엄마가 어릴 때부터 조금씩 꾸준히 하는 습관을 만들어주신 덕분이에요."

아들은 자랑스러운 얼굴로 나를 바라봤다.

"그런데 카드는 나중에 또 쓰려고 모아뒀어?"

"조금씩 익히면 얼마나 많이 할 수 있는지 제 눈으로 확인하려고 요."

아들의 말을 들으니 너무나 대견했다. 작은아들은 그렇게 익힌 불어 실력과 프랑스에 가서 잠깐 대학 내 어학 과정에서 배운 것을 보태 불어로 프랑스의 대학원 입학시험을 치러 합격했다. 시험이 어렵기로 유명한 에콜 뒤 루브르 미술사 과정이었다. 이 학교는 루브르 박물관 안에 있는 큐레이터 전문 대학원이었다. 어려운 불어를 이해할 줄 아는 학생만 선발했다. 웬만큼 공부를 잘하는 프랑스 학생들도 이곳에 합격하면 최고의 기쁨을 누리는 세계 3대 명문 미술사 학교 중 하나이다.

만약 작은아들이 외국어인 영어로 공부하는 미국 학교에 다니면서 억지로 불어를 배워야 하는 상황이었다면 어땠을까? 여느 한국 학생들처럼 매일 두꺼운 문제집과 씨름하다가 짜증이 나 포기했을 것이다. 영어처럼 꼭 필요한 것도 아니니 더욱 쉽게 때려치웠을지도 모른다. 그러나 매일 5개 정도의 단어를 외우고 어느 정도 단어를 외우면 불어 원서를 읽으며 불어를 익히자 쉽게 익혔을 뿐만 아니라 단기간에 높은 수준까지 끌어올릴 수 있었다.

나는 매일 꾸준히 공부하는 것의 중요성을 친정어머니에게서 배웠다. 친정어머니는 44세의 나이에 일찍 세상을 떠나셨다. 남겨진

다섯 명의 형제 중 한 명은 중간에 세상을 떠났고 넷이 남았다.

친정어머니는 타고난 체질이 허약했다. 체력 때문에 자식들을 알뜰하게 보살피신 적이 없었다. 맏이인 내가 엄마보다 아버지를 더 따를 정도로 성격도 차가우셨다. 병약한 어머니의 유일한 취미는 자수와 뜨개질이었다. 그래서 집 안의 모든 소품과 옷은 대부분 어머니가 손수 만드셨다.

친정어머니는 자수나 뜨개질을 하실 때마다 한 땀 한 땀 쉬지 않고 손을 움직이면 금세 놀라운 작품이 탄생한다고 자랑하시곤 했다. 그러고는 자식들에게도 미리미리 조금씩 공부하면 그런 결과를 가져온다고 강조하셨다. 그래서 절대로 시험을 코앞에 두고 공부를 몰아서 하지 말라고 당부하셨다.

친정아버지는 『논어』나 『맹자』 같은 어려운 책을 매일 한 챕터씩 소리 내어 읽으셨다. 우리 형세들에게도 무슨 책이건 하루 한 챕터는 읽으라고 하셨다. 매일 한 줄이라도 좋으니 하루 일과를 정리해서 일기도 쓰라고 하셨다. 예습 복습은 하면 좋지만 안 해도 괜찮다고 하셨다. 그러나 숙제는 정성껏 하도록 당부하셨다.

우리가 숙제를 마치면 항상 노트 검사를 하셨는데 글씨를 갈겨쓰는 등의 무성의함이 발견되면 가차 없이 다시 시키셨다. 아직 부모에게 반항심이 생기지 않은 초등 저학년 때까지 그런 훈련을 혹독하게 시키셨다. 초등 고학년이 되자 그때부터는 간섭을 일절 안 하시고 확 풀어놓으셨다.

이미 우리 형제들은 하루에 조금씩 나눠서 공부하는 습관이 몸에 배 하루 한 챕터 책 읽기, 숙제 정성 들여 하기, 한 줄이라도 일기 쓰기 등은 빼먹지 않았다. 그 결과 특별히 시험공부로 밤잠을 설치지 않고도 모두들 우등생이 될 수 있었다. 동급생들이 "너는 만날 노는 것 같은데 어떻게 그런 성적이 나오니? 도대체 언제 공부하는 거냐."라며 부러워하기도 하였다.

부모가 되고 자식을 가져보니 부모가 자식이 다 자란 후에 공부하라고 닦달하는 것은 아무 소용이 없다. 어릴 때 공부 습관을 피부처럼 심어주어야 공부를 잘할 수 있다는 믿음이 더욱 확고해졌다. 타고난 머리만으로는 매일 조금씩 공부하는 경쟁자를 이길 수 없다. 나도 학생 때 동급생 중에 그야말로 머리는 기가 막히게 좋은데 성적이 안 좋은 친구들이 많아서 우리 부모님의 말씀이 옳았다는 것을 깨달을 수 있었다.

그래서 내가 부모가 되었을 때는 두 아들에게 반항심이 생기기 전 유치원 때부터 부모님이 우리 형제들에게 적용하셨던 공부 습관 훈련을 적용했다. 하루에 한 줄이라도 반드시 일기를 쓸 것, 하루 한 챕터 이상의 책을 거르지 말고 읽을 것, 외국어 단어는 하루 5개 정도만 외울 것, 숙제는 정성껏 할 것 등을 말이다.

두 아들은 진득하니 책상 앞에 앉아 공부하는 체질이 못 된다. 특히 작은아들은 단 5분도 책상 앞에 앉아 있지 못한다. 침대에 거꾸로 매달려 책을 읽기도 한다. 그러나 이미 하루에 조금씩 꾸준히 공부하는 습관이 몸에 배 학교 성적 문제로 속을 썩인 적은 없다.

물론 공부하는 태도가 불량해서 내가 대신 친척들에게 많은 비난을 받아야 했다. 중학교 수학 교사인 고모, 고등학교 국어 교사인 숙부, 중학교 음악 교사인 숙모 등 우리 두 아들의 친가 친척들은 대부분 교육자이다. 그들은 입을 모아 학생이 책상 앞에 궁둥이를 붙이고 앉아 있는 시간과 성적은 비례 관계라며 은근히 두 아들이 책상 앞에 진득하니 앉지 못하도록 방치한 나를 압박했다.

물론 교육자인 그들 말대로 두 아들이 어릴 적부터 책상 앞에 엉덩이를 붙이고 오래 견디는 습관을 가졌다면 공부를 훨씬 더 잘했을지도 모른다. 그러나 나는 이미 두 아들에게 책상 앞에 오래 앉아 있는 습관을 만들어주지 못했다. 하지만 뒤늦게 그것을 되돌리려고 자식들을 괴롭히고 싶지는 않았다. 공부와 자세 바꾸기를 동시에 요구하면 부담이 커져 둘 다 하기 싫어질 것이 자명했다.

부모도 실수할 수 있고 시행착오를 거듭하는 인간에 불과하다. 부모답다는 것은 완벽한 인간이 되라는 것이 아니라 자기 잘못을 자식에게 전가하지 않는 성숙한 자세를 갖는 것이라고 믿는다. 그래서 나는 책상 앞에 단 5분도 앉아 있지 못하는 두 아들의 태도를 갑자기 고쳐주기 위해 자식들과 실랑이하지 않았다. 미리 습관을 만들어주지 않은 내 탓이니 말이다. 하지만 두 아들 모두 책상 앞에 오래 앉아 있지는 못해도 제때 공부 안 하고 빈둥거려 속을 썩인 적은 거의 없다.

작은아들은 책상 앞에 앉아 공부하는 대신 주로 지하철에서 공부했다. 뉴욕대학 재학 시절, 왕복 1시간 이상 지하철을 타야 했는데 그 시간을 공부에 사용했다. 왕복 1시간 정도면 예습과 복습은 물론 과제 정리까지 대충 머리에 담을 수 있다고 했다. 집에 돌아와 컴퓨터로 입력만 하면 숙제를 마치게 되니 숙제가 많아도 방과 후 대략 1시간 이내에 마칠 수 있었다. 이 때문에 작은아들은 동급생들의 눈에 늘 노는 아이로 비쳐졌다. 오히려 야간에 다니는 음대 숙제를 경영대 수업 쉬는 시간마다 하느라고 늘 악보를 들고 다녔다. 숙제 많기로 소문난 뉴욕대 경영학과 학생들은 숙제 때문에 도서관에서 밤을 새우는 날이 많다고 한다. 시험 기간에는 일주일 전부터 시험이 끝날 때까지 도서관 바닥에서 새우잠을 잔단다. 피자로 끼니를 때우며 시험공부에 매달리는 아이들이 많아 도서관은 시장터를 방불케 한다.

그러나 작은아들은 평소 지하철에서 예습 복습을 다 마치고 매일 조금씩 꾸준히 공부하는 습관을 가진 덕에 시험 기간 동안 도서관 안을 가득 채운 오래된 피자 냄새를 참으며 차가운 대리석 바닥에서 밤을 새우지 않고도 우등생 자리를 놓치지 않았다.

나는 친정 형제들과 두 아들의 몸에 밴 공부 습관 덕분에 큰 노력 없이 우등생 누나, 그리고 엄마가 될 수 있었다. 나는 누구보다 부모가 자식이 어릴 때 공부 습관을 길러주는 것의 중요성을 너무나도 잘 안다. 자식에게 어릴 적부터 공부하는 습관을 만들어주지 않고 뒤늦게 열심히 공부하라며 비싼 학원을 끊어주고 감시하는 태도는 부모로서의 의무를 게을리한 것이니 공부 안 하는 자식 탓을 할 것이 아니라 부모 자신이 반성해야 한다. 그리고 자식과 눈만 마주치면 공부하라고 다그쳐 공부에 대한 부정적 이미지를 강화시키기보다 당장 지금부터라도 하루에 조금씩 야금야금 공부하는 습관을 만들어주는 것이 낫다. 하루치 공부 분량을 줄여주면 자식들도 기꺼이 부모의 계획에 동참할 것이다. 처음에는 오래 걸려 지루하겠지만 곧 가속도가 붙어 나중에는 성적을 부쩍부쩍 올릴 수 있을 것이다.

08
성취의 즐거움을
맛보게 하라

"도대체 왜 걸핏하면 맞고 들어오는 거야? 맞지만 말고 너도 같이 때려. 걔가 다치면 아빠가 병원비 물어줄게. 돌멩이라도 주워서 던져보란 말이야."

두 아들이 초등학교 저학년일 때의 일이다. 어느 날 퇴근해보니 남편이 거실에서 큰아들을 무릎 꿇려 앉혀놓고 분통을 터트리고 있었다. 마음 여린 큰아들이 또 어떤 애에게 맞아 여기저기 멍이 잔뜩 들어서 귀가한 모양이었다. 나는 애들 아빠의 심정을 백번 이해했지만 "널 때린 애를 너도 때려줘"가 해결책은 아니라고 생각했다.

우리 두 아들은 친구들에게 얻어맞고 들어오기 일쑤였다. 애들 아빠는 속상해하며 내가 애들을 너무 온실에 가둬 길러서 그렇다고 투덜댔다. 어느 정도 인정은 했다. 산모의 체력이 약해 두 아들 역시 타고난 체력이 약하다는 것과 도우미 아주머니들에게 맡겨 안전사고가 걱정인 아주머니들의 과보호로 나약하게 자랐다는 것 등을 부인할 생각은 없었다.

그러나 그렇다고 해도 새삼 고쳐낼 수는 없지 않은가? 매번 속은 상했지만 밖에서 맞고 들어오는 것을 적당히 넘기는 것이 상책이라고 믿었다. 그런데 그날만은 그냥 넘어갈 수 없었다. 갑자기 '아들 머리에 패배의식이 자리 잡으면 어떻게 하나?' 하는 걱정이 와락 들면서 두려워졌다.

나는 오랜 방송 생활을 하며 다양한 사람과 많은 인터뷰를 했다. 인터뷰를 잘하기 위해 인물에 관한 책도 많이 읽었다. 그러는 과정에서 깨달은 바가 있었다. 승자와 패자는 기질이 아니라 사고방식의 차이가 만든다는 것. 나는 갑자기 내가 그동안 두 아들이 밖에서 번번이 친구들에게 얻어맞고 오는 것을 적당히 눈감아주며 아이들이 자연스레 패배의식에 젖는 것을 돕지 않았나 싶어 정신이 번쩍 났다.

친정아버지는 우리 형제가 지는 것을 못 참으셨다. 아버지는 그러한 근성을 일제강점기에 일본으로 조기 유학을 떠나 본토 학생들에게 구박받다가 생긴 깡이라고 말씀하셨다. 그러나 우리 형제들은 모두 공격성이 부족했다. 그래서 밖에 나가서 얻어맞고 오기 일쑤였다. 친정아버지는 번번이 맞고 들어오는 자식들이 패배의식에 젖을까 봐 걱정이라며 한숨을 쉬시곤 했다. 그러면서 체력이나 폭력이 아닌 다른 방법으로 경쟁해서 이기는 것도 이기는 것이라고 주장하셨다.

한번은 여동생이 동네 개구쟁이 남자애들에게 매를 맞고 울면서 돌아왔다. 지금은 짱구 머리가 인기이지만 그 당시 여자의 짱구 머리는 놀림거리였다. 여동생의 머리통은 누가 보아도 눈에 띄는 심한 짱구였다. 동생은 남자애들이 "앞짱구 뒤짱구 뺑 돌아서 삼천리"라며 놀리자 화를 냈다. 남자애들이 더욱 약을 올리자 참지 못하고 주먹을 꽉 쥐어 보였다. 하지만 도리어 흠씬 두들겨 맞았다.

아버지는 매 맞고 들어온 여동생에게 "괜찮아. 너 때린 놈들이 이다음에 다 네 발밑에서 일할 놈들이야. 네 머리에는 그 애들이 갖지 못한 꾀가 많이 들어 있어서 짱구가 된 거야. 걔들이 이다음에 네가 그 머릿속 꾀로 자기들을 부리게 될 거라는 것을 모르니까 까부는 거지."라고 말씀하셨다. 동생은 아버지 말씀에 "정말" 하며 얼굴이 환하게 피어났다. 그리고 정말로 공부를 열심히 하여 항상 일등을 놓치지 않았다. 그때 동생을 놀리던 남자애들을 다른 방법으로 기죽이며 당당하게 자랐다.

나는 당시의 친정아버지 모습을 떠올렸다. 체력이 약하고 다른 애들에 비해 심성이 여리게 태어난 두 아들을 남편처럼 무작정 공격하라고 종용하는 것은 아무 소용없다는 생각이 확고해졌다. 그때부터 싸움이 아닌 다른 방법의 경쟁에서 이기는 습관을 만들어줄 결심을 했다.

최근 지상파 방송들까지 동참하며 전 국민 오디션 열풍이 일고 있다. 우리 두 아들이 초등학교 재학 시절에는 그런 공개 오디션이 매우 드물었다. 그런데 운 좋게도 두 아들이 다니던 초등학교는 학예회를 성대하게 열고 무대에 설 아이들은 오디션으로 선발했다.

학생 수가 적은 소규모 학교였지만 자식을 무대에 세우려는 부모의 열의는 과열현상까지 빚어 학예회 오디션 통과가 만만치 않았다. 나는 두 아들에게 말했다.

"너희는 다른 애들한테 싸움에서는 져도 오디션에서는 이길 수 있어. 싸움에서 이기는 것보다 오디션에서 이기는 게 진짜 이기는 거야"

이렇게 두 아들의 승부욕에 불을 지폈다. 두 아들도 또래 친구들에게 얻어맞은 것을 보복하고 싶었을 터였다. 두 아들은 정말로 열심히 오디션 준비를 했다. 그 결과 바이올린 독주, 영어 연극, 합창대회 등에 뽑혀 해마다 한 종목 이상 무대에 오를 수 있었다.

그러나 이기는 습관은 역시 스포츠를 통해야 쉽게 기를 수 있는 것 같다. 나는 그것을 두 아들과 미국에 가서야 깨달았다.

미국의 중·고등학교는 학과 수업 못지않게 스포츠 활동을 중요시한다. 대부분의 학생들이 적어도 서너 개의 스포츠 클럽에 가입돼 있다. 대학 입시에서도 스포츠 활동 경력을 크게 인정해준다. 미국에 간 지 몇 달 만에 이 사실을 알게 된 나는 스포츠와 담을 쌓고 살아온 두 아들에게 어떤 스포츠를 권해야 거부감 없이 받아들이게 할 수 있을지 무척 고심했다.

막 미국으로 건너온 두 아들은 영어가 서툴렀다. 현지 학생들이 생김새도 다르고 말도 안 통하자 두 아들을 원숭이라고 놀렸다. 말은 못하고 몸짓으로 말하는 원숭이 같다는 뜻에서였다. 두 아들이 미국 애들에게 괴롭힘을 당하자 같은 학교의 한국 출신 학생들이 태권도를 잘하면 놀리지 않는다고 귀띔해주었다. 두 아들은 갑자기 나에게 태권도를 배우게 해달라고 졸랐다. 나는 내심 기뻤다. 두 아들에게 드디어 스포츠를 가르칠 수 있게 된 것이다.

당시 미국에는 태권도가 상당히 인기였다. 지역 대항은 물론 주 대항 대회도 많았다.

보통 10대 초반부터 후반까지의 아이들은 타인의 입장을 고려할 정도로 성숙하지 못하다. 유아기와 흡사한 동일시에 머물러 다름을 수용하지 못한다. 그래서 자기들과 생김새나 행동이 다른 사람은 잔인하게 놀리는 것이다. 두 아들은 미국 아이들의 그런 잔인함 속에 던져진 셈이었다. 자력으로 극복하지 못하면 열등감이 자랄 터였다. 나는 두 아들이 태권도를 배우겠다고 말하자마자 이 문제까지 해결이 된 것 같아 기뻤다. 열심히 수소문해서 한국인 태권도 사범을 찾아냈다. 상담을 받아보니 두 아이 모두 단체로 태권도를 배우기에는 체력이나 기본기가 너무 약했다. 일단 개인 레슨으로 기본기를 다져야 했다. 한국 체대에서 정통 태권도를 배운 태권도 사범은 하루빨리 단체 교육을 받을 수 있도록 품세 연습 100번 해오기 같은 숙제를 내주었다.

당시 우리 가족은 대학에서 제공한 좁은 아파트에 살고 있었다. 태권도 숙제를 할 수 있는 공간이 없었다. 하는 수 없이 아파트 앞 잔디밭에 나가 내가 두 아들에게 랜턴을 비춰주며 태권도 숙제를 하도록 했다.

목적이 분명하면 성취가 빠른 법. 두 아들의 태권도 실력은 그야 말로 일취월장했다. 서너 달 만에 개인 레슨을 마치고 도장으로 들어가 단체 교육을 받을 수 있게 되었다. 도장에 다닌 지 1년 만에 지역 대항 태권도 대회에 출전해서 금메달도 받았다. 형보다 훨씬 체력이 약한 작은아들이 오히려 주 대항 태권도 대회까지 진출했다. 빨간 띠의 작은아들이 검은 띠의 같은 체급인 백인 선수와 금메달을 두고 겨루는 이변까지 생겼다. 시합은 작은아들의 승리로 끝났다. 그런데 자존심이 상한 검은 띠의 미국인 학생이 시합을 마치자마자 발로 작은아들의 얼굴을 가격하였다. 작은아들은 곧장 구급차에 실려 병원으로 옮겨졌다. 구급차 안에서 문득 '내가 아이들에게 너무 무리한 요구를 해서 애를 잡은 것 아닌가? 뼈라도 다쳐서 영영 고치지 못한다면……' 하는 불길한 생각들이 머리를 스쳤다. 다행히 얼굴에 멍이 심하게 들긴 했지만 뇌나 뼈는 다치지 않았다. 의사가 잠시 기절한 정도라고 설명해주었다.

여러 우여곡절을 거쳐 스포츠와 친근해진 두 아들은 점차 승자 마인드를 키울 수 있었다. 태권도 시합에서 승리를 경험한 후로는 시험 점수가 떨어져도 스스로에게 분노하며 다음에는 반드시 이기겠다며 밥과 잠을 거르면서까지 공부에 몰두했다.

자식에게 이기는 습관을 길러주기만 해도 학업 문제 고민은 저절로 사라진다는 것을 나는 그때 깨달았다. 자식의 성적을 두고 옥신각신한다면 이제 싸움은 멈추고 자식에게 이기는 습관부터 길러주기를 권하고 싶다.

09

책 읽는 부모가
아이를 성공시킨다

"책 좀 그만 보고 나가 놀아라." "조금만 더 보고요."

아이들은 글을 깨치고 몇 년 정도만 책 읽기에 익숙해지면 이렇게 된다. 인쇄물에 완선히 중독되기까지는 초등 3학년 정도면 충분하다고 본다. 우리 두 아들은 아기 때부터 책과 친하게 지냈다. 나중에는 밖에 나가 노는 것보다 독서를 더 좋아했다. 그 습관이 굳어져 지금도 한번 책을 손에 들면 밖에 나가 노는 것을 포기한다.

그러나 타고난 독서광은 없다고 생각한다. 내가 아이들에게 활자 중독을 시킨 결과에 불과하다. 나는 기회가 있을 때마다 많은 엄마들에게 어떻게 두 아들을 활자 중독으로 만들었는지 설명해왔다. 그 내용을 간추려본다.

나는 두 아들이 태어나기 전부터 청계천 헌책방을 들락거렸다. 아이들이 태어나 몸을 가누면 바로 읽을 수 있도록 준비해둔 것이다. 당시만 해도 청계천 헌책방에 가면 수많은 양서들을 저렴한 가격에 구입할 수 있었다. 나는 임신한 몸으로 부른 배를 감싸 안고 강원도 원주에서 서울 청계천까지 부지런히 오르내렸다. "자식의 몸은 음식으로 자라고 정신은 책으로 자라는 것이다."라고 주장하신 친정 아버지의 영향이었던 것 같다.

친정아버지는 매일 새벽 5시에 기상하셨다. 그러고는 큰 목소리로『논어』『맹자』『장자』같은 고전을 읊으셨다. 교회의 새벽 기도나 스님의 예불처럼 고전 낭독을 거르신 적이 없었다. 자식들에게는 그 소리가 자명종이 되었다. 아버지는 항상 우리 형제들에게 돈이 생기면 일단 읽고 싶은 책을 사고 남은 돈으로 음식을 사라고 말씀하셨다.

가세가 기울어 집 안이 비좁아지자 방마다 책으로 가득했다. 생필품을 둘 자리조차 부족했다. 그런데도 책은 절대 버리지 못하게 하셨다. 누군가가 방 안에 펼쳐둔 책을 훌쩍 넘어 다니거나 밟고 지나가면 "책은 부모와 같은 것. 너는 부모를 가랑이 밑에 두고 훌쩍훌쩍 넘는 불경한 인간이라고 자백하는 것과 같다"며 불호령을 내리셨다.

우리 친정은 어머니가 돌아가신 후 가세가 급격히 기울었다. 나중에는 자주 이사를 다녀야 할 정도로 형편이 어려워졌다. 이사할 때마다 짐을 나르는 분들이 책 상자가 너무 많다며 투덜거렸다. 그런데도 아버지는 책을 함부로 대하면 가족이건 남이건 무조건 호통을 치셨다. 당시에는 아버지의 그런 고집이 싫었다. 잘 안 보는 책은 적당히 버리면 될 것을 왜 그렇게까지 끌고 다니며 사람을 고생시키나 싶었다. 그러나 우리 형제들은 알게 모르게 책을 소중히 여기는 아버지의 영향으로 잠시라도 틈이 나면 책을 끌어당겨 읽는 습관을 갖게 된 것 같다.

친정아버지가 세상을 떠나시고 형제들이 모두 장성하고 나니 아버지의 그런 고집이 새삼 고맙게 여겨졌다. 친정아버지의 고집이 자식들에게 하루라도 책을 읽지 않으면 마치 끼니를 거른 것처럼 허전해지도록 활자 중독을 시켜주신 사실을 깨달아서였다. 게다가 친정아버지는 자식들에게 책을 읽게 하는 것에 그치는 게 아니라 불쑥 이미 읽은 책 내용을 설명하도록 질문하시곤 하셨다. 그러고는 설명이 허술하면 호되게 야단을 치셨다. 우리 형제는 언제 아버지에게 책 내용에 관한 질문을 받을지 몰라 항상 긴장하며 책을 정독하는 습관을 갖게 되었다.

부른 배를 안고 청계천을 누비며 태어날 자식들에게 읽힐 헌책들을 사 모으면서 문득 '자식은 얼마나 부모의 태도를 고스란히 닮는가?'라는 생각을 했다. 책을 사 모으는 아버지를 비난하던 어린 시절이 오버랩되면서 '미워하면서 배우는 것이 부모의 태도구나'라는 생각을 하게 된 것이다. 그러나 내가 이른 나이에 돌아가신 어머니를 대신해서 어린 동생들을 돌볼 때는 미처 그런 생각을 하지 못했다. 동생들에게 무조건 공부를 많이 시켜야 엄마 잃은 티 없이 잘 자랄 것이라 믿고 쉬지 않고 "공부하라"고 다그쳤다. 돌이켜보면 쓸데없는 짓이었다.

두 남동생은 내가 공부하라고 말하면 무슨 수를 써서라도 공부를 회피했다. 몰래 만화방으로 가서 내 체력이 바닥나 야단칠 기운조차 없을 시간에 귀가하곤 했다. "새로운 단원 시작하기 전에 영어 단어를 미리 외워."라고 지시하면 영어가 아닌 사회 참고서를 들고 있었다. 너무 화가 나서 "너희가 무슨 청개구리야? 누나가 말만 하면 거꾸로 하게?"라고 소리를 지르면 고개만 푹 숙였다. 그러나 그것으로 끝이었다. 같은 행동을 반복할 뿐이었다. 나는 그럴수록 더욱 약이 올랐다. 그래서 나는 젊은 엄마들이 자식들에게 "공부 좀 해라"라고 성화를 대는 것, 초등학교 때까지는 "나만은 애 학원 안 보내고 자유롭게 키울래요."라고 장담하다가 자식이 중학생만 되면 "그러다가 아주 뒤처지면 큰일이잖아요."라고 말을 바꾸고는 좋다고 소문난 학원으로 몰아넣는 엄마들을 충분히 이해한다.

나는 친정어머니 대신 동생들을 키워본 후에 내 자식들을 키우게 된 덕을 톡톡히 보았다. 자식을 강압적으로 공부하게 하는 방법과 자기 주도적으로 알아서 공부하게 하는 방법 두 가지를 실험해볼 수 있었기에 우리 두 아들이 큰 혜택을 입은 셈이다. 젊은 시절의 나에게는 엄마 대신 부모 노릇하기가 마냥 힘들고 고통스럽기만 했다. 그러나 미리 부모 노릇을 연습했기 때문에 두 아들을 기를 때는 쉽고 재미있게 키울 수 있었다. 내가 어린 동생들에게 끊임없이 해댄 "공부해라" "책 읽어라"라는 잔소리의 부정적 결과를 우리 두 아들이 장성하기 전에 깨달았던 것이 큰 도움이 되었다.

나는 뒤늦게야 내 동생들이 조실부모하고도 공부를 잘한 것은 내 잔소리 때문이 아님을 분명하게 깨달았다. 부모님이 아주 어릴 때부터 책 읽는 습관이나 매일 조금씩 공부하는 습관들을 뇌에 각인시켜준 결과였음을 알게 된 것이다. 그러고 보니 동생들이 자립하기 전까지 나는 늘 동생들의 태도가 못마땅해 화만 냈던 것 같다. 아마도 내 동생들 머릿속의 나는 '어머니 대신 돌봐준 고마운 누나가 아니라 자신들을 못살게 굴던 고약한 누나'일지도 모른다.

이제 와서 시간을 되돌릴 수도 없고, 이미 그렇게 새겨진 이미지를 바꿀 수도 없다. 나는 그나마 내 아들들의 머리에는 비슷한 유형의 엄마로 새기지 않을 수 있게 된 것을 다행으로 여긴다.

나는 두 아들에게 친정아버지가 자식들에게 각인시킨 활자 중독을 좀 더 진화된 방법으로 각인시켰다. 그 방법은 공연장 등에서 안내 책자의 깨알 같은 글씨들을 모조리 읽어 나에게 설명해달라고 한 것이었다. 그 덕분에 두 아들은 정말로 심한 활자 중독자가 되었다. 눈앞에 글씨가 보이면 반드시 읽어야 직성이 풀린다. 심지어 계약서 약관과 같은 작은 글씨나 모르는 지역의 안내문까지 닥치는 대로 읽는다. 한번은 5년 만에 귀국한 작은아들이 왜 서울 한복판에 테헤란로가 생겼느냐고 내게 물었다. 내가 잘 모르겠다고 하자 테헤란로를 샅샅이 뒤져 강남역 테헤란로 입구에 있는 표식을 찾아 거기에 새겨진 내용을 읽고는 "1972년, 중동 건설 붐을 일으키려고 이란과 국교를 트면서 그 기념으로 붙인 이름"이라고 설명해주었다.

작은아들은 군복무 중에도 거의 매일 정규 업무를 마친 후부터 취침 시간 전까지 쉬지 않고 영어와 불어 원서를 읽었다. 제대 때까지 읽은 책이 대학을 다닐 때 읽은 것만큼 책장을 가득 채울 정도였다. 군대에서 읽은 책들은 세상과 격리된 병영에서도 세상의 변화와 경영 기법, 마케팅 방법 등을 훤히 꿰게 해주었다. 나중에 작은아들은 박사 과정을 공부할 때 반드시 읽어야 할 책들을 거의 대부분 미리 읽어두어서 나중에 공부하기가 아주 수월할 것이라고 말했다.

활자 중독은 열악한 상황에서도 책을 읽지 않으면 불편을 느끼는 증세를 말한다. 그런 증세가 생기면 그 후로는 저절로 독서광이 된다. 약간 어려운 책도 지루해하지 않고 열심히 읽을 수 있다. 어려운 책일수록 저자의 높은 식견, 철학, 관점이 분명하다. 학교 공부는 그런 뛰어난 석학들의 수많은 저작 중 가장 일반화가 쉬운 부분만 잘라서 배운다. 그래서 학교에서 가르치는 것보다 더 많은 정보를 알 정도로 독서를 많이 한 학생은 따로 학교 공부를 하지 않아도 저절로 높은 성적을 거둘 수 있다.

내가 굳이 길게 설명하지 않아도 독서가 공부에 중요한 영향을 미친다는 사실은 익히 알고 있을 것이다. 성공한 사람들의 인터뷰만 보더라도 독서의 중요성을 거듭 강조하고 있으니 말이다. 어떤 부모들은 독서가 중요하다는 것은 잘 알지만 자식이 도통 읽으려 하지 않는다고 말한다. "우리 아들은 절대 책을 안 읽어요." "우리 딸은 책에서 그림만 보고 바로 덮어버려요." "책 읽으라고 말하면 하품부터 해요." 등의 하소연부터 "어떻게 하면 책을 열심히 읽게 만들 수 있을까요?" "독서 잘 시키는 비결이 없을까요?" 등의 해결책까지 물어온다.

방법은 간단하다. 부모가 먼저 책을 읽으면 된다. 자식들에게 책을 사다 안겨주기 전에 부모 자신이 좋은 책을 많이 사서 읽으면 자식들은 천천히 부모를 따라 책을 읽게 된다. 부모는 책 읽기를 싫어하면서 자식에게만 책을 읽으라고 성화를 대면 자식들은 받아들이지 않을 것이다. 어릴 때부터 책 읽는 부모의 모습을 본 적이 없어 책 읽기를 생소하게 여기는 것이다.

이미 굳어진 습관을 바꾸는 것은 매우 어렵다. 하지만 이제라도 자식이 자연스럽게 인쇄물에 중독되도록 하려면 부모가 먼저 책 읽는 모습을 자주 보여주어 조금씩 독서에 길들여주는 것이 해결책이다. 그 한 가지 습관만 심어주어도 자식의 공부 걱정을 크게 줄일 수 있을 것이다.

10

시간 관리는
어릴 때부터 가르쳐라

방송국에서 데드라인은 항상 목에 걸린 가시다. 데드라인은 죽음이라는 절대적인 시간 개념으로 통한다. 그래서 방송국은 데드라인 직전마다 폭격을 맞은 듯 부산하다. 이런 것을 못 견디는 사람들은 입사 초기에 제 발로 퇴사한다. 살아남은 사람들은 신기하게도 데드라인을 잘 지킨다. 방송이 불가능해 보이던 프로그램이 언제 북새통을 이루었느냐는 듯 평화롭게 마무리되어 방송으로 나간다. 취재가 잘 안 돼 애를 태우던 보도 내용이 차질 없이 전파를 탄다.

나는 시간 엄수를 중요시하는 엄격한 할머니 손에 자랐다. 친정어머니의 몸이 허약해 맏이인 나를 한동안 당신의 친정에 맡겨 기르셨다. 외할머니는 식사 후 곧바로 설거지를 하지 않으면 불호령을 내리셨다. 당장 처리할 일을 미적미적 미루는 것을 가장 싫어하셨기 때문이다. 그런 외할머니 손에 자라서인지 나는 지나칠 정도로 시간 지키기에 철저하다. 그 덕분에 직장에서도 칼 같은 데드라인 지키기에 큰 어려움 없이 적응할 수 있었다. 그것이 내가 방송 생활을 오래 할 수 있었던 비결이라고 생각한다. 그러나 부작용도 있다. 지금까지도 강의를 맡으면 너무 일찍 현장에 도착해 자동차 안에서 시간을 채운 뒤 강의실에 들어갈 때가 많다. 시내외의 교통 상황이 유동적이어서 미리 도착하지 않으면 마음이 불안해서다. 나는 지금도 약속에 늦는 것보다는 일찍 가 있는 것이 훨씬 낫다고 나를 위안한다.

이뿐만이 아니다. 나는 학창 시절, 시험을 볼 때마다 일등으로 시험지를 제출해 선생님의 "벌써 다 썼니?"라는 말씀을 듣곤 했다. 시간에 대한 강박관념이 무엇이든지 빨리 마치는 태도로 나타난 것 같다. 그러나 어머니 손에 자란 내 동생은 데드라인 정신이 부족했다. 시험을 볼 때에도 종료 시간 직전까지 아직 덜 푼 문제가 많다며 우는 소리를 했다. 나는 그런 것을 보며 데드라인이란 대충 시간에 맞춰 일을 끝내라는 것이 아니라 정확한 시간에 맞춰 정해진 일을 성실하게 마치라는 것임을 깨우쳤다.

나는 20여 년의 방송 생활로 다져진 데드라인 정신을 두 아들에게 어릴 때부터 철저히 가르쳤다. 이러한 데드라인 지키기 습관은 당연히 학습 능률에 지대한 영향을 미쳤다. 사실, 무척 꿈이 크고 원대한 목표를 세울 줄 아는 사람도 정해진 시간 안에 일을 끝마치지 못하면 이룰 수 있는 것이 하나도 없다. 목표는 시간 안에 실행돼야만 이루어진다. 데드라인을 지키는 습관만 배어 있으면 정해진 시간 안에 일을 끝내는 것은 식은 죽 먹기다. 절대 수치로 고정되어 있는 시간을 두 배, 세 배로 늘려 사용할 수도 있다.

인간이 일생 동안 공부해야 할 분량은 엄청나다. 평생 끊임없이 교육받지 않으면 금세 도태될 정도로 배워야 할 것이 많은 세상이다. 어린아이들이 초등학교 때부터 고3 때까지 한눈팔지 않고 잠도 줄여가며 공부를 해도 제대로 아는 것은 극히 일부분에 불과하지 않은가? 그러다 보니 단 몇 초의 시간도 허투루 사용하면 학습 능력에서 뒤처질 수밖에 없다.

시간을 허투루 쓰지 않는다고 해서 늘 허둥지둥 살라는 말은 아니다. 시간은 사용 방법에 따라 절대적 길이가 달라진다. 시간 사용 습관에 따라 늘 이 학원, 저 학원을 다니며 열심히 공부해도 성적이 도무지 오르지 않는 학생이 되거나 늘 여유만만하게 노는 것 같아도 좋은 성적을 거두는 학생이 된다. 직장에서도 마찬가지다. 같은 시간을 일하고도 늘 바쁘기만 하고 성과를 못 내는 사람, 여유롭지만 괄목할 만한 성과를 내는 사람으로 나뉘게 된다.

나는 두 아들에게 데드라인 지키는 것을 습관으로 만들어주기 위해 숙제 시간을 지키도록 하는 연습부터 적용시켰다. 이미 동생들을 보살피면서 윗사람이 일방적으로 지시하는 것의 문제점을 충분히 경험한 나는 아이들에게 데드라인 지키기 습관도 일방적으로 주

입시키지 않으려고 노력했다. 두 아들의 의견을 충분히 수렴하는 방식으로 시작해서 서서히 습관으로 정착시킬 계획을 세웠다.

먼저 두 아들이 초등학교에 입학한 후 스스로 일과 시간을 정해보라고 말했다. 두 아들은 입을 모아 방과 후에는 일단 놀고 숙제는 잠들기 직전에 하겠다고 주장했다. 나는 두 아들을 자극하지 않는 범위 안에서 반론을 제기했다.

나는 가급적 부드러운 목소리로 제안했다.

"엄마 생각은 다른데. 우리 그 문제를 가지고 토론 한번 해보고 결정하면 어떨까?"

먼저 두 아들에게 숙제를 방과 직후가 아닌 잠들기 전에 해야 하는 이유를 자세히 설명하도록 했다. 두 아들이 경쟁적으로 학교 공부에 지쳐서 집에 돌아오면 일단 쉬고 싶은데 놀지도 못하고 숙제부터 하는 것은 너무 피곤하다고 말했다.

나는 아이들의 의견에 대해 그렇게 생각할 수도 있다며 적극적인 동의를 표했다. 그러자 아이들은 안심하는 표정을 지었다.

나는 다시 조심스럽게 말했다. "그런데 가끔 숙제 빼먹고 안 해도 돼?"라고 되물었다. 두 아들이 입을 모아 "아니요."라고 대답했다. 나는 좀 더 자신 있는 목소리로 "재미있게 놀다가 졸리면 숙제하느라고 힘들겠네. 너무 힘들면 숙제를 못 하기도 하고……."라고 슬쩍 의견을 던졌다. 그러자 두 아들이 서로 얼굴을 바라보며 선뜻 대답하지 못했다. 나는 내친김에 밀어붙였다. "졸린데 숙제하려면 얼마나 힘들까?" 이윽고 두 아들이 자신 없는 표정으로 고개를 끄덕였다. "학교 갔다 와서 숙제부터 하면 졸릴 때 그냥 자면 되고, 노는 동안에 숙제 걱정하지 않아도 되고……, 어때?" 내 말에 두 아들이 동시에 "숙제부터 하고 놀래요."라고 대답했다. 나는 덧붙여 "숙제 시작하는 시간과 마치는 시간을 정해두면 놀 시간이 더 늘어난다."고 일렀다. 그 결과 아이들은 아침에 일어나면 반드시 세수하고 양치질을 해야 외출할 수 있듯 학교에 다녀와서도 숙제부터 정해진 시간 안에 끝마치는 습관을 기를 수 있었다. 이렇게 아이들은 정해진 시간 안에 숙제를 마치며 자연스레 데드라인 개념을 익히게 되었다.

미국의 전 대통령 린든 베인스 존슨은 '습관의 쇠사슬은 거의 느낄 수 없을 정도로 가늘고, 깨달았을 때는 이미 끊을 수 없을 정도로 완강하다'는 말을 남겼다. 부모가 어릴 때 간단히 심어줄 수 있는 데드라인 지키기 습관은 훗날 자식의 운명을 가르는 엄청난 분수령이 된다고 말하고 싶다.

학교에서 돌아오자마자 숙제부터 하는 습관을 길러주지도 않고 부모가 자식이 학교 갔다 오자마자 숙제부터 하라고 호통을 치면 어떻게 될까? 자식은 데드라인의 중요성을 깨닫는 대신 부모가 일부러 자기를 괴롭힌다며 부모에 대한 미움만 키울 것이다. 그래서 부모가 시키는 일은 무조건 미루는 방식으로라도 저항할 것이다.

그런 태도를 초기에 바로잡지 못하면 "당장 다이어트해야지."라고 결심은 하지만 실천은 "내일부터 하면 되지."라는 핑계를 대며 미루는 태도로 발전한다. "당장 독서를 시작해야지."라는 결심은 쉽게 하지만 "저 드라마는 오늘 끝나니 오늘만 보고 내일부터 책을 보면 되지."라며 결심을 뒤로 미루는 태도가 습관화된다. 그런 습관이 몸에 붙으면 열심히 스펙을 쌓아도 성공과 가까워지기 어렵다.

많은 부모들이 공부 잘하는 학생은 방과 후 숙제부터 얼른 끝낸다는 사실을 잘 안다. 그러나 숙제를 정해진 시간 안에 끝내는 습관은 저절로 생기지 않는다는 사실은 인정하려 들지 않는다. 그래서 자식들에게 데드라인 지키기 습관을 길러주지 못하고도 숙제를 너무 오래 붙들고 있거나 방과 후 곧바로 하지 않으면 불같이 화를 낸다. 문제는 자식에게 데드라인 정신이 만들어지지 않았다면 자식과 부모가 숙제 문제로 매일 다투어도 근본적인 문제가 개선되지 않는다는 점이다.

자식이 학교에서 놀아오자마자 숙제부터 부지런히 마치는 것은 아이큐나 성격, 학교 교육 제도의 문제가 아니라 부모가 만들어주는 습관의 문제이다. 아직 자식에게 방과 후 숙제를 정해진 시간 안에 제대로 마치는 습관을 만들어주지 못했다면 지금부터라도 천천히 자녀가 부담을 느끼지 않는 범위 안에서 그런 습관을 길러주는 것이 현명하다.

세상에서 가장 어려운 일이 습관 바꾸기라고 한다. 처음부터 너무 욕심을 부리면 성공하기가 어렵다. 자식들과 숙제 시간 조정에 관한 토론을 하고 스스로 시간을 정하게 하는 수순을 거쳐 하나씩 천천히 실천하도록 유도해야만 성공할 수 있다.

어떤 부모들은 자식이 머리 감는 데 1시간, 양치질하는 데 20분, 주방에 가서 물을 마시고 오는 데 30분씩 사용하기 때문에 숙제할 시간조차 부족한 것 같다고 하소연하기도 한다. 또 숙제를 너무 오래 붙들고 있어 공부할 시간은 아예 엄두도 못 낸다고 한다. 자식이 불필요한 일에 시간을 허비하는 이유는 대체로 부모가 자식이 하기 싫어하는 일을 강요하기 임을 기억해야 한다.

자식이 원치 않는 학원 수강을 너무 많이 시키거나, 아이의 적성에 맞지 않는 특기 교육을 부모 위주로 선택했을 경우에 그럴 수 있다. 자식으로서는 부모의 파워가 너무 막강해서 자기의 의견을 솔직하게 말했다가 어떤 고통이 되돌아올지 몰라 소극적 반항 방법으로 시간을 함부로 쓰며 복수를 선택하는 것이다.

이 문제를 해결하려면 자식이 부모에게 갖는 반감의 원인부터 없애주어야 한다. 또 아이 스스로 하루 일과를 정해서 모든 일을 데드라인에 맞추는 습관을 갖도록 조금씩 설득하고 실천하도록 유도해야 한다. 데드라인 지키기 훈련에 성공하면 머지않아 항상 노는 것 같아도 높은 성적을 올리는 학생으로 변화시킬 수 있다.

아이는 착한 엄마보다
유능한 엄마를 원한다

우리나라 엄마들의 평생소원은 내 자식이 시대가 어떻게 변하건 이름난 직장에서 탐내는 인재로 길러내는 것일 것이다. 여러 특강에서 인터넷을 통해 만난 엄마들이 던진 대부분의 질문은 이것이다.

"우리 아이를 어떻게 하면 평생 대접받으며 살게 할 수 있을까?"

심지어 기업체 강의를 나가서도 조용히 따로 만나 자식의 미래에 관한 문제를 의논하는 직장인들도 많이 만났다. 안타까운 것은 세상은 저만큼 앞을 향해 달려가는데 부모들은 제자리만 바라보고 있어서 자신에 대한 희생적 뒷바라지가 오히려 자식 앞날의 장해물이 된다는 것을 깨닫지 못하는 것이었다. 엄마들이 그렇게나 열심히 거의 모든 인생을 바쳐서 자식의 뒷바라지를 하는데 그 방법이 자식에게 이롭지 않다니 정말로 안타깝지 않은가?

자식이 엄마의 눈물 나게 정성 어린 뒷바라지를 달가워하지 않는 이유는 대체로 자식들은 이미 글로벌 시대를 살고 있는데 엄마들이 자신들의 청소년 시절과 똑같이 눈앞의 결과만 중요시하는 고립적 사회 구조 속의 공부, 사고, 태도 등을 강요하며 그것이 성공으로 가는 사다리임을 강조하기 때문일 것이다.

나는 이 책을 통해 그런 일로 갈등하는 부모들에게 정말로 자식에게 이로운 육아법이 무엇인지를 알려주고 싶었다. 두 아들을 다 키워낸 한 엄마로서 이미 그러한 시행착오들을 겪고 효율적인 비법을 터득했기에 입을 열어야 한다고 생각했다.

책에서 나는 엄마의 인생을 오로지 자식의 뒷바라지에 바치기보다 세상의 흐름을 길고 넓은 안목으로 살피면서 적절한 선에서만 뒷바라지해주면 특별한 희생 없이도 자식을 잘 기를 수 있다는 것을 알기 쉽게 설명하려고 노력했다. 그래서 평소 사람들에게 이야기하지 않았던 개인적인 경험들까지 털어놓으며 엄마들의 고민을 덜어줄 수 있는 방법들을 공개했다. 그만큼 엄마들의 절실한 소망을 이해했고 그런 소망을 이룰 수 있는 간단하고도 쉬운 방법을 실천해온 나와 내 또래 다른 사람들의 노하우의 결과에 자신이 있었다.

나는 많은 엄마에게 "육아 도서를 정말 많이 읽었지만 효과가 전혀 없어요."라는 고백을 자주 들었다. 아무리 좋은 책도 단지 가이드라인을 제시할 수 있을 뿐이다. 실행은 독자의 몫이다. 실행이 뒤따르지 않으면 제아무리 훌륭한 책을 많이 읽어도 변화를 이끌 수 없다. 나는 여러 권의 육아 책을 탐독하는 엄마보다 한 권이라도 여러 번 읽으면서 실천 가능한 부분부터 조금씩 실천에 옮기는 엄마들이 자식의 뒷바라지를 더 현명하게 잘 해낼 수 있다는 것을 확신한다.

"다른 애들은 하루 종일 학원에 다니는데 우리 애만 안 다니면 뒤처지지 않을까요?" "어린아이들은 충동적이기 쉬운데 철저히 감시하지 않으면 옆길로 새지 않을까요?" "어린애들은 세상 물정 모르는데 시험 관련 정보를 찾아주지 않으면 항상 뒤처지는 게 아닐까요?"

이제 이런 의문은 모두 버리고 과감히 시대 코드에 맞는 육아법을 선택하자. 그래야 새로운 가이드라인를 실행에 옮길 수 있을 것이다.

이 책의 내용은 이미 자식을 다 길러본 사람의 경험담이니 예전 방법에 대한 미련을 버리고 단 한 가지만이라도 선택해서 실천해보기를 진심으로 바란다. 틀림없이 곧 "정말 신기하네!"라고 말하게 될 것이다.

모쪼록 많은 엄마들이 이 책을 통해 보다 편안하게 자식 뒷바라지를 할 수 있는 것은 물론 자식이 취업 걱정에서 벗어나 자기 뜻을 활짝 펴고 질 높은 인생을 사는 데 기여할 수 있기를 희망한다. 그것은 엄마들이 스스로 행복해지면서 우리나라 아이들이 국제적으로 경쟁력 있는 인재가 되는 지름길이기에 더욱 그렇다.

자식 걱정에서 해방되고 싶은 모든 엄마의 행운을 빈다.

2013년 1월

이정숙

KI신서 4634

냉정한 엄마가 아이를 당당하게 키운다

1판 1쇄 발행 2013년 2월 25일
1판 4쇄 발행 2016년 5월 30일

지은이 이정숙
펴낸이 김영곤 **펴낸곳** (주)북이십일 21세기북스
출판기획팀장 신주영 **출판기획팀** 윤경선 권오권
출판영업마케팅팀 안형태 이경희 김홍선 최성환 정병철 이은혜 유선화 백세희 조윤정

출판등록 2000년 5월 6일 제406-2003-061호
주소 (10881) 경기도 파주시 회동길 201(문발동)
대표전화 031-955-2100 **팩스** 031-955-2151

경계를 허무는 콘텐츠 리더 (주)북이십일
페이스북 facebook.com/21books   블로그 b.book21.com
인스타그램 instagram.com/21cbooks   홈페이지 www.book21.com

ⓒ 이정숙, 2013

ISBN 978-89-509-4591-6 13370
책값은 뒤표지에 있습니다.